高职经管类精品教材

新编财政与金融

第 2 版

主　　编　潘理权　姚先霞
副主编　罗　红　朱广其
编写人员（以姓氏笔画为序）
　　　　　孙　刚　朱广其　吴　波
　　　　　何要武　罗　红　姚先霞
　　　　　程霞珍　潘理权

中国科学技术大学出版社

内 容 简 介

本书紧跟财政与金融领域改革发展的实践,反映了财政与金融研究的一些最新成果。本书全面简明地介绍了财政、税收、金融等方面的基础知识和基础理论,在金融教学体系上进行了大胆创新,对成人学习和干部增强财政与金融知识具有较强的针对性和实效性。

图书在版编目(CIP)数据

新编财政与金融/潘理权,姚先霞主编. —2版. —合肥:中国科学技术大学出版社,2013.1(2016.7重印)

ISBN 978-7-312-03165-6

Ⅰ.新… Ⅱ.①潘…②姚… Ⅲ.财政金融 Ⅳ.F8

中国版本图书馆 CIP 数据核字(2013)第 005771 号

出版	中国科学技术大学出版社
	安徽省合肥市金寨路 96 号,230026
	网址:http://press.ustc.edu.cn
印刷	安徽国文彩印有限公司
发行	中国科学技术大学出版社
经销	全国新华书店
开本	710 mm×960 mm 1/16
印张	19.75
字数	387 千
版次	2008 年 8 月第 1 版 2013 年 1 月第 2 版
印次	2016 年 7 月第 6 次印刷
定价	32.00 元

第 2 版前言

本书第 1 版自 2008 年由中国科学技术大学出版社出版以来,受到了用书单位师生的好评。但随着我国经济的发展,财政与金融领域的改革不断深入,本书第 1 版有些内容显得落后于形势的发展,因此,我们对本书第 1 版进行了修订。

本次修订在保持本书第 1 版框架体系不变的情况下,重点修订了以下部分:①第三章第三节"我国现行的重要税种"中,对个人所得税进行了较大篇幅的修订;②第五章第三节"转移性支出"中,对我国现行的社会保障制度进行了大幅修订;③第十五章第四节"财政政策与货币政策的配合"中,对我国近年来两种政策的配合实践进行了较大幅度的修订;④其他章节也有相关内容的调整和数据的更新。

本次修订没有改变原有编写人员的分工。即仍然是潘理权、姚先霞任主编,罗红、朱广其任副主编。具体分工为:何要武副教授(第一章,第二章),罗红教授(第三章),孙刚副教授(第四章,第十一章),程霞珍教授(第五章,第十二章第二、三节),吴波副教授(第六章,第七章,第八章,第十二章第一节),姚先霞副教授(第九章,第十章),朱广其副教授(第十三章),潘理权教授(第十四章,第十五章)。全书由潘理权负责统稿修改。

尽管我们做出了努力,但书中还是可能出现纰漏。在此我们衷心希望使用本书的专家和读者对本书提出宝贵意见,不吝赐教。

编者

2012 年 12 月

前　言

现代市场经济的运行离不开政府的参与和调节,财政与金融是国家对经济活动实施宏观调控的两个最重要的工具。近年来,我国对财政体制与金融体制进行了一系列重大改革,财政与金融的理论与实务已经发生了较大变化。为了适应改革开放和完善社会主义市场经济体制的需要,反映市场经济条件下我国政府宏观调控实践的新成果、新动态,帮助广大培训学员学习和掌握财政学和金融学的基本概念、基本知识和基本理论,我们编写了本书。

本书是财政与金融两大学科概论的综合,以财政金融与宏观调控为主线,以提高学生的综合分析能力为主导,对教学内容进行了系统设计,在对财政和金融两大领域的基本概念、基本知识和基本理论进行简明介绍的基础上,将它们统一到宏观调控的实践运用中。本书的特点是精练简明,既有系统性,又突出重点。在每章开头都明确了内容摘要及学习要求,在每章结束后都提炼出需掌握的主要名词,并设有复习思考题。本书不仅适合成人教育,也适合政府部门和工商企业管理干部培训使用。

本书由长期从事财政与金融教学和研究的具有高级职称的专家编写。潘理权、姚先霞任主编,罗红、朱广其任副主编。参加本书编写的成员有:何要武副教授(第一章,第二章),罗红教授(第三章),孙刚副教授(第四章,第十一章),程霞珍副教授(第五章,第十二章第二、三节),吴波副教授(第六章,第七章,第八章,第十二章第一节),姚先霞副教授(第九章,第十章),朱广其副教授(第十三章),潘理权副教授(第十四章,第十五章)。全书由潘理权负责统稿修改。

尽管我们做出了努力,但书中还是可能出现纰漏。在此我们衷心希望使用本书的专家和读者对本书提出宝贵意见,不吝赐教。

编者

2008年5月

目　　录

第 2 版前言 ………………………………………………………………（ⅰ）

前言 ………………………………………………………………………（ⅲ）

第一章　财政导论 ……………………………………………………（1）
　第一节　财政的概念和基本特征 ………………………………………（1）
　第二节　公共产品和公共财政 …………………………………………（6）
　第三节　财政的职能 ……………………………………………………（16）

第二章　财政收入 ……………………………………………………（22）
　第一节　财政收入的形式 ………………………………………………（22）
　第二节　财政收入的结构 ………………………………………………（25）
　第三节　财政收入的规模 ………………………………………………（30）

第三章　税收 …………………………………………………………（35）
　第一节　税收概述 ………………………………………………………（35）
　第二节　税收制度 ………………………………………………………（39）
　第三节　我国现行的重要税种 …………………………………………（43）
　第四节　国际税收 ………………………………………………………（61）

第四章　国债 …………………………………………………………（65）
　第一节　国债的基本理论 ………………………………………………（65）
　第二节　国债的规模与结构 ……………………………………………（72）
　第三节　国债管理 ………………………………………………………（76）

第五章　财政支出 ……………………………………………………（82）
　第一节　财政支出概述 …………………………………………………（82）

第二节　购买性支出……………………………………………（91）
第三节　转移性支出……………………………………………（96）
第四节　政府采购制度…………………………………………（101）

第六章　政府预算…………………………………………………（105）
第一节　政府预算概述…………………………………………（105）
第二节　政府预算的编制和审批………………………………（109）
第三节　政府预算的执行和调整………………………………（114）
第四节　政府决算与监督审计…………………………………（118）

第七章　财政管理体制……………………………………………（120）
第一节　财政管理体制概述……………………………………（120）
第二节　我国财政管理体制的演变……………………………（121）
第三节　分税制管理体制………………………………………（123）
第四节　财政转移支付制度……………………………………（129）

第八章　金融、货币、信用概论…………………………………（135）
第一节　金融概述………………………………………………（135）
第二节　货币与货币流通………………………………………（137）
第三节　信用……………………………………………………（145）
第四节　利息和利息率…………………………………………（149）

第九章　金融机构体系……………………………………………（158）
第一节　金融机构体系概述……………………………………（158）
第二节　我国金融机构体系的建立和发展……………………（161）
第三节　中央银行………………………………………………（166）
第四节　商业银行………………………………………………（170）
第五节　政策性银行……………………………………………（174）

第十章　金融市场…………………………………………………（178）
第一节　金融市场概述…………………………………………（178）
第二节　货币市场………………………………………………（182）
第三节　资本市场………………………………………………（186）
第四节　外汇市场与黄金市场…………………………………（192）

第十一章 金融业务(上) ……………………………………………………… (198)
第一节 商业银行的经营管理 ………………………………………………… (198)
第二节 商业银行负债业务 …………………………………………………… (203)
第三节 商业银行资产业务 …………………………………………………… (209)
第四节 商业银行中间业务 …………………………………………………… (214)

第十二章 金融业务(下) ……………………………………………………… (221)
第一节 证券业务 ……………………………………………………………… (221)
第二节 保险业务 ……………………………………………………………… (226)
第三节 信托业务 ……………………………………………………………… (236)

第十三章 金融监管 …………………………………………………………… (239)
第一节 金融监管概述 ………………………………………………………… (239)
第二节 金融监管的内容、手段与方法 ……………………………………… (244)
第三节 金融监管体制 ………………………………………………………… (248)
第四节 银行、证券与保险监管 ……………………………………………… (254)

第十四章 国际金融 …………………………………………………………… (261)
第一节 外汇与汇率 …………………………………………………………… (261)
第二节 国际收支 ……………………………………………………………… (267)
第三节 汇率制度与外汇管理 ………………………………………………… (273)

第十五章 财政金融与宏观调控 ……………………………………………… (282)
第一节 国民经济运行与宏观调控 …………………………………………… (282)
第二节 财政调控 ……………………………………………………………… (286)
第三节 金融调控 ……………………………………………………………… (293)
第四节 财政政策与货币政策的配合 ………………………………………… (299)

参考文献 ……………………………………………………………………… (305)

第一章 财政导论

内容提要与学习要求

财政是以国家为主体的分配活动,公共财政是为市场提供公共服务的政府分配活动。本章介绍了财政的概念、特征、职能,重点阐述了公共财政的内容。通过学习,要求了解财政的产生与发展,掌握财政的一般概念和基本职能,掌握公共产品、市场失灵、公共财政的概念及特征,并能够正确理解我国财政体制改革的目标是建立与社会主义市场经济体制相适应的公共财政体系。

第一节 财政的概念和基本特征

一、财政的概念

在日常社会经济生活中,我们经常会遇到一些财政现象和财政问题,从居民的衣食住行到国家的政治活动、经济建设和社会事业发展,时时处处都存在着财政现象。

在市场经济条件下,人们可以通过市场交易来满足自身的各种需要。每个劳动者通过自己的诚实劳动和合法经营取得货币收入,然后再用这些货币收入到市场上购买或支付自己需要的商品或劳务;企业通过在市场上出售商品或提供劳务取得货币收入,然后再用这些货币收入支付职工工资,重新购进原材料和机器设备,进行新的扩大再生产,如此循环往复。市场通过自身精巧而高效的经济运行机制,调节社会总供给和总需求的平衡,促进生产和商品流通规模的扩大,促进社会经济不断发展。

但是,我们从现实生活中知道,市场不是满足人们需要的惟一系统,它不能满足人们的一切需要。社会经济生活的安全高效离不开国家机器,居民即使有钱也买不到由行政管理、国防、治安以及司法提供的国土安全和良好的社会秩序。而这一切都需要国家财政来提供,这充分说明,在现实经济生活中,国民经济的各部门、企业和单位,甚至每个人都同财政有密切关系。具体表现在:国防、公安、司法等国家机关,要靠财政拨款维持运行;遍布全国的铁路、公路、桥梁、城镇的供水、供电、供气、供热,农村的大型水利、灌溉系统以及其他大型公共工程等基础设施,大多数都由政府财政投资兴建;大型发电站、钢铁厂、煤矿、油田等大中型企业,很多都由政府财政出资(这些企业同时又为社会提供了大量的工作岗位和就业机会);中小学校、科技馆、图书馆、博物馆等事业单位大多数也靠财政出资建立并且靠财政拨款维持与发展;城镇居民和农民都不同程度地享受由财政支付的各种福利或补贴,如社会的孤寡老人、受灾地区的居民等需要财政拨款救助,城镇居民的"菜篮子"、"米袋子"、"火炉子"在某种程度上也享受着政府补贴。

为了维持上述开支,政府要依法向企业、单位和公民征税;国有企业要向国家上缴利润;国家还可以通过向企业、单位、居民发行公债、国库券等政府债券取得收入;还有一些规费收入。

综上所述,财政的概念可以概括为:财政是国家为了实现其职能,满足社会公共需要,通过政府收支活动,强制地、无偿地对一部分社会产品进行集中性分配和再分配的经济活动,并在分配过程中形成以国家为主体的分配关系。

二、财政的产生与发展

财政是个分配问题,属于经济范畴,同时,它又属于历史范畴。财政随着国家的出现而产生,也随着国家的发展而发展。

(一)财政的产生

财政作为国家运用政治权力作用于经济活动的产物,是从社会产品分配中独立出来的一个分配范畴,是人类社会发展到一定历史阶段的产物。财政的产生必须具备两个最基本的条件:一个是经济条件,另一个是政治条件。

1. 剩余产品的出现是财政产生的经济条件

在生产力水平极低的氏族公社时期,人们共同参加劳动,共同占用生产资料,劳动产品在氏族成员之间平均分配,以维持氏族成员最低限度的生活需要。这个时期没有剩余产品,也就没有社会产品分配的财政活动。

到原始社会末期,随着社会分工的出现,生产力水平有了极大提高,出现了剩余产品,相应产生了需要由剩余产品予以满足的社会共同需要。所以说,剩余产品的出现是财政产生的首要条件。

2. 国家的产生是财政产生的政治条件

随着生产力的发展,出现了私有制,人类社会分裂为奴隶和奴隶主两个根本对立的阶级。由于两个阶级之间的矛盾不可调和,客观上需要一种政治力量,把阶级冲突保持在"秩序"允许的范围内,这个力量就是国家。国家产生后,它不仅行使阶级统治的职能,而且行使有关的社会职能,满足某些社会公共需要,如文化教育、公共工程及社会公共设施等。

国家要实现其职能,满足社会公共需要,就要消耗一定的物质资料,但国家本身不是创造社会财富的生产组织,不能为自身提供任何物质资料,只能凭借政治权力,采取强制无偿的手段,将物质生产领域的一部分社会产品转化为国家所有,以满足其实现职能的需要。而此时,社会生产力的发展也提供了满足这种需要的剩余产品。这样,在整个社会产品分配中,就出现了以国家为主体、凭借政治权力进行分配的现象,即财政分配。

以上说明,剩余产品的出现为财政产生提供了物质基础,使财政的产生成为可能;而阶级、国家的产生为财政产生奠定了政治基础,也使财政的产生成为必需。

(二)财政的发展

随着生产力的不断发展和生产关系的不断变更,人类社会先后经历了奴隶社会、封建社会、资本主义社会和社会主义社会的发展变化过程。与不同形态国家的发展、更迭相适应,财政也经历了相应的发展变化过程。

1. 奴隶制国家财政

奴隶制国家财政是建立在奴隶社会生产关系基础上,并为奴隶主阶级利益服务的。在奴隶社会,奴隶主占有一切生产资料和奴隶,奴隶的剩余产品全部归奴隶主所有。这时财政关系与一般分配过程没有完全分开。这一时期财政的特点是:①奴隶主以直接占有奴隶及其劳动成果的方式取得财政收入,包括王室土地收入、来自于战败国的贡赋收入和平民的捐税收入。②财政收支与王室的收支混在一起,没有严格的界限。国王统治范围内的土地和臣民百姓如同国王个人的财产。国家的公共支出与国王个人的支出无法明确划分。③财政分配主要采取实物和劳役形式。这是由于当时生产力水平低下,商品经济不发达,货币形式还处在孕育过程之中。

2. 封建制国家财政

封建制国家财政是建立在封建社会生产关系基础上,并为封建主(贵族和地主)利益服务的。进入封建社会,随着社会生产力的发展和剩余产品的增加,国家财政收入与一般分配关系逐渐分开。这一时期财政的特点是:①在封建经济的发展过程中逐步形成了以土地或人口为课征依据的税收形式。特别是在封建社会后期,赋税成为国家财政收入的主要形式。②随着商品经济的发展,除原有的财政范畴得到完善外,又产生了一些新的财政范畴,如专卖收入、公债、国家预算等。③国家财政收支与国王个人收支逐渐分离,形成单独的收支渠道,并设独立的机构进行管理。④财政收入形式由以实物形式为主逐步向以货币形式为主转化。

3. 资本主义国家财政

资本主义国家财政是建立在资本主义生产关系基础上,并为资产阶级利益服务的。资本主义社会里,商品经济关系得到充分发展,社会劳动生产率极大提高,剩余产品占社会总产品的比重也提高了,从而为财政关系的发展提供了物质保证。这一时期财政的特点是:①税收是国家财政收入的主要形式,经过多年的完善,已形成一套征管体系。②由于商品货币经济的发展,国家财政收支全部货币化。③国家财政不仅依靠税收形式取得财政收入,而且通过借债、通货膨胀等手段取得财政收入。④财政职能不断增加,收支范围也不断扩大,不仅要给政府管理国家提供经费,而且要为社会福利事业提供资金,并直接在经济领域投资,这成为政府干预经济的重要手段。

4. 社会主义国家财政

社会主义国家建立在以生产资料公有制为主体、多种经济成分并存的所有制结构基础上。社会主义公有制决定了社会主义国家财政的性质及特点。①社会主义财政以国家为主体,凭借国家的政治权力和生产资料所有者代表的双重身份参与社会产品分配。凭借公共管理权力参与分配,保持了财政分配强制、无偿的共性;而以生产资料所有者代表身份参与分配,则表现出社会主义财政分配的特殊性。②由于社会主义财政以国有资产所有者身份从国有企业取得利润,因此,社会主义财政本身又是社会再生产过程中的重要环节,财政分配占经济建设支出的比重,一般高于资本主义国家。③社会主义国家的双重身份和双重职能,决定了国家财政由两个部分即公共财政和国有资产财政组成,它们各自具有不同的职能和任务。

三、财政的一般特征

财政产生后,随着社会生产方式的变革和国家的更替,财政也在不断地发展变化。人类进入阶级社会后的各种社会形态,都有与其生产资料所有制和国家形式相适应的财政分配关系。然而,财政作为一种分配范畴,无论在何种社会形态下,都有其固有的一般特征。

(一)财政分配的主体是国家

财政分配的主体一般都认为是国家或政府,因为财政分配以国家的存在为前提,是由国家来组织的,国家在财政分配中居于主导地位。这使得财政分配与以企业或个人为主体的分配相区别,也是财政区别于其他分配范畴的基本特征。

财政分配的主体是国家,表明国家直接决定着财政的产生、发展,决定着财政分配的范围。在财政分配中,国家处于主动、支配的地位,而参与分配的另一方处于被动、从属的地位,是国家意志的具体执行者。另外,财政分配是以国家制定的法律制度为依据进行的,国家凭借法律或政治权力对社会经济关系进行强制处理,这就使财政分配具有了强制性。

(二) 财政分配的对象是社会产品

从财政分配的客体来考察,财政分配的对象是社会产品,而且主要是剩余产品,但不是社会产品的全部,也不是剩余产品的全部,只是其中的一部分。按照我们对社会产品的分析,全部社会产品是由补偿生产资料消耗部分(C)、劳动者个人收入部分(V)以及剩余产品价值部分(M)所组成。从财政的实际运行情况来看,财政收入中既包含剩余产品价值部分(M),也包含劳动者个人收入部分(V)。就全部收入而言,我国财政分配的对象主要是剩余产品价值部分(M),但从社会经济的发展来看,劳动者个人收入部分(V)对财政分配的影响会越来越大。

(三) 财政分配的目的是保证国家实现其职能

财政分配的目的是保证国家实现其职能,任何社会形态的国家都有其职能,国家的职能体现国家的性质与统治者的意志。无论在何种社会形态下,财政分配总是围绕着实现国家职能的目的而进行的。不过,在世界经济一体化的今天,各国的财政手段运用还须同时考虑对他国的影响。例如世界贸易组织规则规定了禁止性补贴、可申述性补贴和不可申述性补贴等,就直接限制了成员国相关财政补贴措施,任何一方成员都必须遵守。

(四) 财政是一种集中性的、全社会范围内的分配

财政分配是宏观经济问题,它是在全社会范围内进行的集中性分配。财政收入涉及社会生产与生活的各个领域,财政支出也涉及社会的各个方面。在一个国家里,任何微观经济组织与个人都包括在财政分配范围内。因此,国家在组织财政收入和安排支出时,都要以社会总体的发展为目标,不仅要考虑政府部门的自身利益,而且要考虑其对整体国民经济的影响。财政活动的主体是政府,政府作为整个社会的代表,决定了财政活动要在全社会范围内集中进行。

(五) 财政分配是一种无偿性的分配

财政分配是为了满足国家行使其职能的需要而进行的,而任何社会形态下的国家都是非生产性的,这就要求财政分配必须无偿进行。无偿性表现为财政在筹

集资金、使用资金等方面都不需要偿还,收与支都是价值的单方面转移。随着财政收支运动,其资金的所有权也随之改变,这与银行信用的有偿分配有着根本区别。当然,随着财政收支范围不断扩展,除无偿的基本形式之外,国家也运用信用方式来有偿分配资金,例如,政策性银行采用政策性贴息方式筹措项目款项,形成财政分配的调节杠杆形式。但这种形式只是财政分配的一种补充,并不影响财政分配在整体上和本质上的无偿性特征。

第二节 公共产品和公共财政

西方经济学中,国家的财政被称为公共财政,或称为公共部门经济、公共经济,公共财政的理论基础是公共产品理论和市场失灵理论。

一、公共产品及其特征

西方国家把经济部门分为私人部门和公共部门两部分。私人部门提供的产品称为私人产品,公共部门提供的产品称为公共产品。按照经济学家萨缪尔森给出的定义,纯公共产品是指这样的产品:每个人消费这种产品不会导致他人对该产品消费的减少。

公共产品作为私人产品的对应物,具有以下特征:

(一)效用的不可分割性

效用的不可分割性指公共产品是向整个社会共同提供的,而不能将其分割成若干部分分别归个人或集团消费,如安全、秩序、国防等。当然依据受益范围的大小,可将公共产品区分为全国性或地区性的公共产品。但公共产品的效用并没有被分割,它依然向全国或某个地区的所有成员来提供其效用。私人产品的效用则具有可分割性。如食品或衣服只对消费它的某个人有效用,其效用必须分割给每个人才能得以实现。

(二)消费的非排他性

消费的非排他性指某个人或集团对公共产品的消费,并不影响或妨碍其他个人或集团同时消费该公共产品,也不会减少其他个人或集团消费该公共产品的数量或质量。例如,航海中的灯塔,可以为夜间航行的所有船只提供照明。而私人产品则显然不同,当消费者为私人产品付钱之后,他人就不能享用该种产品或劳务所带来的利益,这种排他性是天经地义的。

(三) 取得方式的非竞争性

非竞争性是指消费者的增加不会引起生产成本的增加,即多一个消费者所引起的边际成本为零,因此价格也为零。这意味着可能形成"免费搭车者",消费者无须通过市场出价竞争的方式即可获得公共产品。而私人产品,如衣服、食品、住宅等,消费者必须通过市场采用出价竞争的方式获得。

(四) 提供目的的非营利性

非营利性是指提供公共产品不以营利为目的,而是追求社会效益和社会福利的最大化。而私人产品的提供则会追求利润的最大化。

公共产品的四个特征是密切联系的,其中核心特征是消费的非排他性和非竞争性,另两个特征是这两个特征的延伸。在实际生活中还存在兼有私人产品特征和公共产品特征的混合产品,称其为半公共产品或准公共产品。

公共产品的上述特征,决定了市场在提供公共产品方面是失灵的。公共产品必须由政府来提供,这就决定了公共财政存在的必要性及其活动的范围和内容。

应当着重指出,公共产品与私人产品的区别主要是就消费该产品的不同特征来区分的,而不是按产品的所有制性质,即公有还是私有来区分的。另外,公共产品与社会产品是不同的概念。社会产品是由物质生产部门创造的物质产品,通常不包括劳务服务,更不包括精神产品。而公共产品不仅指物质产品,更主要的还指各种公共服务,它包括无形产品和精神产品。例如,国防作为一种公共产品,它指的不仅仅是向军队提供的武器装备、防御设施等,还包括政府通过这些物质条件的总和所提供的保卫国家安全的服务,还有秩序、环保、防疫等公共产品都属于这种类型。在西方经济学看来,政府也是经济行为的一个主体,它也创造价值。在西方的国民经济核算体系中,生产活动不仅限于物质生产部门,而且包括提供各种服务的第三产业。这样,政府机关、军队、警察、教育、卫生等部门,由于向社会提供服务,其活动也属于第三产业的生产活动范围。

二、市场失灵与公共财政

西方经济学和公共财政学的理论认为,在市场经济条件下,社会资源的主要配置者是市场,而不是政府。只有在市场失灵的领域,政府部门的介入才是必要的,也就是说,市场失灵决定着公共财政存在的必要性及其职能范围。市场失灵表现在许多方面,主要有:

(一) 公共产品或劳务

公共产品或劳务指具有共同受益或联合消费特征的物品或劳务。如上所述,公共产品或劳务的特性决定了市场在提供公共产品方面是失败的,这就决定了政府必须将提供公共产品或劳务纳入财政职能范围。

(二) 外部效应

外部效应是指私人费用与社会费用之间或私人得益与社会得益之间的非一致性,即某个人或企业的活动影响了他人或其他企业,却没有为之承担应有的成本费用或没有获得应有的报酬。这一现象决定了带有外部效应的物品或劳务的市场供给,难以达到最佳的资源配置状态,从而要求政府在这一领域发挥自己的特殊作用,以包括财政在内的非市场方式解决带有外部效应的物品或劳务的供给问题。

(三) 不完全竞争

不完全竞争主要是指某些行业因具有经营规模越大,经济效益越好,边际成本不断下降,规模报酬递增的特点,而可能为少数企业所控制,从而产生垄断的现象。垄断必然排斥竞争,甚至导致整个竞争性市场的解体。这又决定了政府要承担起维持市场有效竞争的责任,将与此有关的任务纳入财政的职能范围。

(四) 收入分配不公

在市场经济条件下,收入分配是由每个人提供的生产要素(如劳动力、资本、土地等)的数量及其市场价格决定的。由于人们占有(或继承)财产情况的不同以及劳动能力的差别,由市场决定的收入分配状况,往往是极不公平的,任其发展,不仅会影响经济,还会带来社会的不稳定,这也是市场无法依靠自身力量解决的难题之一。因此,政府有义务解决收入分配不公问题,而财政是其重要手段。

(五) 经济波动与失衡

自由放任的市场经济不可能自动、平稳地向前发展。这一方面是由于价格信号在某些重要的市场上并不具有伸缩自如、灵活反应的调节能力;另一方面,从供求角度看,不同经济主体在实现其经济利益上所具有的竞争性和排他性,也会使市场的自发力不能经常保证供求平衡,于是失业、通货膨胀和经济的波动与失衡等会周期性地重复出现。这也需要政府运用财政手段干预经济的运行。

对上述各类市场失灵问题,西方财政学认为,以居民和企业为主体的私人经济或私人部门经济是无力解决的。此时,需要以政府为主体的公共财政的介入,用非市场价格机制的方式去解决市场失灵问题。由此可见,市场经济条件下的公共财政的职能范围,是以市场失灵为标准,从纠正和克服市场失灵现象出发来界定的。

三、公共财政的基本内容

1998年我国确定财政体制改革的目标是建立公共财政体系,从那时起就已开始构建我国公共财政基本框架。

(一)公共财政的含义

公共财政是指为满足社会公共需要而向市场提供公共产品或服务的政府分配行为。它是与市场经济相对应的特有的财政运行模式,是国家财政的一种具体存在形态。

在市场经济条件下,公共财政主要是为满足社会公共需要而进行的政府收支活动模式或财政运行机制。国家以社会和经济管理者的身份参与社会分配,并将收入用于政府的公共活动支出,为社会提供公共产品和公共服务,以充分保证国家机器正常运转,保障国家安全,维护社会秩序,实现经济社会的协调发展。

财政作为国家进行的分配活动,在不同的社会形态、不同的经济体制下都具有相同的国家分配的共性,但也有着与特定的经济基础相适应的个性。在不同的经济形态或不同经济体制下,国家或政府的分配活动或经济活动,有着不同的运行机制和活动特点,这就决定了不同体制下财政的根本性质差异,从而形成了不同的财政类型,财政收支活动也就呈现不同特点(见表1-1)。

表1-1 财政类型对照表

经济形态或体制类型		财政类型	财政活动的性质
自然经济		家计财政	满足个人或私人(君主)需要
商品经济	计划经济体制	生产财政	满足国家实现政治、经济职能的需要
	市场经济体制	公共财政	满足社会公共需要

在以自然经济为主的奴隶社会、封建社会,财政收支具有很强的私人性质,它直言不讳地强调是为奴隶主、封建君主服务,为社会服务只不过是由为私人服务所派生出来的。此时的财政不具有公共性,而只是家计性的财政。这种状况一直延续到资本主义因素已经萌发的封建社会末期。

在封建社会末期,特别是进入资本主义社会后,商品经济的发展,使资源在全社会范围内以市场为中心进行配置。同时,剩余产品增多,为政府职能扩大、财政的发展奠定了物质基础。随着市场经济体制的建立,国家财政显现出其公共性特征。这是因为:①在资本主义社会,整个社会经济基本上划分为由企业和家庭组成的私人部门以及政府的公共部门两部分。这样,基本的经济活动即市场活动是由私人进行的,而政府以自己的非营利性活动为所有的社会成员活动提供无差别的社会服务，即公共服务。与此相对应的，财政就是为满足政府提供公共服务的需要而进行的收支活动。这也是人们将财政称为公共财政的根本原因所在。②在市场经济条件下，市场并不能解决一切问题，大量存在的具有共同消费性质的活动，由于无法以市场价格方式解决其经费来源，必须并且只能由政府以非市场性的财政方式来提供其所需经费。此时的财政活动也就具有代表社会共同利益的公共性质。③尽管在自由资本主义时期，各市场经济国家普遍推行自由放任政策，政府经济职能受到限制，但政府仍然要通过政府预算来管理一些私人部门管不了和管不好的事务，以保证政府对社会政治、经济调控的需要。

在传统的计划经济时期，财政不具有上述所分析的公共性，却显现出生产性的特征。这是因为：①计划经济建立的初期，国家的主要任务是解决大多数社会成员的温饱问题，而温饱问题主要处于物质生产领域。这就决定了当时国家经济建设的主要精力必须集中到物质生产领域，而非物质生产领域的投入明显不足。在这种经济环境下，国家财政的基本任务是尽可能地支持生产建设。②计划经济体制还决定了此时的财政也必须是生产建设性的。计划经济以国家直接对整个社会资源的计划配置为基本特征，因此，整个社会的主要财力集中于财政。为了尽快完成发展物质生产的任务，在收入总量既定的前提下，就要求财政尽可能地压缩非生产性支出，尽可能地增大生产性支出，这样才能尽快地加速经济的发展。

以上分析说明，在自然经济形态下的国家财政和计划经济体制下的国家财政，都不具有完全意义上的公共性，公共财政是市场经济的产物，反过来也是确保市场经济得以正常存在和顺利运行的关键条件，它起源于西方市场经济国家，是与市场经济相适应的财政类型。

（二）公共财政的基本特征

经济基础决定上层建筑，不同的经济形态要求有与之相适应的财政运行模式。我国由计划经济转向社会主义市场经济后，要按照社会主义市场经济发展的要求，构建具有公共财政基本内涵及特征的财政运行模式。一般来讲，它应具有以下四个基本特征：

1. 公共性

公共性指公共财政解决公共问题、满足社会公共需要的特性。人的需要可以分为私人需要和公共需要两大类型，这两类需要的满足是人类社会存在和发展的基础和前提。公共需要是集合形式的私人需要，但又独立于私人需要，与纯粹的私人需要有着本质区别。满足私人需要的私人产品具有消费上的排他性和竞争性，而与公共需要相对应的公共产品消费则具有非排他性和非竞争性。私人产品和公共产品的不同特性决定了市场机制起作用的范围和公共财政活动的范围和领域。

在封建君主国家里，社会的公共需要从属于君主个人及其家族集团的需要，财政活动则服从于满足君主对个人需要的追求，不可能具有公共性。在市场经济条件下，市场在资源配置中发挥着基础性的作用，个人需要能够通过市场得到满足，但市场机制不是万能的，在提供公共产品、满足社会公共需要方面，市场机制不能很好地发挥作用，产生市场失灵现象。不仅如此，伴随着市场经济的运行，还存在着其他大量市场失灵的现象，如"搭便车"现象、外部负效应、自然垄断、不公平的分配、宏观经济运行的不稳定、经济运行存在的风险和不确定性。这就需要通过非市场手段，使必要的资源配置到市场失灵的领域。相对于计划经济下大包大揽的生产建设型财政而言，公共财政只以满足社会公共需要为职责范围，凡不属于或不能纳入社会公共需要领域的事项，市场机制可以有效发挥作用的范围和领域，公共财政就不应介入，以免造成资源配置扭曲和低效；凡属于社会公共需要领域的事项，而市场机制又无法解决或解决不好的，公共财政就必须介入。因此，作为与市场经济相适应的财政类型，公共财政是弥补市场失灵的财政，市场失灵成为界定公共财政活动范围和领域的根本标志。需要指出的是，在这一根本界限之下，由于市场失灵的具体内容随着市场经济发展而变化，公共财政的具体活动范围和领域也随着国家和时期的不同而有所不同。

2. 公平性

公共财政是为市场活动提供一视同仁服务的财政。这主要指财政政策平等、不歧视、一视同仁，在财政政策上不能实行区别对待，对某些经济成分给予优惠和倾斜，对另一些经济成分则进行限制或不作为。历史上，公共财政取代封建家计财政的主要标志是：政府的基本财政权限转移到了议会手中，通过政治上的代议制形式，由代议机构审查财政收支活动，实现财政活动的公共性。

市场经济的效率性是通过人们的等价交换活动实现的。而要做到等价交换，必须具有公平竞争的外部环境。政府及其财政活动直接作用于市场活动主体，直接影响着它们的市场行为。因此，政府及其财政就必须一视同仁地对待所有的市场活动主体。否则，对不同的市场活动主体采取不同的措施和待遇，就意味着政府直接支持了某些主体的市场活动，而抑制了另一些主体的市场活动。如果政府以其非市场的手段，直接介入和干预了市场正常活动，这显然是违背市场经济"三公"原则的。而从一视同仁来看，在财政支出方面，就意味着其提供的服务，是适用于所有的市场活动主体的，或者是服务于所有的市场活动主体的根本利益的。比如，政府修建的高速公路，就不应当是只有国有经济才能使用；政府的环境卫生服务，不可能是只为国有企业提供，而不清除非国有企业门前的垃圾。在税收方面，对于某些经济成分实行较高的税率，而对另一些实行较低的税率，就造成了纳税人不同的税收负担，政府就人为地造成了不公平的市场竞争条件。可见，财政必须采取一视同仁的政策,才能避免政府活动对市场公平竞争条件的破坏。而一视同仁的服务,也就是公共服务。

3. 公益性

公益性指与市场主体追求的目标不同,公共财政不应直接从事市场活动,不能以追求利润为目标,只能以满足社会公共需要为己任,追求公益目标。这是由公共财政的公共性这一基本特性,特别是公共财政是行使特定的公共权力这一因素决定的。作为经济组织的企业和私人经营者,以及作为要素所有者的个人,它们都只有经济权利和平等的政治地位,但不具有公共权力。如果公共财政追逐利润目标,它有可能凭借其拥有的特殊政治权力,凌驾于其他经济主体之上,在具体的经济活动中影响公平竞争,直接干扰乃至破坏经济的正常活动和市场秩序,打乱市场与政府分工的基本规则;财政资金也会因用于牟取利润而使社会公共需要领域出现缺位,或者出现与民争利。因此,在市场经济条件下,财政收入的取得,要建立在为满足社会公共需要而筹措资金的基础上;财政支出的安排,要始终以满足社会公共需要,追求社会公共利益为宗旨,不能以赢利为目标。

如前所述,尽管企业活动于市场有效领域内,而政府活动于市场失灵领域内,但现实经济活动错综复杂,大量的活动需要企业和政府共同介入。为此,非营利性就提供了一个具体标准,来界定两者在共同活动中的各自参与程度。当某些行业的活动为社会公众所需要,并且可以有一定的市场收入,但又达不到市场平均利润水平之时,政府和企业是可以共同承担这类活动的。这就是政府通过公共财政的投资或补贴等,使得投入到该行业的企业会获得社会平均利润率。这样政府通过自身的无偿投入,支持了该行业的发展,为整个社会的利益服务;同时,企业由于可以获得平均利润率,承担起了部分的乃至主要的投资任务,大大减轻了财政的支出负担。这样,财政的非营利性活动,就直接与为市场提供公共服务紧密联系起来。

4. 法制性

法制性指公共财政要以法制为基础,实施规范管理。市场经济是法制经济,政府的财政活动和运作必须在法律法规的约束规范下进行。也只有通过法律法规形式,依靠法律法规的强制保障手段,社会公众才得以真正决定、规范、约束和监督政府及其财政活动,才能确保政府的公共财政活动符合公众的根本利益,才使得财政具有真正意义上的公共性。

体现在公共财政上,即政府的收支活动在法律上要有严格界定,财政收入的方式和数量或财政支出的去向和规模等理财行为都建立在法制的基础上,实行依法理财、依法行政,从而最大限度地约束政府的自利行为,不能想收什么就收什么,想收多少就收多少,或者想怎么花就怎么花。同时,公共财政要解决公共问题,满足社会公共需要,服务公共目的,这也要求公共财政管理必须以法制为依托,实施规范管理。

(三) 公共财政的主要职责

公共财政的主要职责是以保证社会公共需要为核心。社会公共需要是指社会安全、秩序、公民基本权利和社会经济发展的条件等方面的需要。同私人需要相区别,它是社会全体成员作为一个整体所提出来的需要,而不是由个别社会成员或单个经济主体提出来的需要。

社会公共需要的范围颇广,可以分为不同的层次,不同层次的社会公共需要的性质有所不同。

第一层次是完全的社会公共需要。这是政府保证履行其职能的需要,包括政府履行某些社会职能的需要,如国防、外交、公安、司法、行政管理以及普及教育、公共卫生、基础科学研究和生态环境保护等。这类需要是最典型的、最基本的、最纯粹的社会公共需要,是社会公共需要中的最高层次。

第二层次是准社会公共需要。这是介于社会公共需要和私人个别需要之间,在性质上难以严格划分的一些需要,其中的相当一部分要由政府集中加以满足。高等教育便是一个例证。高等教育并非全体社会成员都可以享用,由于招生名额所限,进入大学学习具有竞争性和排他性,而且可以对享受高等教育的人收取费用。从这个角度讲,高等教育具有私人个别需要的性质。然而,从另一角度看,高等教育也可以归入社会公共需要之列。因为高等教育为国家培养高级专门人才,是任何社会存在和发展所必需的,学生学得知识和提高素质也具有一定外部效应。所以,即使在西方国家,国立大学的投资和经费也主要由政府拨付,自然属于社会公共需要范围。财政支出中的转移支付项目,如社会保险基金、抚恤救济金、价格补贴等,也属于这类需要。

第三层次是视同社会公共需要。大型公共设施,包括基础产业,如邮政、电信、民航、公路、煤气、供电、供水等,虽然这些行业可以按市场法则允许私人进入,但由于耗资巨大,私人难以承担或只能承担一小部分,而这些行业在经济运行中对国民经济又具有重大意义,因此只能由政府来提供大部分服务以满足社会的需要。在以公有制为主体的国家,这类行业基本由政府出资举办,即使在私有制的国家,也有相当大的部分由政府投资兴办。所以,我们把这类需要称为视同社会公共需要。

公共财政以政府与市场的关系为立足点确定其职责。政府为社会提供公共产品,表现为各种政府活动和公共服务,而公共财政就是为政府活动和公共服务提供足够的财力支持。财政的公共性,就表现在它满足的是市场无法满足的社会公共需要。

公共财政提供财力给予保证的公共需要主要包括:

(1) 保证国家机构正常运转的财力需要。政府提供公共服务,是通过政府机构对其职责的履行来实现的。政府机构的存在与正常运转,就构成了提供公共服务的基本条件。而公共财政提供相应经费又是政府机构存在与履行职责的前提。

(2)保证市场资源配置不能有效解决的社会科学、教育、文化等事业发展的财力需要。由于这类事业活动具有强烈的外溢性,即对于整个社会经济的发展和人民物质文化生活的提高,都具有广泛而深远的影响,因而它们所需的经费中,不能直接按受益原则由单位和个人分担的部分,就应由财政来负担。

(3)保证为社会再生产顺利运转创造条件的大型基础设施、公用设施等建设支出的财力需要。这类投资也具有公共产品性质,尽管市场也可以或多或少地介入这些领域的投资,但由于耗资巨大,只能由政府来充当主要的投资者,公共财政也必须为这类的投资提供财力支持。

四、我国建立公共财政体系的必要性

公共财政既是一个经济范畴,又是一个政治范畴,事关治国安邦、强国富民。市场经济国家的公共财政,有共性的地方。但由于各国国情、文化传统及市场发育程度不同,公共财政的具体模式和做法也不尽相同。我国的公共财政具有自己鲜明的特色。在目标任务上,我国社会主义公共财政服从并服务于全面建设小康社会和构建社会主义和谐社会目标,着力维护和发展最广大人民群众的根本利益;在经济基础上,我国社会主义公共财政建立在以社会主义公有制为主体、多种所有制共同发展的社会主义市场经济基础上;在发育成熟程度上,当前我国的公共财政还处于不断完善过程之中,还有很长的路要走。因此,我国不能简单模仿或生搬硬套西方国家公共财政模式,必须立足本国国情,从实际出发,建立适应有中国特色的社会主义市场经济需要的公共财政。

建立完善的社会主义市场经济公共财政,是全面贯彻"三个代表"重要思想、落实科学发展观的必然要求,是全面建设小康社会和构建社会主义和谐社会的重要保障,是构筑社会主义市场经济体制的重要环节,是推动政府职能转变的迫切需要,具有重大的政治、经济和社会意义。

(一)建立完善的公共财政体系是全面贯彻"三个代表"重要思想和落实"以人为本"科学发展观的必然要求

全面贯彻"三个代表"重要思想和认真落实科学发展观,最根本的目的是实现好、维护好广大人民群众的根本利益。建立和完善社会主义市场经济公共财政,通过公共财政收入和公共财政支出等制度和政策安排,做到"取之于民,用之于民",有利于更好地满足我国最广大人民群众的社会公共需要,包括政治、经济和文化等方面的公共需要,不断提高国家的综合实力和人民的生活水平。因此,加快建立和完善公共财政,既是贯彻"三个代表"重要思想和落实科学发展观的必然要求,又是其重要措施。

（二）建立完善的公共财政体系是全面建设小康社会和构建社会主义和谐社会的重要保障

党的十六大确立了全面建设小康社会的奋斗目标。这个目标不是单一的,除了要使经济更加发展外,还要使民主与法制更加健全、科教更加进步、文化更加繁荣、社会更加和谐、人民生活更加殷实。全面建设小康社会、构建社会主义和谐社会的一个重要方面就是不断满足社会公共需要,这是公共财政最基本的任务。公共财政不仅可以为经济发展提供必要的支持,而且也可以为社会的全面协调发展提供保障;不仅可以促进物质文明发展,而且也可以促进政治文明、精神文明发展。只有加快建立比较完善的公共财政体系,才能为全面建设小康社会和构建社会主义和谐社会提供财力保障和政策支持。

（三）建立完善的公共财政体系是完善社会主义市场经济体制的重要环节

公共财政是与市场经济发展相适应的一种财政运行模式。社会主义市场经济越发展,越需要建立完善的公共财政体制。健全和完善公共财政体制,是市场经济发育和发展的重要条件,也是社会主义市场经济体制不可或缺的重要组成部分。20世纪90年代中期以来,我国对财政收支体制进行了重大改革,财政运行机制不断改进和加强,初步建立了公共财政体制框架,促进了社会主义市场经济体制的建立。随着改革的不断推进和社会主义市场经济的深入发展,只有不断健全公共财政体制,才能进一步完善社会主义市场经济体制。

中国的市场经济是在国家宏观调控下运行的,这里讲的国家宏观调控不仅要弥补市场失灵和纠正市场自发性造成的弊端,同时要保持经济总量平衡,抑制通货膨胀,促进重大经济结构优化,实现经济持续、稳定、健康发展。当然,政府的宏观调控也要顺应市场经济运行规律,有利于市场机制作用的充分发挥。这就要求主要采取经济手段调控经济运行,即实现财政、金融、计划手段的协调配合,才能实现资源优化配置,保证市场经济的健康、协调发展。而在政府调控中,财政调控是宏观调控的主要手段和实现方式。

（四）建立完善的公共财政体系是转变政府职能的迫切需要

在市场经济条件下,凡是市场机制能够解决的问题,政府就不要介入,不要越位;满足社会公共需要必须提供的公共服务,政府必须积极介入,不能缺位。政府职能转变与公共财政体制密切相关,两者相互作用、互为促进。一方面,政府职能的范围决定了公共财政职能范围,转变政府职能有利于建立和完善公共财政体制;

另一方面，通过部门预算等公共财政改革，有利于约束规范政府部门的行为，推动政府职能转变。

我国的市场经济体制的建立过程，是由计划经济体制向市场经济体制转轨的过程。这就决定了计划经济体制下对经济事务包揽过多的政府职能必须彻底转变，政府不再直接管理微观经济的生产经营活动，转由市场机制调节。我们把社会主义市场经济体制下的政府职能归结为：改善经济调节，严格市场监管，加强社会管理，更加注重公共服务。调节、监管、管理、服务的政府职能，客观上要求作为政府经济行为的财政，也要由适应计划经济体制的建设财政，转变为适应市场经济体制要求的公共财政。

从发展社会主义市场经济、适应政府职能转变要求的大局来考虑，必须进行财政模式的转换，建立有中国特色的公共财政。在社会主义市场体系发育过程中，能由市场解决的事情，财政要逐步让位；凡应由财政承担的公共需要，财政要到位。这就是说，要正确处理财政与市场的关系，在财政改革的进程中尽快完善公共财政的职能。

第三节　财政的职能

财政的职能是指财政在社会经济生活中所具有的职责和功能，它是财政这一经济范畴本质的反映，具有客观必然性。由于人们对财政职能的认识有一个过程，加之分析的角度不同，因而存在着不同的概括。对财政职能的理解与表述随着社会的进程与经济体制的变化而有所发展，在我国确立社会主义市场经济体制的条件下，从财政宏观调控目标的角度看，可以把财政职能概括为三个方面，即资源配置职能、收入分配职能、经济稳定与发展职能。

一、资源配置职能

（一）财政的资源配置职能的含义

财政的资源配置职能，是指通过各种财政手段，诸如税收、财政支出等，对现有人力、物力、财力等社会经济资源进行合理调配，实现资源结构的合理化，使其得到最有效的利用，实现经济效益和社会效益的最大化。

在任何社会，相对于人类的需求来说，资源总是有限的，因此，合理、高效地配置资源，始终是经济学的核心问题。在现代经济条件下，市场是资源配置的主导，通过市场配置资源具有天然、高效的优点。但市场对资源的配置并不是万能的，它也存在着许多自身难以克服的缺陷。在有些领域,市场配置是无能为力的。一是社会公共产品和公共服务无法通过市场提供,如国防、司法、公安、外交等;二是微观经济主体容易在决策中产生短期行为,与国家宏观政策的需求并不一致;三是信息不对称使市场配置具有一定的盲目性,影响资源配置的效率。这就需要政府从全社会的整体利益出发,通过包括财政在内的各种手段,参与资源的调节与分配,实现整个社会资源配置的高效、优化。

(二)财政的资源配置职能的主要内容

1. 调节资源在地区之间的配置

在世界每个国家、地区,资源分布不平衡是客观现实。如果忽视这种存在,或者听任市场配置资源,就可能形成资源从落后地区向发达地区的过多流动,从而拉大地区差距,影响整个社会经济的均衡稳定。解决地区之间经济发展的不平衡问题,可以充分发挥财政在资源配置的积极作用,如通过财政预算的拨款投资,或政府的转移支付制度安排,可以直接增加对落后地区的财政投入;通过给予政府补贴或实行税收优惠,可以吸引地区外的资源流入,稳定本地资源投入,从而促进落后地区的经济增长,使国民经济协调、均衡、稳定地发展。

2. 调节资源在产业部门之间的配置

合理的产业结构是资源高效配置的结果,也是资源进一步优化配置的条件。调整资源在不同产业部门之间的配置从而形成合理的产业结构,主要途径有两条:一是调整投资结构,改变增量投资的使用方向,抑制或促进某一产业部门的发展。二是调整资产的存量结构,改变现有企业的生产方向,促使一些企业转产。就调整投资结构而言,财政可以改变预算支出中的投资方向,向基础设施和"瓶颈"产业倾斜;可以利用财政税收政策和投资政策引导鼓励社会资金向短线产业投资,从而改变微观经济主体的投资方向,促进产业结构合理化。在调整资产存量结构、改变现有企业生产方向上,可以根据国家产业政策的要求,有针对性地制定一些财政政策,鼓励企业按照市场法则实行跨行业、跨地区、跨部门的横向经济联合。

3. 调节社会资源在政府部门与非政府部门之间的配置

这种调整的实质是将资源在社会公共需要与个人需要之间进行配置。这种配置最终体现在财政收入占国内生产总值或国民收入比重的高低上。提高这一比重,意味着在全部社会资源中由政府部门支配使用的部分增大,由企业和个人支配的部分减少。相反,降低这一比重,则意味着全部社会资源中归企业和个人支配使用的部分增大,而归政府支配使用的部分减少。一定时期内全社会资源在政府部门与非政府部门之间的分布比例,取决于社会成员对公共产品的需求与对私人产品的需求的比例,尤其取决于社会公共需求在整个社会需求中所占的比例。总之,政府部门对资源的支配,应该与其承担的职责相一致,即与全社会要求政府提供的公共产品数量的多少相一致,政府支配的资源过多或过少都不符合优化资源配置的要求。

二、收入分配职能

(一) 财政的收入分配职能含义

财政的收入分配职能是指通过财政的收支活动,直接与间接影响全社会范围内收入与财产的分配,使之达到公平分配的目标。

收入分配通常是指对国民收入的分配,国民收入创造出来以后,通过对其初次分配和再分配,形成流量的收入分配格局和存量的财产分配格局。初次分配是在国民收入创造出来以后,在企业单位内部进行的分配。这种分配是根据要素投入的数量和质量获得相应的要素收入,如根据劳动力投入获得工资,根据生产资料投入获得利润,根据土地投入获得地租等。再分配是在初次分配的基础上进行的各种分配。在市场经济条件下,国民经济收入分为劳动收入与非劳动收入。劳动收入形式主要有工资、薪金、奖金、津贴等,非劳动收入形式包括财产收入、租金、利息、红利、股息等。

财政收支活动是国民收入分配体系中的一个重要组成部分与重要环节。它既参与国民收入的初次分配,又参与国民收入的再分配。在参与国民收入的初次分配中,主要是凭所有者身份取得国有经济单位上缴的国有资产收益以及各种间接税收入。在参与国民收入再分配中,财政主要是通过征收各种直接税,如所得税、财产税、遗产税等,对生产经营单位及个人的各类所得等要素收入或财富价值进行再分配;或通过财政支出,运用补贴、救济等手段增加某些社会集团及其成员支配国民收入的数量和份额。由此看来,政府对财政支出的安排,直接构成国民收入再分配的重要组成部分。

收入分配的目标是要实现公平分配,这包括经济公平和社会公平两个层次。经济公平要求要素投入和要素收入相对称,它是在平等竞争的条件下通过等价交换来实现的,是市场经济的内在要求。经济公平是社会经济发展的动力。但仅仅有经济公平显然又是远远不够的,因为那些既无任何生产资料又丧失劳动能力的社会成员可能因此而丧失生存条件。社会公平通常指收入差距维持在现阶段各阶层居民所能接受的合理范围内。一些国家通过规定最低工资收入和确定贫困线的办法,关注社会中的低收入阶层和无生存条件的人。经济公平是低层次的公平,难得的是在收入和财富的分配中实现较高层次的社会公平。为了实现收入分配的社会公平,通过财政分配进行调节就是非常重要的手段。它可以否定市场法则,根据社会标准进行国民收入的再分配。

（二）财政的收入分配职能的主要内容

财政收入分配职能的主要内容是通过调节企业利润水平和居民个人收入水平，实现收入与财产的公平分配。

财政对企业利润水平的调节，主要是通过征收不同的税种，来缓解客观因素对企业利润水平的影响，使企业利润水平能够真实反映自身经营管理水平和主观努力状况，为企业间的公平竞争创造良好的外部环境。如通过征收消费税可以剔除或减少价格的影响，征收资源税、房产税、土地使用税等可以剔除或减少由于资源、房产、土地不同而形成的级差收入的影响。除此之外，统一税制、公平税负，也是企业实现公平竞争的一个重要外部条件。

财政调节居民个人收入水平，是在坚持现有分配制度和分配政策的前提下，合理拉开收入差距，同时防止贫富悬殊和两极分化，以实现共同富裕。这主要通过两个方面来进行调节：一是通过税收进行调节，如通过征收个人所得税、社会保障税，缩小个人收入之间的差距；通过征收财产税、遗产税和赠与税调节个人财产的分布状况；二是通过转移性支出，如社会保障支出、救济支出、财政补贴等，维持居民最低生活水平和福利水平。

三、经济稳定与发展职能

（一）经济稳定与发展的含义

经济稳定是指一定时期内社会总供给与总需求处于相对均衡的状态。具体体现在：①充分就业。它指有工作能力且愿意工作的劳动者能够找到工作。充分就业并不等于百分之百地就业，而是指就业率达到了社会认可的某一标准。②物价稳定。即物价总水平的基本稳定，短期内只要物价不发生过度的上升或下跌，即可视为物价稳定。③国际收支平衡。它是指一国在进行国际经济交往中，维持经常项目和资本项目的收支合计大体平衡。在开放的经济条件下，国际收支不平衡常会导致国内收支失衡。经济的稳定要求国际收支不出现大的逆差和顺差。

经济发展不同于经济增长，增长是发展的前提，发展是增长的结果。经济增长是指一国各产业部门在一定时期创造的物质财富和提供的劳务数量的增加。而发展的含义要广得多，它不仅意味着商品和劳务数量的增长，还包括由此带来的经济结构的变化和经济、社会、生态、文化条件的变化，意味着人们综合素质和生活质量的提高。

市场经济条件下，由于市场机制的缺陷，充分就业和物价稳定不可能自动实现,市场也很难提供社会经济发展的外部条件,社会的全面进步和人们生活质量的提高也难由市场解决。通过政府利用各种手段对国民经济运行进行调节与控制,就可实现经济的稳定与发展。经济稳定与发展的职能指的是通过财政政策与制度设计,利用有关财政手段的调节,实现充分就业、物价稳定、经济增长和国际收支平衡的目标。

(二)财政的经济稳定与发展职能主要内容

1. 通过国家财政预算政策,调节社会总供给与总需求的基本平衡

国家财政收入是社会产品的一个组成部分,它通常代表供国家支配的一部分商品和劳务,是社会总供给的一部分。国家财政支出所形成的货币购买力,是社会总需求的一个组成部分。因此,通过调整国家预算收支之间的关系,可以起到调节社会总供给与总需求的作用。当社会总需求大于社会总供给时,可以通过实行国家预算收入大于支出的结余财政政策来抑制社会总需求,平衡供求关系;当社会总供给大于社会总需求时,则可以通过实行国家预算支出大于收入的赤字财政政策进行调节;当社会总供给与总需求大体平衡时,国家预算应实行收支平衡的中性财政政策与之相配合。在市场经济条件下,社会总供给与总需求之间的关系非常复杂,由于各种因素的影响,经济发展会出现周期性的波动,有时总需求大于总供给,有时总供给大于总需求,因而,要求政府根据客观经济情况的变化"相机抉择",确定合适的财政政策,以求经济的稳定发展。

2. 通过财政的制度性安排,发挥财政"内在稳定器"的作用

这主要表现在财政收入和财政支出两个方面的制度。在财政收入方面,累进型所得税制的内在稳定器作用尤为明显。当经济过热、出现通货膨胀时,社会各界的收入普遍增加,因而适用较高的税率,税收也明显增长,从而可以对经济的升温起抑制作用;相反,当经济萧条时,社会各方收入普遍下降,因而适用较低的税率,税收额明显降低,从而对经济复苏和发展起刺激作用。当然,这种作用的发挥是以所得税作为主体税收为前提的,而所得税中,个人所得税所占比重也很重要。从财政支出来看,内在稳定器的作用主要体现在转移性支出方面,它包括社会保障支出、救济和福利支出、财政补贴等。当经济高涨时,失业人数减少,转移性支出下降,对经济过热起到抑制作用,当经济萧条时,失业人数增加,转移性支出上升,对经济复苏和发展起到刺激作用。

3. 通过财政投资、补贴、税收等手段的运用,消除国民经济发展中的薄弱环节和"瓶颈"部门的制约

加大对农业、水利、交通运输、邮电通信、港口码头、基本原材料等基础产业发展的财政支持力度,大力支持第三产业的发展,以促进产业结构的调整,实现国民

经济稳定与高速发展的最优结合。

4. 通过财政政策、制度的制定与实施,创造良好的政治条件、经济条件和社会文化条件,为经济和社会发展提供和平与安定的环境

通过有关财政政策与手段治理环境污染,保护自然资源,发展文化教育,加强全民卫生保健,建立健全社会福利制度和社会保障制度,所有这些,财政都负有义不容辞的职责;至于财政对行政管理、国防等部门提供纯公共产品或劳务所给予的财力安排,更是经济稳定与发展必不可少的外部条件。只有高度重视对这些非经济建设部门的财政支持,才可避免在某些发展中国家曾出现的有增长而无发展或没有发展的增长等现象,使增长与发展相互促进、相互协调,真正实现经济、社会的可持续发展。

本章主要名词

财政 公共产品 市场失灵 外部效应 公共财政 社会公共需要

复习思考题

1. 财政的一般特征是什么?
2. 公共产品具有哪些特征?
3. 市场失灵主要表现在哪些方面?
4. 公共财政有哪些基本特征?
5. 简述我国建立公共财政体系的必要性。
6. 试述财政三大职能及其主要内容。

第二章　财政收入

内容提要与学习要求

财政收入作为财政分配活动的一个重要阶段,从动态看它是组织收入、筹集资金的一个过程,从静态看它是由国家集中使用的一定量的货币资金。本章主要介绍了财政收入的形式、结构和规模。通过学习,要求理解财政收入的基本含义,掌握财政收入具体形式与收入结构,了解财政收入规模及其影响因素。

第一节　财政收入的形式

一、财政收入的含义

一个国家为了实现其职能,满足社会公共需要,必须掌握一部分货币资金。财政作为以国家为主体的分配活动,财政收入首先应理解为一个过程,这一过程是财政分配活动的一个阶段或一个环节,并在其中形成特定的财政分配关系。财政收入是财政分配过程的主要阶段,体现了国家占有的一部分社会产品价值,在一定程度上反映了国家财力的规模。具体地说,财政收入就是国家为了实现其职能,满足社会公共需要,凭借政治和经济权力,参与社会产品分配与再分配活动而取得的由国家集中使用的一定量的社会产品价值。在现代商品经济条件下,财政收入主要表现为一定量的货币资金。

二、财政收入的形式

财政收入的形式是国家取得财政收入所采取的具体方式。它是指按一定的标准对财政收入进行的分类,不同的财政收入形式反映着政府不同收入的来源和性质。按照我国最新的收支分类方法(从2007年起实行),我国财政收入的形式主要有税收收入、非税收入、社会保险基金收入、贷款转贷回收本金收入、债务收入等。

(一) 税收收入

税收是国家强制取得财政收入的最直接的方式,也是最古老的财政范畴,历史上又称赋税、租税、捐税等。早在奴隶社会,税收就已出现,在封建社会,田赋成为财政收入的主要形式,资本主义时期的绝大部分财政收入都是通过税收筹集的。目前在我国,税收收入也是财政收入最主要的形式,2011年我国财政总收入累计完成 103 874 亿元,比上年同期增收 20 773 亿元,增长 25.0%。其中,税收收入 89 738 亿元,比上年增收 16 518 亿元,同比增长 22.6%,占财政总收入的比重为 86.39%;非税收入 14 136 亿元,比上年同期增收 4 245 亿元,增长 42.9%,占财政总收入的比重为 13.61%。税收一直被世界各国财政活动广泛采用,它不仅是国家财政收入的最基本、最主要的形式,而且还是政府调节经济运行、资源配置、收入分配的重要杠杆。

(二) 非税收入

非税收入是指除税收以外,由各级政府、国家机关、事业单位、代行政府职能的社会团体及其他组织依法利用政府权力、政府信誉、国家资源、国有资产或提供特定公共服务、准公共服务取得的财政性资金,是政府财政收入的重要组成部分。政府非税收入管理范围主要包括行政事业性收费、政府性基金、彩票公益金、国有资源有偿使用收入、国有资产有偿使用收入、国有资本经营收益、罚没收入、以政府名义接受的捐赠收入、主管部门集中收入、政府财政资金产生的利息收入等。

1. 政府性基金收入

政府性基金收入是指各级政府及其所属部门根据法律、行政法规以及中央、国务院有关文件规定,向公民、法人和其他组织无偿征收的具有专项用途的财政资金(包括基金、资金、附加和专项收费)。它包括农网还贷资金收入、能源建设基金收入、库区维护建设基金收入、养路费收入等四十多项。从国家预算的编制来看,政府性基金收入目前不是一般预算的收入科目,而是基金预算的收入科目(目前国家预算包括一般预算、政府性基金预算和国有资本经营预算三部分)。

2. 专项收入

专项收入包括排污费收入、水资源费收入、教育费附加收入、矿产资源补偿费收入、探矿权和采矿权使用费收入等。

3. 彩票资金收入

彩票资金收入包括彩票机构上缴财政部门的彩票公益金和发行费等资金。

4. 行政事业性收费收入

行政事业性收费收入又称规费收入,是指国家机关或政府部门依据国务院、国务院有关部门或地方政府的法规、规章或者规定,在向居民或单位提供某些服务时收取的工本费和手续费。例如,公民出入境证件费、诉讼费、公证费、企业注册登记费、商标注册费、房屋所有权登记费、婚姻登记证书工本费等。

5. 罚没收入

罚没收入是指各级政府的执法机关依法收缴的罚款(罚金)、没收款、赃款以及没收的物资和赃物的变价款收入。它具体又包括公安罚没收入、法院罚没收入、工商罚没收入、税务罚没收入、海关罚没收入、卫生罚没收入、交通罚没收入、审计罚没收入、保监会罚没收入、证监会罚没收入、缉毒罚没收入等。

6. 国有资本经营收入

国有资本经营收入是指人们经营、使用国有财产而向政府上缴的收入。它包括国有企业向政府上缴的国有资本投资收益(利润、股息、红利以及国有资产的出租收入)、国有企业计划亏损补贴以及产权转让收入。其中,国有企业计划亏损补贴实质上是财政的一项支出,但在账目上是作为预算收入退库来处理的,这样该项支出在预算上就表现为一种负的财政收入。

7. 国有资源(资产)有偿使用收入

国有资源(资产)有偿使用收入是指政府有关部门向企业或个人有偿转让国有资源(资产)而收取的使用费收入。它包括海域使用金收入、场地和矿区使用费收入、非经营性国有资产出租收入和利息收入等,其中的利息收入是指国库存款利息收入、财政专户存款利息收入、有价证券利息收入及其他利息收入。

(三)社会保险基金收入

社会保险是由政府举办的主要由企业和职工缴费筹资的社会保障计划,其缴费收入是政府重要的财政收入。从性质上看,社会保险基金收入具有"捐"的性质,它是一种强制性的专款专用的财政收入形式,其收入要专项用于政府社会保险计划的开支。目前我国的社会保险基金收入按项目可分为基本养老保险基金收入、失业保险基金收入、基本医疗保险基金收入、工伤保险基金收入和生育保险基金收入。其中每个保险基金收入项目中又分为保险费收入、财政补贴收入和基金的其他收入(主要是基金的利息收入)。

(四)贷款转贷回收本金收入

这项收入包括了贷款回收本金收入和转贷回收本金收入两部分。贷款回收本金收入主要是各级政府收回的技改贷款及其他财政贷款的本金收入。转贷回收本金收入是指政府部门向外国政府、国际金融机构借款后转贷给地方政府、相关部门或企业而在其到期后回收的本金收入。

(五) 债务收入

债务收入是指国家以债务人的身份,采用有借有还的信用方式从国内、国外筹措财政资金的一种财政收入形式。它包括在国内发行的各种公债(国库券、财政债券、保值公债、特种公债等),向外国政府、国际金融组织的借款以及在国外发行国际债券等取得的收入。由于债务收入是国家凭借信用方式筹集的,所以它不具有税收的无偿性特征,而是一种必须偿还的收入。这样,就不应作为政府的正常财政收入来看待。正因为如此,目前我国单独编制债务预算,债务收入是债务预算惟一的收入科目。

国债是一种特殊的财政范畴,也是一种特殊的信用范畴,兼有财政与信用两种属性。资本主义时期,国债在数量上不断增长,成为重要的财政收入形式。目前,国债仍然被大部分国家所采用,只是其作用和职能都发生了巨大的变化,不再单纯用于弥补财政赤字,而且还是政府调节经济的重要手段。

第二节 财政收入的结构

财政收入结构是指财政收入的项目组成及各项目收入在财政收入总体中的比重,具体包括财政收入的价值构成、所有制构成和部门构成等。对财政收入的结构进行科学的分析,有利于综合反映财政收入状况和对财政分配过程进行有效管理,探索增加财政收入的合理途径,并使财政收入构成与社会经济制度、经济发展水平相适应。

一、财政收入的价值构成

市场经济条件下的财政分配是价值分配,因此,财政分配所体现的价值分配与社会总产品价值的关系极大,有必要对财政收入的价值构成进行分析。

按照马克思的社会产品价值构成理论,社会总产品价值是由C、V、M三部分构成的。其中,C是生产中消耗的生产资料价值;V是支付给劳动者个人的报酬;M是剩余产品价值,是财政收入的主要来源,但不是惟一的来源。C和V的一部分也可以构成财政收入的来源。

(一) C与财政收入

C是社会产品生产过程中消耗掉的生产资料价值。它可以分为两个部分:一部分是补偿消耗掉的原材料(如材料、燃料、辅助材料等)价值,这部分价值在循环周转中具有一次性全部转移到新产品价值中,一次性从产品销售收入中得到足额补偿的特征,一般不可能也不需要通过财政来分配;另一部分是补偿固定资产消耗的价值,固定资产运动的特点决定了其价值补偿和实物更新在时间、空间上的不一致,尤其是新投产的固定资产更是如此。这样,折旧基金实际上可以作为积累资金使用,我国在1985年之前,在传统的高度集中的财政体制下,国有企业的折旧基金曾全部或部分地上缴财政,作为财政收入的一个来源。近年来,根据社会主义市场经济的要求,为了建立现代企业制度和维护企业经营管理权利,固定资产的折旧基金应留给企业,由企业自行安排使用,国家不能统一安排使用国有企业的折旧基金。

(二) V与财政收入

V是在社会产品生产过程中,以薪金报酬形式支付给劳动者个人的必要劳动转移的价值,即劳动者个人所得的各种报酬。在发达国家,V是构成财政收入的主要来源之一,而在发展中国家V在财政收入中的比重远远低于发达国家,在我国这个比重甚至还低于一些发展中国家。从我国现行的经济运行来看,来自V部分的财政收入主要有以下几条渠道:第一,直接向个人征收的税,如个人所得税,个人交纳的房产税、车船税、车辆购置税等;第二,直接向个人收取的规费收入(如户口证书费、结婚证书费、护照费等)和罚没收入等;第三,居民购买的国库券;第四,国家出售高税率的消费品所获得的一部分收入,实质上是由V转移来的;第五,服务行业和文化娱乐业等企事业单位上缴的税收,其中一部分是通过对V的再分配转化来的。

从我国目前情况来看,V虽然可以构成财政收入,但它在全部财政收入中所占的比重较小。这是因为我国过去曾长期实行低工资、低收入的政策,劳动者个人收入普遍较低,国家不可能从V中筹集更多的资金。但随着我国市场经济的发展,居民个人收入不断提高,来源于个人收入部分的财政收入及其比重已呈上升的趋势。例如,2011年我国个人所得税收入完成6 054亿元,比上年增加1 217亿元,同比增长25.2%,占税收总收入的比重为6.7%。而1994年个人所得税只占我国税收收入的1.5%。

(三) M与财政收入

M是剩余产品价值,是财政收入的主要源泉。从社会产品价值构成上看,财政收入主要来自于M,只有M多了,财政收入的增长才有坚实的基础。在我国社会主义市场经济条件下,财政收入规模是以整个国民经济盈利水平为转移的,它直接反映着国民经济的综合效益。因此,提高财政收入规模的根本途径就是增加M。

由于社会产品价值是由 C、V、M 三部分组成的,因此增加 M,还要涉及 M 和 C、V 的关系。首先,我们来看 M 和 C 之间的关系,在社会总产品价值一定的情况下,C 缩小,如果 V 不变,则 M 增大。因此降低 C,减少物质消耗是增加 M、增加财政收入的途径。但对 C 需要做具体分析,属于补偿原材料消耗的部分,在保证质量的前提下,当然越节约越好。而属于固定资产消耗的部分即折旧,却不能任意降低,而应根据生产力发展水平和科技水平制定合适的折旧率。其次来看 M 与 V 的关系。如果社会产品价格不变,V 部分减少,M 相对增大;反之,V 增大则 M 减少。但在现实情况中,对 V 来说,不能笼统地说越少越好,由于工资的刚性特征,职工的收入水平不仅不能降低,而且还要随着生产水平的发展不断提高。因此,要使单位产品中 V 的比例减少,惟一的途径就是提高劳动生产率。那么应如何处理好提高工资与国家财政的关系呢?我们认为,要把国家长远利益与个人利益综合起来,既要考虑国家财力的可能,又要保证人民生活水平的不断提高,即正确处理好积累与消费的关系。一般情况下,要使工资水平的提高与劳动生产率的提高相适应,并略低于劳动生产率的增长幅度,只有这样才能保证 M 的增长,进而保证财政收入的增长,国民经济发展才会有后劲。

二、财政收入的所有制构成

财政收入的所有制构成,亦称财政收入的经济成分构成,是指财政收入由来自不同所有制或经济成分的经济组织上缴的税金、利润等组成。从所有制的角度研究财政收入的构成,目的在于分析国民经济的所有制构成对财政收入的影响,从而采取有效措施增加财政收入。

(一)国有经济与财政收入

新中国成立六十多年来,我国财政收入一直是以国有经济为支柱的。从变化趋势来看,国有经济提供的财政收入占整个财政收入的比重,以国民经济恢复时期的 50.1% 为起点,以后逐年增加,"四五"时期达到高峰,为 87.4%,以后又逐年下降,"六五"时期降到 80% 以下,"七五"时期又进一步下降,这种变化趋势与我国各种所有制经济的发展过程基本一致。新中国成立初期,个体经济和私营经济在国民经济中占有相当的比重,来自于这两者的财政收入占财政总收入的 40% 以上,后来随着"一化三改造"的完成,国有经济和集体经济的比重急剧增加,到"一五"时期来自国有经济的财政收入已占 69.4%,来自于集体经济的财政收入也有 9.8%,而个体经济和私营经济提供的财政收入则退居次要地位。以后,随着在所有制方面推行"一大二公"的政策,国有化程度进一步提高,国有经济在财政收入中占绝对主导地位。1979 年后,特别是十四大后,随着社会主义市场经济体制改革的深化,非国有经济有了较快的发展,它们提供的财政收入逐年增加。税收是财政收入的主要形式,1992年~2001年,非国有经济创造的税收占全社会税收的比重已由33%提高到64.42%。

从改革的趋势来看,随着非公有制经济的发展,国有经济的数量优势将进一步下降,国有经济的范围将进一步缩小,国有经济的主导作用将主要通过国有经济的质量优势和国有资产组织结构的转换来实现。国有经济的质量优势是通过国有经济控制国民经济中重要的生产部门,如重要的原材料生产部门、重要的基础设施部门和高新技术部门等来实现的。国有资产组织结构的转换则是在产权社会化、投资主体多元化的条件下,国有经济通过控股、参股形式和其他经济成分相结合,并通过控股发挥其主导作用。随着国有资产结构的调整和国有经济从数量优势向质量优势的转化,国有企业与政府、财政、银行以及国有制与其他经济成分的关系将逐步被理顺。从财政收入角度分析,国家财政除了以规范的税收形式和国有资产收益形式稳定地从国有经济中直接获取财政收入外,更重要的是通过发挥国有经济的主导作用,为整个国民经济的发展,包括非国有经济的发展奠定良好的基础,从而间接地增加财政收入。

(二)非国有经济与财政收入

非国有经济包括集体经济、个体经济、私营经济、"三资"企业和其他混合经济中的非国有部分。在市场经济条件下,它们与国有经济同时并存、共同发展、相互竞争、优胜劣汰。随着非国有经济的迅速发展,政府应当适时地调整财政分配制度,使财政收入结构与国民经济结构相适应,这样既有利于广开财源,增加财政收入,又能促进各种经济成分的平等竞争。但事实上,在改革开放后一段时间内,我国的财政分配制度并没有随着国民经济结构的变化及时地进行相应的调整。据统计,1978年~1997年,国有经济在工业总产值中的比重从77.63%下降到25.52%,集体经济从19.2%上升到38.11%,其他经济成分由零增长为36.37%。如果再考虑农业中的集体经济成分和其他经济成分,在工农业总产值中,非国有经济所占的比重已超过50%,但非国有经济提供的财政收入却只占财政收入的30%左右,从而出现了国有经济重于集体经济而集体经济又重于其他经济成分的不合理的税负倾斜状况。1994年,我国对税收制度进行了重大改革,实行了以增值税为主体税种的流转税制,统一了内资企业所得税,并加强了税收征管,财政收入随之以较快的速度增长,1994年~2000年我国工商税收平均每年以一千多亿元的幅度递增,特别是2003年以来,我国财政收入每年递增20%以上,形成了财政收入随国民经济增长而快速增长的良好势头。

三、财政收入的部门构成

财政收入的部门构成,是指国民经济各部门对财政收入的贡献程度,即财政收入是从国民经济的哪些部门集中的,集中的比例有多大。对财政收入的部门构成的分析,有利于掌握国民经济各部门的发展及其结构变化对财政收入的影响,从而使财政收入构成与国民经济部门构成相适应,并随着国民经济部门的发展及其结构的变化对财政收入做适当的调整。

我国是一个发展中国家,国民经济以农业和工业为主要生产部门,新中国成立六十多年来,这两大生产部门创造的国民收入始终占国民收入总额的 80% 左右,两大部门提供的财政收入在财政总收入中也占较高的比重。特别是工业,始终是财政收入的支柱。

(一)农业与财政收入

农业是国民经济的基础,是国民经济各部分赖以发展的基本条件。我国是一个农业大国,农业的发展和收成状况对人民生活和国民经济的发展都有着重要的影响。没有农业的发展,国民经济其他部门的发展和财政收入的增长都会受到制约。因此,农业也是财政收入的基础。农业部门为国家提供的财政收入原来一直表现在两个方面:一是直接为财政提供收入,包括农牧业税、农林特产税和农村的其他税收收入。由于我国从 2006 年起取消了农业税,这样直接来自农业的财政收入基本消失。二是间接为财政提供收入。由于历史原因,我国工农业产品价格长期存在剪刀差,使得农业部门创造的一部分价值转移到工业部门,农业部门等于为工业部门承担了部分税负。农业部门间接提供的财政收入是不可低估的,但这部分收入并没有也不能在统计中体现出来。此外,我国的税收 50% 以上来自于流转税,农民购买商品和劳务时也要负担一部分流转税,这实际上也是农业部门间接提供的财政收入。

(二)工业与财政收入

工业是国民经济的主导。我国工业产值占 GDP 的比重最大,工业部门的劳动生产率和剩余产品价值率都比农业高,同时,由于我国工商税收多选择在生产环节中课税,因此,财政收入主要来自于工业部门,工业的发展对财政收入的增长起决定性作用。工业部门的规模效益的变化及财务制度和利润分配制度的改革与调整,都是影响财政收入增长的因素。无论是从绝对额还是从相对额来看,工业部门仍然是财政收入的重要支柱。因此,为工业发展创造良好的条件,实行有利于提高工业企业活力的政策,是增加财政收入的关键。

建筑业与工业生产一样,也是创造使用价值实体的物质生产部门。过去由于管理体制等方面的原因,建筑业上缴财政收入不多,但随着社会主义市场经济体制逐步完善,建筑业成为支柱产业之一,并将成为财政收入的重要来源。

(三)交通运输业、商业服务业与财政收入

　　交通运输业和商业服务业是联结生产与消费的桥梁和纽带,从总体上来说属于流通过程。流通过程是生产过程的继续。在社会主义市场经济条件下,实现商品的价值和使用价值是运输、邮电通信、商贸等企业的基本职能。交通运输作为生产在流通领域的继续,是一种特殊的生产经营活动,交通运输部门的劳动者在商品运输的劳动中创造价值。同时,交通运输还沟通商品交换,促进商品流通,这对最终实现工农业产品价值和财政收入起着极为重要的保证作用。商业是以货币为媒介从事商品交换的活动,是商品的价值和使用价值的实现过程。商业活动中的部分劳动,如商品搬运、包装、保管、仓储、简单加工等,创造商品的附加价值,直接为国家创造一部分财政收入,但商业活动更重要的作用是,通过商品交换,实现工农业生产部门创造的产品价值,实现国家财政收入。

　　随着生产力的发展和产业结构的变化,交通运输、商业服务以及金融保险、旅游、饮食、娱乐等第三产业迅速发展,来自这些部门的财政收入呈现日益增长的趋势。那种只有工业和农业才是财政收入的主要来源,其他部门和行业只能处于从属地位的传统的观念已被实践逐步否定。据统计,不少发达国家中第三产业占国内生产总值的比重已上升到70%左右,提供的财政收入也占整个国家财政收入的60%以上。在我国,来自于工业的财政收入依然占主导地位,第三产业在国内生产总值中的比重约为35%。毫无疑问,随着我国社会主义市场经济体制的逐步完善,第三产业正在迅速发展,必将成为财政收入的新的增长点和重要来源。

第三节　财政收入的规模

　　财政收入规模是指财政收入在数量上的总水平。它是衡量国家财力和政府在社会经济生活中职能范围大小的重要指标。通常用财政收入总额、财政收入总额占国民收入或地区生产总值的比重来表示。财政收入规模,从政府的意愿及满足财政支出的角度出发,似乎是越多越好,但财政收入受国民收入等因素的制约,在国民收入一定的情况下,财政收入过多,会减少企业和个人占有社会产品的份额,从而在一定程度上会影响企业生产的积极性和人民生活水平的提高;财政收入过少,又满足不了政府实现其职能的财力需要,因此,如何确定适当的财政收入规模,

是一个极为重要的现实问题。

一、衡量财政收入规模的指标

财政收入规模的大小可以用财政收入的绝对量和财政收入的相对量这两种指标来衡量。

(一) 财政收入的绝对量

财政收入的绝对量是指在一定时期内财政收入的实际数量,如 1994 年我国财政收入为 5 218.10 亿元,1999 年为 11 444.08 亿元,2003 年为 21 715.25 亿元,2007 年为 51 321.78 亿元,2011 年为 103 874.43 亿元等,都是对财政收入绝对量的描述。如果把同一国家不同时期财政收入的绝对量联系起来分析,还可以看出财政收入规模随着社会经济发展、经济体制改革以及政府职能变化而增减变化的情况和趋势。据统计,我国财政收入总额 1950 年为 65.19 亿元,2011 年为 103 874.43 亿元,61 年间增长了 1 592.41 倍,说明了我国财政收入的绝对规模呈现随经济发展而不断增长的趋势。

(二) 财政收入的相对量

财政收入的相对量,是指在一定时期内财政收入与有关经济指标和社会指标的比率。财政收入不是孤立的,其规模大小受多种经济和社会因素的影响,单纯从财政收入的绝对数量来分析,可以反映出一个国家或地区在不同时期的财力以及政府参与经济资源配置及收入分配的范围和力度的变化情况。但绝对数量在不同的国家或地区之间却不完全具有可比性,甚至容易引起误解。如甲、乙两个地区的财政收入分别为 400 亿元和 200 亿元,总人口分别为 4 500 万人和 1 500 万人。从财政收入的绝对量来看,甲地区是乙地区的两倍,似乎甲地区财力强,乙地区财力弱,但若从相对指标(人均财政收入水平)来看则不尽然,按人均计算的财政收入水平乙地区高于甲地区,因此,在分析财政收入规模的时候,不仅要看绝对数量,更要注意对相对量指标的研究。

财政收入相对量指标有财政收入占国民收入(NI)的比重,财政收入占地区收入总值(GNI)的比重,财政收入占地区生产总值(GDP)的比重,人均财政收入等。其中财政收入占 GNI 的比重是衡量一个国家财政收入相对规模的基本指标,也是国际上衡量和比较财政收入规模大小的比较通用的指标。我国通常用财政收入在国民收入的比重这一指标来衡量财政收入的相对规模。随着经济市场化改革的深入,我国经济制度逐渐与国际惯例接轨,财政收入占 GNI 的比重也将成为统计分析我国财政收入规模的重要指标。

财政收入占 GNI 的比重，反映了财政年度内 GNI 由政府集中和支配使用的份额，综合体现了政府与微观经济主体之间占有和支配社会资源的关系，体现了政府介入社会再生产进而影响经济运行和资源配置的范围和力度。在 GNI 一定的条件下，财政收入占 GNI 的比重越高，表明社会资源由政府集中配置的数量越多，企业和居民可支配收入越少，或者说，在整个社会资源的配置中，政府配置的份额越大，市场配置的份额就越小，从而引起社会资源在公共部门和私人部门之间配置结构的变化。反之，财政收入占 GNI 的比重越低，则表明政府参与社会产品分配并集中支配使用社会经济资源的份额就越小，市场配置的作用也就越强。

二、影响财政收入规模的因素

财政收入规模是衡量一国财力和政府在社会经济生活中职能范围的重要指标。世界各国都将财政收入规模的增长作为主要的财政目标。但财政收入规模的增长并不是以政府的意愿为转移的，它受到各种政治、社会、经济条件的制约和影响。在这里，我们重点分析以下几个方面的影响。

（一）经济发展水平对财政收入规模的制约

一个国家的经济发展水平可以用该国一定时期的地区生产总值(GDP)、地区收入总值(GNI)、国民收入(NI)几个指标来表示。

经济发展水平反映一个国家的社会产品的丰富程度和经济效益的高低。经济发展水平越高，经济规模总量也就越大，相应地，该国财政收入的规模也较大，占国民收入或地区生产总值的比重也较高。经济发展水平与财政收入规模两者之间存在着"源与流"、"根与叶"的关系，源远才能流长，根深才能叶茂。

从世界各国现阶段的实际情况也可以看出经济发展水平对财政收入规模的影响。发达国家的财政收入规模往往高于发展中国家，而在发展中国家中，中等收入国家的财政收入规模又大都高于低收入国家。绝对量如此，相对量也是如此，这表明，经济决定财政，经济发展水平对财政收入规模起着基础性的制约作用。

（二）生产技术水平对财政收入规模的影响

生产技术水平是指在生产中采用先进技术的程度，也称为技术进步。生产技术水平是制约财政收入规模的重要因素，但它是内含于经济发展水平之中的，因为一定的经济发展水平总是与一定的生产技术水平相适应，较高的经济发展水平大都以较高的生产技术水平为支柱。所以对生产技术水平制约财政收入规模的分析，实际上是对经济发展水平制约财政收入规模研究的深化。

生产技术水平对财政收入规模的影响主要表现在两个方面：一是技术进步往

往以生产速度加快、生产质量提高为结果,技术进步速度越快,社会产品和国民收入的增加也就越快,财政收入规模的增长也就有了充分的财源;二是技术进步必然带来物耗比例降低,经济效益提高,剩余产品价值所占比重扩大,因此可供财政分配的产品也就越多。总之,可以这样说,技术进步对财政收入规模的影响更为直接和明显。

(三) 价格及分配体制对财政收入规模的影响

1. 价格对财政收入规模的影响

在社会主义市场经济条件下,财政分配表现为价值分配。这种价值分配,是在一定的价格体系下形成的,又是按一定时点的现价计算的。这样,价格的变化所引起的国民收入再分配,必然反映到财政上来,影响财政分配。

价格对财政收入规模的影响,主要表现为价格总水平升降的影响。在商品经济条件下,价格总水平一般呈上升趋势,价格上升对财政收入规模的影响有以下几种不同情况:①财政收入增长率高于物价上涨率,则财政收入规模实际增长且名义增长;②物价上涨率高于财政收入增长率,则财政收入规模名义上表现为正增长,而实际上是负增长;③财政收入增长率与物价上涨率大体一致,则财政收入规模只有名义增长,而实际上不增不减。

价格变动对财政收入规模结构内部也有很大影响。主要表现为:①在其他条件不变时,价格变动直接影响从价计征的商品流转税类的税收收入的多少;②价格变化影响国有企业上缴利润和所得税类的税收收入。在其他条件相同时,价格与利润、所得税之间在数量上呈正比关系;③价格变动和产品比价的变动往往是同时发生的,而产品比价的变动则以另一种形式影响财政收入规模。我国对传统经济体制下比价关系不合理的状况进行了改革,这种改革对财政收入规模也产生了影响。提高农副产品收购价格,而售价不变,将使经营这些产品的企业利润减少或者发生亏损,需财政给予补贴;降低支农工业品的价格,会增加财政的亏损补贴;调整某种生产资料的价格,会引起以此为原料的企业的产品成本和利润的变化,从而影响财政收入规模。

2. 分配体制对财政收入规模的影响

分配体制是制约财政收入规模的又一个重要因素。财政收入规模的大小,受经济发展水平所制约。但经济发展水平是一个客观条件,而在客观条件满足的情况下,还存在通过分配进行调节的可能性。因此在不同国家(即使经济发展水平相同)和一个国家的不同时期,财政收入规模也是不同的。分配体制对财政收入规模的制约主要表现在两个方面:①国民收入分配体制决定剩余产品占整个社会产品价值的比例,进而决定财政分配对象的大小;②财政分配体制决定财政集中资金的比例,从而决定财政收入规模的大小。

(四)政治及社会因素对财政收入规模的影响

政治因素对财政收入规模的影响主要体现在两个方面:一是政局,二是政体结构。一个国家政局是否稳定,对财政收入规模的影响是相当大的,当一国政权更迭或政局不稳而出现内乱,或者发生外部冲突等突发性事件时,财政支出规模必然会出现超常规变化,也就引起相应的财政收入规模的变化。至于政体结构,若一国的行政机构臃肿,人浮于事,效率低下,经费开支必然增多,同样要求增加财政收入。

社会因素,如人口状态、文化背景等,在一定程度上也影响着财政收入规模。在发展中国家,人口基数大、增长快,相应的教育、保健及救济贫困人口的财政支出压力便大,而在一些发达国家,公众要求提高生活水平、改善生活质量,也会对财政支出提出新的要求,这都会要求增加财政收入。我国在社会经济发展和劳动生产率提高的基础上,人民的生活水平也逐步提高了,但由于近几年工资增长幅度一直高于劳动生产率提高幅度,这对我国的财政收入规模也产生了一定的影响。

本章主要名词

财政收入 税收 公债 规费收入 非税收入

复习思考题

1. 如何理解财政收入的含义?
2. 财政收入有哪些形式?
3. 非税收入具体包括哪些内容?
4. 影响财政收入规模的因素有哪些?

第三章 税 收

内容提要与学习要求

本章主要介绍了税收的概念、特征、原则,现行税制的内容和改革动态,现行重要税种的操作规定和技巧,以及有关国际税收的一些问题。通过本章学习,要求学生掌握税收的基本理论知识,了解当前我国税收领域的改革实践与动态,以提高对我国税收政策的认识水平;熟知税收基本业务知识,以提高分析问题和解决问题的能力。

第一节 税收概述

一、税收的概念及特征

(一) 税收的概念

税收是国家为满足社会公共需求,依据其社会职能,按照法律的规定,参与社会产品分配的一种规范形式。对税收的理解应把握三点:①税收与国家的存在直接联系,是国家机器赖以存在并实现其职能的物质基础;②征税过程,形成了以国家为主体的特殊分配关系(客体为纳税人);③国家征税的目的是为了满足社会公共需要。

(二) 税收的基本特征

税收是国家财政收入的主要形式,而不是惟一形式。与其他财政收入形式相比,税收的基本特征为强制性、无偿性、固定性,通称税收"三性"。

1. 强制性

强制性是指税收以国家法律形式予以确定,纳税人必须依法照章纳税,违反者就要受到法律的制裁。这说明国家征税凭借的是政治权力,而非财产所有权,国家征税不受财产所有权归属的限制,对不同的所有者都可以行使征税权。税收的这一特征使得税收与国有企业上缴的利润有所区别。税收的强制性表明,税收以国家法律为依托。现实生活中,对于依法负有纳税义务的纳税人,如果出现偷税、骗税、逃避追缴欠税等违法行为,就要承担相应的法律责任,这在《中华人民共和国税收征管法》中都有明确规定。

2. 无偿性

无偿性是指国家取得税收收入,对纳税人既不需要偿还,也不需要付出任何代价。无偿性是税收的重要特征,它使税收区别于还本付息的国债等财政收入形式。税收无偿性的特征,是就具体纳税人而言的,从税收用于满足包括纳税人在内的全体社会成员的公共需要的角度看,税收具有整体的"报偿性"。

3. 固定性

固定性是指国家在征税之前,就以法律形式,预先规定课税对象和税率,不经国家批准,任何单位和个人不得随意变更或修改。税收的这一特征把税收和收费严格区分开来。当然,税收的固定性不是绝对的,因为随着客观经济形势的发展,税收的课税对象、税率不会一成不变。不过税收的改革,如税种的调整、课税对象和税率的变动,都需以法律的形式确定下来,并在一定的时期内稳定不变。因此税收的固定性是相对的,而不是绝对的。

二、税收的分类

(一)按课税对象分类,可将税收分为流转税、所得税、资源税、财产税、行为税五大类

(1)流转税是以商品销售额或提供劳务的营业额为课税对象的各种税收的统称。现行流转税主要有增值税、消费税、营业税。

(2)所得税是以所得额为课税对象的各种税收的统称。如企业所得税、外商投资企业和外国企业所得税、个人所得税。

(3)资源税是对在我国境内从事资源开发,就资源和开发条件的差异而形成的级差收入征收的各种税收的统称。有资源税、城镇土地使用税等。

(4)财产税是以特定财产为课税对象的各种税收的统称。如现行的房产税、契税等。

(5)行为税是以特定的行为为课税对象的各种税收的统称。我国现行的行为税主要有印花税、车船使用税、车辆购置税。

（二）按照税负是否转嫁分类，可将税收分为间接税和直接税两大类

税负转嫁是指纳税人通过某种方式或手段，将自己应纳的税收转嫁给他人的一种行为。如流转税的纳税人，通过商品买卖或劳务提供，将税收转嫁给商品的购买者或劳务的接受者。这种能转嫁的税收就是间接税。但并非所有税种的税收都可以转嫁，如所得税只能由所得的获得者，财产税只能由财产的所有者自己缴纳并负担税收，他们缴纳的税收是无法转嫁的。这种无法转嫁的税收叫直接税。

（三）按照计税依据分类，可将税收分为从量税和从价税两类

从量税是按照课税对象的数量、重量、容量或体积计算应纳税额。如车船使用税等。从价税是按照课税对象的价格计算应纳税额，我国大部分税种都采用这一计税方法。

（四）按照税收与价格的关系分类，可将税收分为价内税和价外税两类

价内税是税金构成价格的组成部分，其计税依据称为含税价格。价外税是税金附加在价格之外，其计税依据为不含税价格。我国现行增值税，在零售以前各环节采取价外税，在零售环节采取价内税。

（五）按照税收征管权限分类，可将税收分为中央税、地方税、中央地方共享税三类

中央税是由中央政府征收和管理使用或地方政府征收后全部划归中央政府支配使用的税；地方税是由地方政府征收和管理使用的税；中央地方共享税是税收的管理权和使用权属于中央和地方共有的税，税收收入在中央与地方之间按一定比例分成。

三、税收原则

为了建立与社会主义市场经济体制相适应的税收体制，总结我国税改经验，借鉴西方税收理论的研究成果，我国的税收原则可概括为：公平、效率、适度、法治。

（一）公平原则

公平原则是指政府征税要使每个纳税人承受的负担与其经济状况相适应并使每个纳税人负担水平保持均衡。税收公平原则包括普遍征收和平等征税两个方面。普遍征收通常指征税遍及税收管辖权之内的所有法人和自然人。换言之，所有有纳税能力的人都要毫无例外地纳税。当然，税收的普遍性也不是绝对的，国家

出于政治、经济、国际交往等方面的考虑,给予某些特殊的纳税人以免税照顾,并不违背这一税收原则,而应视为对这一原则的灵活运用。平等征税通常指国家征税的比例或数额与纳税人的负担力相对称。这又包含两个方面的含义:一是纳税能力相同的人同等纳税,即所谓"横向公平";二是纳税能力不相同的人不同等纳税,即所谓"纵向公平"。由于纳税能力一般以所得为代表,因此"横向公平"就是对所得相同的人同等课税,"纵向公平"就是对所得不同的人不同等课税,即所得多的多征税,所得少的少征税,无所得的不征税,这里的多征少征,往往通过累进税率、差别比例税率、减免税、加成征收等办法来实现。

(二) 效率原则

效率原则是指政府征税要有利于资源有效配置,提高税务管理效率。它可分为税收的经济效率原则和税收本身的效率原则。

1. 税收的经济效率原则

提高税收经济效率,一是要尽可能压低税收的征收数额,减少税收对经济资源配置的影响;二是尽可能保持税收对市场运行机制的中性,并在市场机制失灵时将税收作为调节杠杆加以有效纠正。但所有这些必须以有利于整个市场的有效运行为前提。

2. 税收本身的效率原则

提高税收本身的效率,一是运用先进科学的方法管理税务,以节省管理费用;二是简化税制,使纳税人易于理解掌握,并尽量给其方便,以降低执行费用;三是尽可能将执行费用转化为管理费用,以减少纳税人负担,增加税务支出的透明度。

要以尽可能少的征收费用获得尽可能多的税收收入,使纳税人所付出的尽可能等于国家之所得,即征收费用与税收收入的比值越小越好。这就要求税务机关在保证及时、足额征得税款的前提下,税务开支尽量节省,也就是降低税收成本。同时,税务机关的设置、征纳方法的选择,必须有利于纳税人,使纳税人的税务登记、申报及交纳都有较高的效率。

(三) 适度原则

税收适度原则是指政府征税,应兼顾需要和可能,做到取之有度。这里的"需要"是指财政的需要,"可能"则是纳税人税收负担的可能。遵循适度原则,要求税收负担适中,税收收入既能满足正常的财政需要,又能与经济发展保持协调和同步,并在此基础上,使宏观税收负担尽量从轻。

如果违背税收适度原则,当税收分配超过纳税人的负担能力时,虽然增加了国家的税收收入,但损害了纳税人自我发展和创收的积极性,最终破坏了社会经济的持续发展;当税收分配量过低时,虽一时减轻了纳税人的税负,有利于微观经济的发展和人民生活的暂时提高,但削弱了国家的整体财政能力,势必延缓宏观经济和社会的整体发展。可见,税收适度原则,是国家设计税制,特别是宏观税负水平的重要指导思想。

(四)法治原则

法治原则是指政府征税,包括税制的建立、税收政策的运用和整个税收管理,应以法律为依据,依法治税。法治原则的内容包括两个方面:税收的程序规范原则和征收内容明确原则。前者要求税收程序(包括税收立法、执法、司法程序)法定,后者要求征税内容法定。从税收实践看,税收与法律密切相关,税收的强制性、无偿性、固定性都是以税收的法定性为基础的。税收的法治原则,从根本上说,是由税收的性质决定的,因为只有以法律形式明确纳税义务,才能真正体现税收的强制性,实现税收的无偿性,税收分配也才能做到规范、明确和具有可预测性。此外,法律的"公开、公平、公正"的特性也有助于税收的公平和效率。特别是在征纳关系中,相对于政府,纳税人客观上处于弱势地位,而政府本身又存在增收扩支的冲动和压力。因此,有必要通过法律规范来提高纳税人的地位,确保纳税人的权利。目前,我国的法制建设还不够健全,在税收领域,有法不依、违法不究的情况时有发生。因此,在我国建立和完善符合市场经济发展要求的税制过程中,提倡和要求税收的法治原则就显得更为重要和迫切。

第二节 税 收 制 度

一、税收制度的含义及构成要素

税收制度有广义和狭义之分。广义的税收制度是指国家的各种税收法令、条例和征管办法的总称;狭义的税收制度是指国家设置某一税种的具体课征制度,它是由一系列要素构成的。任何税种的设置,都必须对这些要素以法律或制度的形式作出明确的规定。

(一)纳税人

纳税人是指税法规定的负有纳税义务的单位和个人,又称纳税主体。纳税人可以是法人,也可以是自然人。

理解纳税人的含义,还应当了解与其相关的两个概念。一个是负税人。负税人是最终负担税款的单位和个人。它与纳税人不同,在能够通过各种方式把税款转嫁给别人的情况下,纳税人只起了缴纳税款的作用,并不是负税人。如果税款不能转嫁,纳税人就是负税人。另一个概念是扣缴义务人。扣缴义务人是负有代扣代缴纳税人税款义务的单位和个人。税务机关按规定付给扣缴义务人代扣手续费。扣缴义务人必须按税法规定代扣税款,并按规定期限缴库,否则,也要承担法律责任。显然,扣缴义务人不是纳税人,不负纳税义务,只是代税务机关向纳税人征税,同时代纳税人将收取的税款缴给税务机关。

(二)课税对象

课税对象也称征税对象,是征税的依据,是指对什么征税,它是纳税客体。课税对象是税制的最基本要素,它规定了征税的基本范围,决定了各个税种性质上的差别,是确定税种名称的主要标志。一种税区别于另一种税,主要是由于其课税对象的不同。

与课税对象相关的概念是税目和计税依据。税目是课税对象的具体项目,它规定着征税的具体范围。税目明确规定具体的征税范围,解决征税的广度问题。每一个税目就是课税对象的一个具体类别。通过这种分类,便于贯彻国家的税收调节政策,即对不同的税目进行区别对待,制定高低不同的税率,为一定的经济政策目的服务。

计税依据是指课税对象的计量单位和征收标准。计税依据既可以是课税对象的价格,也可以是课税对象的数量。计税依据的设计,一般视课税对象的性质、课税目的、税收管理人员的水平和社会环境等因素而定。

(三)税率

税率是指应纳税额与课税对象数额之间的法定比例,是计算应纳税额的尺度,是税制的核心要素。税率的高低,直接关系到国家财政收入的多少和纳税人负担的轻重,反映了征税的深度,所以在税法中对税率的确定尤为重要。我国现行税率主要有:

1. 比例税率

对同一征税对象,不分数额大小,规定相同的征税比例。我国的增值税、营业税、企业所得税等采用的是比例税率。

2. 累进税率

累进税率是按课税对象数额大小规定不同等级的税率。课税对象数额越大,税率越高。我国现行税制中采用的累进税率具体形式有超额累进税率和超率累进税率。

(1) 超额累进税率。把征税对象按数额的大小分成若干等级，每一等级规定一个税率，等级越高税率越高，一定数额的征税对象依所属等级同时适用几个税率分别计算，将计算结果相加后得出应纳税款的税率。目前采用这种税率的有个人所得税。

(2) 超率累进税率。即以征税对象数额的相对率划分若干级距，分别规定相应的差别税率，相对率每超过一个级距的，对超过的部分就按高一级的税率计算征税。目前，采用这种税率的是土地增值税。

3. 定额税率

按征税对象确定的计量单位，直接规定一个固定的税额。目前采用定额税率的有资源税、车船使用税等。

(四) 纳税环节

纳税环节是指征税对象从生产到消费的整个过程中应当缴纳的税款具体从哪个或哪几个环节取得。纳税环节的确定，必须考虑如何对生产与流通有利，并便于征收管理和保证财政收入。商品从生产到消费要经过许多流转环节，如工业品一般要经过工业生产、商品批发、商品零售等环节。许多税种往往只选择其中的某一个或几个环节纳税。按照确定纳税环节的多少，可分为一次课征制、两次课征制和多次课征制。

(五) 纳税期限

纳税期限一般是指税法规定的纳税人发生纳税义务向国家缴纳税款的间隔时间。纳税期限的确定，主要考虑以下几点：一是应按国民经济部门生产经营特点和不同的征税对象来确定；二是应根据纳税人缴纳税额的多少来确定；三是应根据纳税义务发生的特殊性和加强税收征管的要求来确定。从我国现行各税看，纳税期限分为按期征收（年、季、月、旬、日）和按次征收等。

(六) 减免及附加、加成

减免是税法中对某些特殊情况给予减少或免除税负的一种规定，属于减轻纳税人负担的措施。减税就是减征部分税款；免税就是免征全部税款。减免税的规定主要是为了发挥税收的奖励作用或照顾某些纳税人。减轻纳税人负担的措施还有起征点和免征额的规定。起征点是税法中规定的课税对象开始征税时应达到的一定数额。课税对象未达到起征点时，不征税，但达到起征点时，全部课税对象都要征税。免征额是课税对象中免于征税的数额。对于免征额规定的课税对象，只就其超过免征额的部分征税。

属于加重纳税人负担的措施有附加和加成。附加是地方附加的简称,是地方政府在正税以外,附加征税的一部分税款。通常把按国家税法规定的税率征收的税款称为正税,而把在正税以外征收的附加称为附税。加成是加成征税的简称,是对特定纳税人的一种加税措施,是指按规定税率计算出税额后,再加征一定成数的税额。一成等于征税税额的10%。这是为了实现某种限制政策或调节措施,对特定的纳税人实行的加重其纳税负担的措施。

(七)违章处理

违章处理是对纳税人违反税法的行为采取的惩罚性措施。它是税收强制性在税制中的具体体现。

二、我国现行的税制体系

(一)税制结构

1994年按社会主义市场经济体制的要求建立起新型的税制框架。在完善流转税的同时,又进一步规范了所得税。流转税方面,取消产品税后,在生产、批发、零售环节对所有商品统一征收增值税的基础上,再有选择地对部分消费品交叉征收消费税,对不实行增值税的劳务仍征收营业税。所得税方面,对国有、集体和私营企业统一征收企业所得税,取消国营企业所得税、集体企业所得税和私营企业所得税。外资企业仍适用于原税种,待条件成熟后再统一内、外资企业所得税。将原个人所得税、个人收入调节税和城乡个体工商户所得税合并,建立统一的个人所得税。从此,我国形成以流转税和所得税并重的双主体税制结构,这既符合世界各国税收发展规律,也适合我国的国情。

党的十六届三中全会提出的"五个统筹"是完善社会主义市场经济体制的重要内容或目标,而税制改革又是统筹发展的基础和推动力。启动新一轮税制改革能为各方面协调发展"铺路搭桥",是完善社会主义市场经济体制的必然之举。因此2004年以后,在维持原有税制框架的基础上,逐步开启了税制改革的序幕。

(1) 2005年。修改个人所得税法,决定从2006年1月1日起,将工资薪金所得的税前费用扣除标准由800元提高到1 600元。

(2) 2006年。废止农业特产收入征收农业税和屠宰税暂行条例;公布施行《中华人民共和国烟叶税暂行条例》;公布《中华人民共和国车船税暂行条例》,并自2007年1月1日起施行,同时取消车船使用牌照税和车船使用税;修改《中华人民共和国城镇土地使用税暂行条例》,并自2007年1月1日起施行。

(3) 2007年。按照"简税制、宽税基、低税率、严征管"的税制改革原则,借鉴国际经验,建立各类企业统一适用的科学、规范的企业所得税法,决定自2008年1月1日起施行统一的企业所得税,同时取消原外商投资企业和外国企业所得税、企业所得税。

(4) 2008年。进一步将个人所得税工资薪金的税前费用扣除标准由1 600元调高到2 000元,并于3月1日起实行;同年10月9日,经国务院批准,财政部、国家税务总局发出通知,规定即日起储蓄存款利息所得暂免征收个人所得税。

(5) 2009年。三大流转税——增值税、消费税、营业税的暂行条例同时作出重大调整,并于2009年1月1日起实行。

(6) 2011年。修改个人所得税法。法律规定,工资、薪金所得,以每月收入额减除费用3 500元后的余额为应纳税所得额,工资、薪金所得,适用七级超额累进税率,税率为3‰~45‰,修改后的个税法于2011年9月1日起施行。

(7) 2012年。营业税改征增值税试点。上海作为首个试点城市,2012年1月1日正式启动"营改增"。2012年7月国务院常务会议决定从8月1日到年底扩大"营改增"范围,将交通运输业和部分现代服务业的收入营业税纳入营业税改征增值税试点范围,由上海分批扩大至北京、天津、江苏、浙江、安徽、福建、湖北、广东和厦门、深圳10个省(直辖市、计划单列市)。

(二) 现行税种的设置及分布

在现行的税制体系下,我国设置了19个税种,由三个不同的部门征管。

(1) 税务部门负责征管的税种15个。按课税对象的不同,税务部门负责征管的税种又分可为三大类:流转税、所得税、其他税。其中,流转税包括增值税、消费税、营业税;所得税包括企业所得税、个人所得税;其他税包括土地增值税、资源税、城市维护建设税、房产税、城市房地产税、土地使用税、车船使用税、印花税、车辆购置税、固定资产投资方向调节税(税法保留,暂停征收)。

(2) 财政部门负责征管的税种2个:契税、耕地占用税。

(3) 海关负责征管的税种2个:关税、船舶吨税。

第三节 我国现行的重要税种

一、增值税

增值税,顾名思义,是以增值额作为课税对象征收的一种税。它创始于法国,以后在欧洲各国实施,现已成为众多发达国家和发展中国家广泛采用的一个国际性税种。

根据对外购固定资产所含税金扣除方式的不同,增值税制分为生产型、收入型和消费型三种类型。生产型不允许扣除外购固定资产所含的已征增值税,税基相当于国民生产总值,税基最大,但重复征税也最严重。收入型允许扣除固定资产当期折旧所含的增值税,税基相当于国民收入,税基其次。消费型允许一次性扣除外购固定资产所含的增值税,税基相当于最终消费,税基最小,但消除重复征税也最彻底。1994年的税改,我国选择的是生产型增值税。在目前世界上一百四十多个实行增值税的国家中,绝大多数国家实行的是消费型增值税。

(一) 增值税(1994年版)的基本内容

1. 增值税的征税范围

(1) 销售或者进口货物。货物是指有形动产,包括电力、热力、气体在内。

(2) 提供加工、修理修配劳务。加工是指受托加工货物,即委托方提供原料及主要材料,受托方按照委托方的要求制造货物并收取加工费的业务;修理修配是指受托对损伤和丧失功能的货物进行修复,使其恢复原状和功能的业务。

2. 增值税的纳税人

所有销售货物、提供应税劳务及进口货物的单位和个人。

3. 税率与征收率

(1) 税率。基本税率——17%;低税率——13%。

(2) 征收率。考虑到小规模纳税人经营规模小、会计核算不健全,难以按上述两档税率计算销项税额和进项税额,因此实行按销售额与征收率计算应纳税额的简易办法。具体规定是:商业性小规模纳税人适用的征收率为4%;其他小规模纳税人适用的征收率为6%。

4. 税额的计算

(1) 一般纳税人税额的计算

一般纳税人税额的计算采用扣税法,计算公式为:

$$应纳税额 = 当期销项税额 - 当期进项税额$$

其中:

$$销项税额 = 销售额 \times 税率$$

进项税额是纳税人购进货物或应税劳务所支付的增值税。按税法规定,准予从销项税额中抵扣的进项税额限于从销售方取得的增值税专用发票上注明的增值税额。但有四种特殊情况,即使没有专用发票,按税法规定,也可按一定的抵扣率抵扣税款:

一是向农业生产者购买的免税农产品,准予按买价依13%的扣除率计算进项

税额。其进项税额的计算公式是

$$进项税额 = 买价 \times 扣除率$$

二是外购货物所支付的运费,根据运输结算单据(普通发票)所列运费金额依7%的扣除率计算进项税额,但随同运费支付的装卸费、保险费等其他杂费不得计算扣除。

三是收购废旧物资,可按收购价依10%的扣除率抵扣,但该项扣除只适用于专营废旧物资收购的物资回收经营单位和生产企业。

另外,对不准抵扣进项税额的几种情况,税法也有专门规定:

(1)购进固定资产(生产型增值税)。

(2)购进的货物或应税劳务用于非应税项目、免税项目、集体福利和个人消费。

(3)购进货物非正常损失。

(二)增值税由生产型转消费型的重要意义

1994年,我国选择采用生产型增值税,一方面是出于财政收入的考虑,另一方面则是为了抑制投资膨胀。随着我国社会主义市场经济体制的逐步完善和经济全球化的不断发展,推进增值税转型改革的必要性日益突出。

党的十六届三中全会明确提出要适时实施这项改革,"十一五规划"明确在"十一五"期间完成这一改革。自2004年7月1日起,在东北、中部等部分地区已先后实行了改革试点,试点工作运行顺利,达到了预期目标。2008年国务院政府工作报告提出,要研究制定全国增值税转型改革方案。十一届全国人大一次会议审议同意的全国人大财经委关于预算草案审查结果报告,明确提出争取2009年在全国推开增值税转型改革。在这种情况下,国务院决定实施增值税转型改革,规范和完善我国增值税制度,使税收制度更加符合科学发展观的要求,并为最终完善增值税制、完成全国人大常委会要求五年内制定增值税法的任务创造条件。

为了贯彻落实科学发展观,促进加快经济发展方式的转变,我国适时推出增值税转型改革,对于增强企业发展后劲,提高我国企业竞争力和抗风险能力,具有十分重要的作用。增值税是我国第一大税种,此项改革将使企业税负普遍减轻。这是我国历史上单项税制改革减税力度最大的一次。

(三)增值税转型改革的主要内容及其解读

增值税转型改革方案的主要内容是:自2009年1月1日起,在维持现行增值税税率不变的前提下,允许全国范围内(不分地区和行业)的所有增值税一般纳税人抵扣其新购进设备所含的进项税额,未抵扣完的进项税额结转下期继续抵扣。

为预防出现税收漏洞,将与企业技术更新无关,且容易混为个人消费的应征消费税的小汽车、摩托车和游艇排除在上述设备范围之外。同时,将小规模纳税人征收率统一调低至3%,将矿产品增值税税率恢复到17%。

解读一:纳入抵扣范围的固定资产

主要是机器、机械、运输工具以及其他与生产、经营有关的设备、工具、器具,因此,转型改革后允许抵扣的固定资产仍然是上述范围。房屋、建筑物等不动产不能纳入增值税的抵扣范围。

解读二:小规模纳税人征收率统一调低至3%

适用转型改革的对象是增值税一般纳税人,改革后这些纳税人的增值税负担会普遍下降,而规模小、财务核算不健全的小规模纳税人(包括个体工商户),由于是按照销售额和征收率计算缴纳增值税且不抵扣进项税额,其增值税负担不会因转型改革而降低。

为了平衡小规模纳税人与一般纳税人之间的税负水平,促进中小企业的发展和扩大就业,需要相应降低小规模纳税人的征收率。对小规模纳税人不再区分工业和商业设置两档征收率,而统一降低至3%。

解读三:一般纳税人与小规模纳税人认定的新标准

根据现行规定,小规模纳税人的认定标准是:从事货物生产或者提供应税劳务的纳税人,以及以从事货物生产或者提供应税劳务为主,兼营货物批发或者零售的纳税人,年应征增值税销售额(以下简称应税销售额)在50万元以下(含本数,下同)的;除此以外的纳税人,年应税销售额在80万元以下的。超过50万元或80万元的纳税人,则可认定为一般纳税人。

上述以从事货物生产或者提供应税劳务为主,是指纳税人的年货物生产或者提供应税劳务的销售额占年应税销售额的比重在50%以上。

解读四:矿产品增值税税率恢复到17%

1994年税制改革时,部分矿产品仍实行计划价格和计划调拨、历史遗留问题较多,经国务院批准,1994年5月起将金属矿、非金属矿采选产品的税率由17%调整为13%。这一政策对采掘业的稳定和发展起到了一定的作用,但也出现一些问题,主要有:一是对不可再生的矿产资源适用低税率,不符合资源节约、环境保护的要求;二是减少了资源开采地的税收收入,削弱资源开采地提供公共产品的能力;三是矿产资源基本都作为原料使用,矿山企业少交的增值税因下个环节减少进项税额而补征回来,政策效果并不明显;四是导致征纳双方要对这类适用低税率的货物与其他货物划分,增大征收和纳税成本。

转型改革后,矿山企业外购设备将纳入进项税额的抵扣范围,整体税负将有所下降,为公平税负,规范税制,促进资源节约和综合利用,需要将金属矿、非金属矿采选产品的增值税税率恢复到17%。

提高矿产品增值税税率以后,因下个环节可抵扣的进项税额相应增加,最终产品所含的增值税在总量上并不会增加或减少,只是税负在上下环节之间会发生一定转移,在总量上财政并不因此增加或减少收入。

二、企业所得税

2007年3月16日,十届全国人大五次会议审议通过《中华人民共和国企业所得税法》,统一了原内、外资企业所得税制度,并于2008年1月1日起施行。新的企业所得税法作了以下基本规定。

(一)纳税人

在中华人民共和国境内,企业和其他取得收入的组织(以下统称企业)为企业所得税的纳税人,依照本法规定缴纳企业所得税。

个人独资企业、合伙企业不适用本法。

企业分为居民企业和非居民企业。其中,居民企业是指依法在中国境内成立,或者依照外国(地区)法律成立但实际管理机构在中国境内的企业;非居民企业是指依照外国(地区)法律成立且实际管理机构不在中国境内,但在中国境内设立机构、场所的,或者在中国境内未设立机构、场所,但有来源于中国境内所得的企业。

上述"实际管理机构"要同时符合:第一,对企业有实质性管理和控制的机构;第二,对企业实行全面管理和控制的机构;第三,管理和控制的内容是企业生产经营、人员、财产、账务等,这是最重要的界定标准。

居民企业就其境内外全部所得纳税,非居民企业就其来源于中国境内的所得部分纳税。

(二)税率

企业所得税的税率为25%。

非居民企业和小型微利企业取得的应税所得适用20%的税率。

小型微利企业指的是:①制造业,年度应纳税所得额不超过30万元,从业人数不超100人,资产总额不超过3 000万元;②非制造业,年度应纳税所得额不超过30万元,从业人数不超过80人,资产总额不超过1 000万元。

(三)应税所得额

应税所得额是企业每一纳税年度的收入总额,减去不征税收入、免税收入、各项扣除以及允许弥补的以前年度亏损后的余额,为应纳税所得额。它是企业所得

税的计税依据或税基,其确定公式为:

应纳税所得额=收入总额-不征税收入-免税收入或所得-准予扣除项目的金额-允许弥补的以前年度亏损

1. 收入总额

收入总额是指企业以货币或非货币形式从各种来源取得的收入,具体由九大项构成,即销售货物收入、提供劳务收入、转让财产收入、股息红利等权益性投资收益、利息收入、租金收入、特许权使用费收入、接受捐赠(货币性及非货币性资产)收入、其他收入。

(1) 销售货物收入。指企业销售商品、产品、原材料、包装物、低值易耗品以及其他存货取得的收入。

(2) 提供劳务收入。指企业从事建筑安装、修理修配、交通运输、金融保险、邮电通信、文化体育、餐饮住宿、中介代理、旅游、娱乐以及其他劳务服务活动取得的收入。

(3) 财产转让收入。指企业有偿转让各类财产取得的收入,包括转让固定资产、无形资产、生物资产、股权、债权等财产取得的收入。

(4) 股息红利等权益性投资收益。是指企业对外投资入股从被投资方取得的收入。

(5) 利息收入。指企业将资金借给他人使用但不构成权益性投资,或因他人占用本企业资金取得的收入,包括存款利息、贷款利息、债券利息、欠款利息等收入。

(6) 租赁收入。指企业提供固定资产、包装物以及其他有形资产的使用权而取得的收入。

(7) 特许权使用费收入。指企业提供或转让专利权、非专利技术、商标权、著作权以及其他特许权的使用权而取得的收入。

(8) 接受捐赠收入。指企业接受的来自其他企业、组织或个人无偿给予的货币性及非货币性资产。

(9) 其他收入。指除上述各项收入以外的一切收入。包括确实无法支付的应付款项,资产的溢价收入,逾期未退的包装物押金收入,补贴收入,违约金收入以及其他收入。

2. 不征税收入

不征税收入是指根据企业所得税法规定不征税的财政性资金的收入,具体包括财政拨款、依法收取并纳入财政管理的行政事业性收费、政府性基金以及国务院规定的其他不征税收入(不包括各级政府对企业的财政补贴和税收返还)。

3. 免税收入

免税收入是纳税人应税收入的重要组成部分,只是国家在特定时期或对特定项目取得的经济利益给予税收优惠。企业的下列收入为免税收入：

(1) 国债利息收入(仅限于中国中央政府发行的国债)。

(2) 符合条件(来自所有非上市企业以及连续持有上市公司股票12个月以上取得的股息、红利等收入给予免税，不再实行补税率差的做法)的居民企业之间的股息、红利等权益性投资收益。

(3) 在中国境内设立的非居民企业从居民企业取得与该机构、场所有实际联系(该机构、场所拥有、控制据以取得所得的股权等)的股息、红利等权益性投资收益。

(4) 符合条件的非营利公益组织(第二十六条第(四)项有规定，是指同时符合七项条件的组织)的收入(不包括非营利公益组织从事营利活动取得的收入)。

4. 准予扣除项目

准予扣除项目是指纳税人每一纳税年度发生的与取得收入有关的、合理的支出，包括成本、费用、税金、损失和其他支出。

成本是指企业在生产经营活动中发生的销售成本、销货成本、业务支出以及其他耗费。

费用是指企业在生产经营活动中所发生的销售费用、管理费用、财务费用。已计入成本的有关费用除外。销售费用是指应由纳税人负担的为销售商品而发生的广告费、运输费、装卸费、包装费、展览费、保险费、销售佣金代销手续费、经营性租赁费以及销售部门发生的差旅费、工资、福利费等；管理费用是指纳税人的行政管理部门为管理组织经营活动提供各项支援性服务而发生的技术开发费、业务招待费、工会经费、职工教育经费、排污费、绿化费、消防费、劳动保护费等费用；财务费用是指纳税人筹集经营性资金发生的费用。

税金是指企业发生的企业所得税和允许抵扣的增值税以外的各项税金。

损失是指企业生产经营过程中发生的固定资产和存货的盘亏、毁损、报废损失、转让财产损失、呆账损失、坏账损失、自然灾害损失以及其他损失。

部分扣除项目具体范围和标准如下：

(1) 企业发生的合理工薪支出予以据实扣除

上述工薪是指企业每一纳税年度支付给在本企业任职或受雇的员工的所有现金及非现金的劳动报酬，包括基本工资、奖金、津贴、补贴、年终加薪、加班工资，以及与员工任职或受雇有关的其他支出。

本项支出可以从以下几个方面理解：

第一，必须是实际发生的工薪支出。尚未支付的所谓应付工薪支出，不能在其未支付的纳税年度内扣除。

第二，工薪的发放对象是在本企业任职或受雇的员工。

第三，工薪的标准应限于合理的范围和幅度。因为不同的行业、企业、岗位及地区，都影响着工薪的实际状况，所以不可能作出统一的界定和机械式的标准，只能用"合理的"这类词加以限制和修饰，实践中由税务机关根据具体的情况予以把握。

第四，工薪的表现形式包括所有现金和非现金形式。

第五，工薪的种类。只需把握一点，即凡是因员工在企业任职或者受雇于企业，而且是因其提供劳务而支付的，就属于工薪支出，不拘泥于形式上的名称。

(2) 工会经费、职工福利费、职工教育经费

上述三项经费分别按照计税工资总额的 2%、14%、2.5% 计算扣除，并对职工教育经费超过标准的部分，允许在以后年度无限结转，且统一适用所有纳税人。

(3) 企业在生产经营活动中发生的下列利息支出，准予扣除

第一，非金融企业向金融企业借款的利息支出、金融企业的各项存款利息支出和同业拆借利息支出、企业经批准发行债券的利息支出；

第二，非金融企业向非金融企业借款的利息支出，不超过按照金融企业同期同类贷款利率计算的数额的部分。

(4) 业务招待费

企业发生的与生产经营活动有关的业务招待费按实际发生额的 60% 扣除，但最高不得超过当年销售(营业)收入的 5‰。

(5) 广告费与业务宣传费

企业发生的符合条件的广告费和业务宣传费支出，除国务院财政、税务主管部门另有规定外，不超过当年销售收入 15% 的部分，可据实扣除；超过比例部分可结转到以后年度扣除。

(6) 公益性捐赠支出

对企业的公益性捐赠支出，即企业向民政、教科文卫、环保、社会公共和福利事业等的捐赠支出，在其年度利润总额 12% 以内的部分，准予扣除。年度利润总额，是指企业按照国家统一会计制度的规定计算的年度会计利润。

5. 亏损

公式中的亏损，是指企业按照税法规定将每一纳税年度的收入总额减除不征税收入、免税收入和各项扣除后小于零的数额。

(四) 税收优惠

1. 具体规定

(1) 农、林、牧、渔业项目的优惠政策

企业从事下列项目的所得，免征企业所得税：①蔬菜、谷物、薯类、油料、豆类、

棉花、麻类、糖料、水果、坚果的种植，②农作物新品种的选育，③中药材的种植，④林木的培育和种植，⑤牲畜、家禽的饲养，⑥林产品的采集，⑦灌溉、农产品初加工、兽医、农技推广、农机作业和维修等农、林、牧、渔服务业项目，⑧远洋捕捞。

企业从事下列项目的所得，减半征收企业所得税：花卉、茶以及其他饮料作物和香料作物的种植，海水养殖，内陆养殖。

（2）基础产业的优惠政策

企业对港口码头、机场、铁路、公路、电力、水利等能源、交通基础设施进行投资，从项目取得第一笔生产经营收入的年度起，第一年至第三年免征企业所得税，第四年至第六年减半征收企业所得税。

（3）技术转让所得的优惠政策

为了进一步通过税收政策促进企业的技术转让，推动高新技术产业化，新法规定，对企业技术转让所得500万元以内的部分免征企业所得税，500万元以上的部分减半征收企业所得税。

（4）高新技术企业的优惠政策

新法对我国原设在国家高新技术产业开发区内国家重点支持的高新技术企业低税率（15％）优惠扩大到全国范围，以促进全国范围内的高新技术企业加快技术创新和科技进步的步伐，推动我国产业升级换代，实现国民经济的可持续发展。

国家重点支持的高新技术领域包括：电子信息技术、航空航天技术、高技术服务业、资源与环境技术、生物与新医药技术、新材料技术、新能源及节能技术、高新技术改造传统产业。经认定的高新技术企业可获得"高新技术企业证书"，证书有效期为三年。

（5）安置特殊人员就业的优惠政策

为了进一步完善促进就业的税收政策，新法对安置就业人员的优惠政策调整为，按照企业支付给符合条件的就业人员工资的一定比例，加成计算扣除部分税收（具体扣除比例由国务院另行规定）。一是扩大了享受政策鼓励的企业范围，凡是安置符合条件人员就业的企业，均可享受所得税优惠；二是实行加计扣除政策并取消了安置人员的比例限制。

企业安置残疾人员就业的工资加计扣除的比例为，按照支付给残疾职工工资据实扣除的基础上，加计扣除100％。

（6）保护环境、资源再利用的优惠政策

第一，企业从事环境保护、节能节水项目，包括公共污水处理、公共垃圾处理、沼气综合开发利用、节能减排技术改造、海水淡化等项目的所得，三免三减半（取得第一笔生产经营收入的年度为减免税起始年度）。

第二，企业综合利用资源取得的收入可以按90％计入收入总额。

第三,企业购置并实际使用的环保、节能节水、安全生产等专用设备。其设备投资额的10%可从企业当年的应纳所得税额中抵免;当年不足抵扣的,可以在以后5个纳税年度结转抵扣。

需要说明的是,新法对老法关于企业购置国产设备投资抵免的优惠政策不是完全取消,而是进行了调整。即企业购置并实际使用的环保、节能节水、安全生产等专用设备的投资额,可以按一定比例实行税额抵免。这一规定更加突出了产业政策导向,贯彻了国家可持续发展战略,符合构建和谐社会的总体要求,也符合WTO关于国民待遇的原则。

(7) 企业研发费用的优惠政策

由原来只对工业企业扩大到所有企业,给予公平的优惠政策,具体规定是:企业为开发新技术、新产品、新工艺发生的研究开发费用,未形成无形资产计入当期损益的,在据实扣除的基础上,再加扣50%;形成无形资产的,按照无形资产成本的150%摊销。

(8) 创业投资优惠政策

创业投资企业采取股权投资方式投资于未上市的中小高新技术企业两年以上的,可以按照其投资额的70%在股权持有满两年的当年抵扣该创业投资企业的应纳税所得额;当年不足抵扣的,可以在以后纳税年度结转抵扣。

(9) 固定资产的加速折旧

由于技术进步等原因,确实需要加速折旧的,可以缩短折旧年限,或者采取加速折旧的办法。企业可以在实施新法的当年,固定资产采取加速折旧。具体包括:①由于技术进步,产品更新快的固定资产;②常年处于震动、高腐蚀状态的固定资产。

采取缩短折旧年限方法的,最低折旧年限不得低于税法规定的各类固定资产折旧年限的60%;采取加速折旧的办法,可使用双倍余额递减法或年数总和法。

(10) 自然灾害、突发事件等专项优惠

新法授权国务院可以根据国民经济和社会发展的需要,或者由于突发事件等原因对企业经营活动产生重大影响的,制定企业所得税专项优惠政策。

2. 企业所得税优惠政策的过渡措施

(1) 实施过渡措施的企业范围

实施过渡措施的企业为新法公布(2007年3月16日)前已批准设立的企业,而非新法实施(2008年1月1日)前已批准设立的企业。

(2) 实施过渡优惠政策的具体范围和方法

新法公布前已批准设立的外资企业,依照当时的规定,享受低税率(15%、24%)优惠的,可以在本法实施后5年内,逐步过渡到本法规定的税率;享受定期减免税优惠(获利年度起两免三减半)的,可以在本法施行后继续享受到期满为止,但因未获利而未能享受优惠的,优惠期限从本法施行年度起计算。

三、个人所得税

个人所得税是对个人(自然人)取得的各项应税所得征收的一种税。它于1799年在英国创立,目前世界上有一百四十多个国家开征这一税种。

(一)纳税人

个人所得税的纳税人,包括中国公民、个体工商业户以及在中国有所得的外籍人员(包括无国籍人员,下同)。

依据住所和居住时间两个标准,上述纳税人可分为居民纳税人和非居民纳税人。居民纳税人是在中国境内有住所,或无住所而在中国境内居住满1年(即公历1月1日至12月31日)的个人,承担无限纳税义务;非居民纳税人是在中国境内无住所又不居住,或无住所且居住不满1年的个人,承担有限纳税义务。

(二)应税所得项目

确定应税所得项目可以使纳税人掌握自己都有哪些收入是要纳税的。下列各项个人所得应纳个人所得税:

1. 工资、薪金所得

工资、薪金所得是个人因任职或受雇而取得的工资、薪金、奖金、年终加薪、劳动分红、津贴和补贴以及与任职或受雇有关的其他所得。在这类报酬中,工资和薪金的主体略有差异。通常情况下,把直接从事生产、经营或服务的劳动者(工人)的收入称为工资,即所谓"蓝领阶层"所得;而把从事公职或管理活动的劳动者(公职人员)的收入称为薪金,即所谓"白领阶层"所得。但实际立法过程中,各国都从简便易行的角度考虑,将工资薪金合并为一个项目计征个人所得税。

2. 个体工商业户生产、经营所得

个体工商业户生产、经营所得,是指:①个体工商户从事工业、手工业、建筑业、交通运输业、商业、饮食业、服务业、修理业及其他行业取得的所得;②个人经有关部门批准,取得执照,从事办学、医疗、咨询及其他有偿服务活动取得的所得;③上述个体户和个人取得的与生产、经营有关的各项应税所得;④个人从事彩票代销业务而取得的所得,应按"个体工商业户生产、经营所得"项目计征个人所得税;⑤其他个人从事个体工商业户生产、经营活动取得的所得。

3. 对企事业单位的承包经营、承租经营所得

对企事业单位的承包经营、承租经营所得,是个人承包经营、承租经营以及转包、转租取得的所得。承包项目有多种,如生产经营、采购、销售、建筑、安装等。转包包括全部转包或部分转包。

4. 劳务报酬所得

劳务报酬所得是个人独立从事各种非雇佣的劳务取得的所得。在实际操作过程中,可能会出现难以判定一项所得是属于工资、薪金所得,还是属于劳务报酬所得的情况。这两者的区别在于:工资、薪金所得是属于非独立个人劳务活动,即在机关、团体、学校、部队、企业、事业单位及其他组织中任职、受雇而取得的报酬;劳务报酬所得,则是个人独立从事各种技艺、提供各项劳务而取得的报酬。

5. 稿酬所得

稿酬所得是个人因其作品以图书、报刊形式出版、发表而取得的所得。对不以图书、报刊形式出版、发表的翻译、审稿、书画所得归为劳务报酬所得。

6. 特许权使用费所得

特许权使用费所得是个人提供专利权、商标权、著作权、非专利技术以及其他特许权的使用权而取得的所得。提供著作权的使用权取得的所得,不包括稿酬所得。

7. 利息、股息、红利所得

利息、股息、红利所得是个人拥有债权、股权而取得的利息、股息、红利所得。按税法规定,个人取得的利息所得,除国债和国家发行的金融债券利息外,应当依法缴纳个人所得税。按一定的比率对每股发给的息金叫股息;公司、企业应分配的利润,按股份分配的叫红利。

8. 财产租赁所得

财产租赁所得是个人出租建筑物、土地使用权、机器设备、车船以及其他财产取得的所得。

9. 财产转让所得

财产转让所得是个人转让有价证券、股权、建筑物、土地使用权、机器设备、车船以及其他财产取得的所得。在现实生活中,个人进行的财产转让主要是个人财产所有权的转让。财产转让实际上是一种买卖行为,当事人双方通过签订、履行财产转让合同,形成财产买卖的法律关系,使出让财产的个人从对方取得价款(收入)或其他经济利益。财产转让所得因其性质的特殊性,需要单独列举项目征税。对个人取得的各项财产转让所得,除股票转让所得外,都要征收个人所得税。

10. 偶然所得

偶然所得是个人得奖、中奖、中彩以及其他偶然性的所得。偶然所得应缴纳的个人所得税税款,一律由发奖单位或机构代扣代缴。

11. 经国务院财政部门确定征税的其他所得

除上述列举的各项个人应税所得外,其他确有必要征税的个人所得由国务院财政部门确定个人取得的所得,难以界定应税所得项目的,由主管税务机关确定。

(三) 税率

个人所得税的税率按照所得项目的不同分别确定。

2011年6月30日,第十一届全国人大常委会第二十一次会议通过了《全国人民代表大会常务委员会关于修改〈中华人民共和国个人所得税法〉的决定》。本次个人所得税法修改将工资薪金所得的减除费用标准由每月2 000元提高到3 500元,同时调整工薪所得税率结构,由九级调整为七级,取消了15%和40%两档税率,将最低的一档税率由5%降为3%,还适当扩大了低档税率和最高档税率的适用范围。低档税率是指修正案通过后3%和10%这两档税率,第一级3%税率对应的月应纳税所得额由不超过500元扩大到1 500元,第二级10%税率对应的月应纳税额由500元至2 000元扩大为1 500元至4 500元。这两档税率所适用的人群和原来九级情况下相比有一个比较大的扩大,体现了低税率向大部分纳税人倾斜,也体现了这次个人所得税法修改的重点是减轻中低收入者税收负担。同时,还扩大了最高税率45%的覆盖范围,将现行适用40%税率的应纳税所得额,并入了45%税率,加大了对高收入者的调节力度。新的个人所得税法于2011年9月1日起施行。调整后的工资、薪金所得适用七级超额累进税率,税率为3%~45%(见表3-1)。

表3-1 工资、薪金所得适用的七级超额累进税率

级数	全月应纳税所得额	税率
1	不超过1 500元的部分	3%
2	1 500元~4 500元的部分	10%
3	4 500元~9 000元的部分	20%
4	9 000元~35 000元的部分	25%
5	35 000元~55 000元的部分	30%
6	55 000元~80 000元的部分	35%
7	超过80 000元的部分	45%

个人所得税法也修改了个体户经营所得的税率级距,维持现行五级税率不变。调整后,生产经营所得纳税人税负均有不同程度下降,其中年应纳税所得额60 000元以下的纳税人税负平均降幅约为40%,最大降幅为57%。个体户的生产、经营所得和承包、承租经营所得适用的5%~35%的五级超额累进税率见表3-2。

表 3-2　个体户的生产、经营所得和承包、承租经营所得适用的五级超额累进税率

级数	全月应纳税所得额	税率
1	不超过 15 000 元的部分	5%
2	15 000 元～30 000 元的部分	10%
3	30 000 元～60 000 元的部分	20%
4	60 000 元～100 000 元的部分	30%
5	超过 100 000 元的部分	35%

个人独资和合伙企业的生产经营所得，也适用 5%～35% 的五级超额累进税率。

稿酬所得适用 20% 的比例税率，并按应纳税额减征 30%，故其实际税率为 14%。

劳务报酬适用 20%～40% 的三级超额累进税率见表 3-3。

表 3-3　劳务报酬适用的三级超额累进税率

级数	全月应纳税所得额	税率
1	不超过 20 000 元的部分	20%
2	20 000 元～50 000 元的部分	30%
3	超过 50 000 元的部分	40%

特许权使用费所得，利息、股息、红利所得，财产租赁所得，财产转让所得，偶然所得和其他所得，适用 20% 的比例税率。

（四）应纳税额与应税所得额

个人所得税的应纳税额的计算复杂，不同项目的所得，适用的税率不同，但基本的计税公式都是相通的：

$$应纳税额 = 应税所得 \times 适用税率$$

由于个人所得税的应税项目不同，而且取得某项所得所需费用也不相同，因此，计算个人应税所得额，需按不同应税项目分别计算，以某项应税项目的收入额减去法定费用扣除标准后的余额为应税所得额。

工资、薪金所得，以每月收入额扣减法定费用扣除标准后的余额，为应税所得额。

个体工商业户的生产、经营所得，以每一纳税年度收入额减除成本、费用及损失后的余额，为应税所得额。

承包、承租经营所得以每一纳税年度收入额减除必要费用后的余额为应税所

得额。其中，必要费用为每月 800 元。

劳务报酬所得、稿酬所得、特许权使用费所得、财产租赁所得，每次收入不超过 4 000 元的，扣减 800 元；4 000 元以上的，扣减 20% 的费用，其余额为应税所得额。

财产转让所得，以财产转让的收入额扣减财产原值及合理费用后的余额为应税所得额。

利息、股息、红利所得，偶然所得和其他所得，以每次收入额为应税所得额。

需要注意的是，2008 年 10 月 9 日起对银行储蓄存款利息暂免征收个人所得税。

（五）年度奖金如何计税

个人一次取得年终奖金，不再减除法定扣除费用，直接以其奖金总额除以 12 个月，以其商数确定适用税率，再以奖金总额乘以适用税率减除扣除数，余额为其应纳所得税额。如果纳税人取得奖金当月的工资收入不足法定扣除费用的，可从其奖金总额中减除当月工资与法定扣除费用的差额，余额按上述办法计算个人所得税。

在同一个纳税年度内，该计税办法每个纳税人只能使用一次，纳税人取得的其他奖金或多次取得年度奖金，并入当月工薪收入计算个人所得税。

（六）免税规定

（1）省级人民政府、国务院各部委和中国人民解放军军以上单位以及国际组织颁发的科学、教育、技术、卫生、体育、环境保护等方面的奖金。

（2）国债和国家发行的金融债券利息。这里所说的国债利息，是指个人持有中华人民共和国财政部发行的债券而取得的利息所得；国家发行的金融债券利息，是指个人持有经国务院批准的金融债券而取得的利息所得。

（3）按国家统一规定发给的补贴、津贴。这里所说的按国家统一规定发给的补贴、津贴，是指按照国务院规定发给的政府特殊津贴和国务院规定免纳个人所得税的补贴、津贴。

（4）福利费、抚恤金、救济金。这里所说的福利费，是指根据国家有关规定从企业、事业单位、国家机关、社会团体提留的福利费或者工会经费中支付的个人的生活补助费；救济金是指国家民政部门支付的个人生活困难补助费。

（5）保险赔款。

（6）军人的转业费、复员费。

（7）按照国家统一规定发给干部、职工的安家费、退职费、退休工资、离休工资、离休生活补助费。

（8）依照我国有关法律规定应予免税的各国驻华使馆、领事馆的外交代表、领事官员和其他人员的所得。这里的"所得"，是指依照《中华人民共和国外交特权和豁免条例》和《中华人民共和国领事特权和豁免条例》规定免税的所得。

（9）中国政府参加的国际公约以及签订的协议中规定免税的所得。

（10）发给见义勇为者的奖金。对乡、镇（含乡、镇）以上人民政府或经县（含县）以上人民政府主管部门批准成立的有机构、有章程的见义勇为基金或者类似性质组织，奖励见义勇为者的奖金或奖品，经主管税务机关核准，免征个人所得税。

（11）企业和个人按照省级以上人民政府规定的比例提取并缴付的"三费一金"，即医疗保险金、基本养老保险金、失业保险金、住房公积金，不计入个人当期工资、薪金收入，免于征收个人所得税。超过规定的比例缴付的部分计征个人所得税。个人领取原提存的住房公积金、医疗保险金、基本养老保险金、失业保险金时，免于征收个人所得税。

（12）对个人取得的教育储蓄存款利息所得以及国务院财政部门确定的专项储蓄存款或者储蓄性专项基金存款的利息所得，免于征收个人所得税。

（13）储蓄机构内从事代扣代缴工作的办税人员取得的扣缴利息税手续费所得，免征个人所得税。

（14）经国务院财政部门确定批准免税的其他所得。

四、"十二五"税制改革走向

"十二五"时期我们的经济社会发展，将面临着比"十一五"更加严峻的挑战。主要表现在这几个方面：首先是转变经济发展方式问题，其次是调节收入分配问题，再次是节能减排问题，当然还有其他问题。但若把这几个方面的问题综合起来考察，我们发现它们都要求税制作出相应的调整和改革。

（一）扩大增值税征税范围，相应调减营业税

转变经济发展方式，即调整经济结构或产业结构，而现行税制是有碍于这种调整的。就产业结构而言，当前不同的产业适用不同的流转税种，其中制造业和商业实行增值税，服务业或第三产业实行营业税。两个税种的根本区别在于，增值税的计税依据是货物或劳务销售额的增值部分（即毛利），而营业税的计税依据则是货物或劳务销售额的全部。由于营业税的税基大于增值税，因此它的税负就比增值税重。在这样的政策背景下，不利于鼓励大力发展服务业，也与国家逐步提高服务业在三大产业中的比重的思路相违背。为此，可以考虑将营业税纳入增值税的征

税范围,按照统一的税负标准,使用一套税制,以解决产业之间税负不均衡的问题。但一次性将所有营业税都改成增值税的难度很大,可以采用渐进式改革的策略,分步推行分步扩围。改革应遵循"三先三后"——生产性服务业先改,生活性服务业后改;发展潜力大的新兴产业先改,传统行业后改;对财政影响小的先改,影响大的后改。

(二)逐步建立健全综合和分类相结合的个人所得税制度

理论上讲,个人所得税是政府调节收入分配的一个重要手段,通过征收个人所得税,收入多的多缴税,收入少的少缴税或者不缴税,从而缩小收入差距。

我国现行的个人所得税采取的是分类制,不利于均衡个人之间的税负,尤其是加重了中低收入阶层的税收负担,违背了税收公平的原则。制度设计的缺陷,加之征管方面的诸多漏洞,使得个人所得税调节收入分配的功能弱化,因此有必要实施分步改革:①提高个人所得税工薪所得费用扣除标准,合理调整税率结构,切实减轻中低收入者税收负担。②在具备一定的条件时,应将现在的分类制改为综合制,即所有收入统一纳入税基。只有这样设计出来的制度,才能真正体现公平。

(三)继续推进费改税,全面改革资源税,开征环境保护税,研究推进房地产税改革

沪渝试点房产税细则如表3-4、表3-5所示。

表3-4 上海征税细则

征税对象(M)	全上海市 本市家庭新购第二套及以上住房	全上海市 非本市居民在沪新购住房
征税税率(P,r)	成交均价(元/平方米)　　　　税费 P_1:小于45 000　　　　　　r_1:0.4% P_2:大于45 000　　　　　　r_2:0.6%	
免征部分	人均住房面积小于60平方米部分	
缴税额计算	($M-60\times$人数)$\times P \times 70\% \times r$　　(元/年) 其中($M-60\times$人数)小于0免征,不倒贴	
缴纳方式	按年计征,缴清税费方可过户	
案例说明	如果一户上海本地三口之家原来已拥有一套150平方米的住房,现又新购一套110平方米的住房,均价30 000元/平方米,其年纳税额为: ($150+110-60\times3$)$\times30\ 000\times70\%\times0.4\%=6\ 720$(元/年)	

表 3-5　重庆征税细则

征税对象(M)	重庆市主城九区独栋别墅新购及原有	重庆市主城九区高档住房新购	重庆市主城九区普通住房 无户籍、无工作、无企业人员新购的第二套及以上
征税税率(P,r)	成交均价(元/平方米)　税率 P_1：小于 15 000　　r_1：0.5% P_2：15 000～20 000　r_2：1.0% P_3：大于 20 000　　r_3：1.0%		统一 0.5%
免征部分	小于 180 平方米的部分	小于 100 平方米的部分	0
缴税额计算	$(M-180)\times P\times r$（元/年）	$(M-100)\times P\times r$（元/年）	$M\times P\times r$（元/年）
缴纳方式	按年计征,过户时一并收取当年税费		
案例说明	(1) 一户家庭拥有的第一套存量独栋商品住宅建筑面积为 400 平方米,交易单价为 16 000 元/平方米,其年纳税额为:(400－180)×16 000×1%＝35 200（元）。 (2) 假设这个家庭在 2011 年 1 月 28 日之后,新购了一套符合扣除免税面积的应税住房,其建筑面积为 180 平方米,交易单价为 10 000 元/平方米,其年纳税额为: (180－100)×10 000×0.5%＝4 000(元/年)		

上海市与重庆市房产税试点开征时间均为 2011 年 1 月 28 日。

上海 2010 年全年新建商品住宅均价达 22 261 元/平方米,两倍均价约为 45 000 元/平方米,按照规定,小于 45 000 元/平方米,税率为 0.4%;大于 45 000 元/平方米,税率为 0.6%。

2011 年上两年度重庆市主城九区新建商品住房成交均价的两倍为 9 941 元/平方米。即今年房价超过 9 941 元/平方米的住房将进入收税范围,到 1.5 万元/平方米就是三倍,就是 1% 的税率;如果到 2 万元/平方米,就是四倍,为 1.2%。

第四节 国际税收

一、国际税收概述

（一）国际税收的概念

国际税收是指两个或两个以上的国家对参与国际经济活动的纳税人行使税收管辖权所产生的涉及相互间权益的税收活动。该概念包括三层含义：①国际税收活动不能脱离国家政治权力而独立存在。②国际税收活动涉及的纳税人具有特定含义，它是指从事国际经济活动的跨国纳税人。③国际税收的本质是国与国之间的税收分配关系。

（二）国际税收的产生与发展

1. 国际税收的产生

国际税收是国际经济发展到一定历史阶段的产物。国际商业活动的增长、跨国公司的产生、经济区域的一体化和全球一体化的发展是国际税收产生和发展的社会经济基础。

随着国际经济的发展，纳税人的所得来源于多个国家，财产分布于多个国家，商品和劳务流通于多个国家。由于不同国家同时采取居民税收管辖权和地域税收管辖权，其结果必然导致多个国家对同一跨国所得、财产、商品和劳务重复行使征税权。因而，一个国家如何征税，征多少税，必然会影响其他国家的权益，形成国家之间税收分配关系，即国际税收。

2. 国际税收的发展

从国际税收实际形成的历史看，19世纪末20世纪初，随着商品经济的发展，税收的国际化问题日益突出，国际税收问题逐渐被各个国家所重视。

资本的国际流向，从过去的资本由发达国家向发展中国家单向流动，转变为多向流动，特别是发达的资本主义国家之间相互投资，超过了对发展中国家的投资；世界贸易特别是跨国公司的发展，加速了各国经济一体化的进程；各国税收制度的建立与完善使税收的国际化问题日益严重。上述情况的变化，首先使世界上一些国家从本国税法角度，通过一些具体规定，单方面处理一些国际税收问题。随着国际经济的进一步发展，国际税收问题不断增多并日益复杂，单方面的权益处理，已不能适应形势发展的要求。为了公正合理地处理有关国际税收问题，世界各国在实践中逐渐形成了一系列处理双边或多边税收关系的准则和惯例,国际税收才成为一个独立的经济范畴和学科。

二、国际重复征税的避免

(一) 国际重复征税

各国在行使税收管辖权时,总会存在一些交叉或冲突,因为大多数国家都同时行使两种以上的税收管辖权。即使是同种税收管辖权,由于各国确定居民身份和地域概念的标准可能有所不同,交叉现象也会出现。由此形成国际间的重复征税问题。

国际重复征税是指两个或两个以上国家,对参与国际经济活动的同一纳税人的同一所得,同时征收相同或类似的税收。它一般具有五个特征:征收主体的非统一性,纳税主体的同一性,纳税客体的同一性,课税期间的同一性,税种的相同或类似性。国际重复征税对国际经济合作与交往会产生许多负面作用:给跨国纳税人造成了额外的税收负担;阻碍了国际资本、商品、劳务和技术的自由流动;违背了税负公平的原则,从外部限制了公平税制的建设和发展。

(二) 国际重复征税的避免

国际重复征税的避免,是指行使居民税收管辖权的国家,通过优先承认纳税人向行使地域税收管辖权国家交纳税收,借以减除国际重复征税的一种方式。从各国的实践考察避免国际重复征税的方法主要有以下几种:

1. 扣除法和低税法

扣除法是一国政府为了避免国际重复征税,从本国居民来源于国外的所得中,扣除该所得所负外国所得税款,就其余额征税的方法。低税法是一国政府对本国居民来源于国外的所得单独制定较低的税率以减轻国际重复征税的方法。这两种方法虽然能使有关纳税人的税负有所减轻,但不能彻底消除国际重复征税。

2. 免税法

免税法是一国政府单方面放弃对本国居民国外所得的征税权力,以消除国际重复征税的方法。这种方法的特点是行使居民税收管辖权的国家,不仅承认地域税收管辖权的优先地位而且承认其独占地位。免税法对本国经济权益影响较大,造成本国应得税收的丧失和外流。

3. 抵免法

抵免法是一国政府在优先承认其他国家的地域税收管辖权的前提下,在对本国居民来源于国外的所得征税时,以本国居民在国外缴纳的税款冲抵本国税款的方法。它是目前世界各国普遍采用的方法。抵免法又可分为直接抵免法和间接抵免法。前者是直接对本国居民在国外已经缴纳的所得税的抵免,后者一般适用于公司、企业的子公司所缴纳的所得税的抵免。目前在我国涉外税收制度中,主要采用抵免法来避免双重征税,并具体规定了直接抵免和间接抵免的方式和方法。

此外,税收抵免法还包括一个特殊部分——税收饶让,它是指一国政府对本国居民在国外得到减免的那部分所得税,同样给予抵免待遇,而不需再按本国规定的税率补征。

三、国际税收协定

国际税收协定是指两个或两个以上国家为协调跨国纳税人的税收分配关系,消除或减轻国际双重或多重纳税而签订的一种具有法律效力的书面协议。按参加国家的多少,国际税收协定可分为双边和多边两类;按涉及内容多少和范围大小国际税收协定又可分为一般的和特定的两种。

一般国际税收协定应包括三项内容:第一,免除双重征税问题,包括明确所得税概念、协调缔约国之间的税收管辖权以及确定免除双重征税的方法等。第二,保证税收无差别待遇,主要是确认缔约国一方的跨国纳税人,在另一国所负担的税收和有关条件,不能与该国家本国纳税人在相同情况下的税负和有关条件有所差别。第三,消除和减少国际避税,主要包括情报交换和转让定价等。

随着我国对外经济往来的不断扩大,为了更好地解决我国与其他国家之间的国际税收问题,需要缔结的国际税收协定逐步增多。我国在谈判缔结税收协定时的具体指导思想是:坚持和维护收入来源地的征税权,坚持条文对等表达的原则,坚持对我国的减免税视同已税抵免。

我国缔结的第一个国际税收协定是《中日避免双重征税和防止偷漏税协定》,这一协定参照了国际税收协定的两个协定范本——经合组织范本和联合国范本,并根据中日两国的具体国情和税收制度而制定。目前,我国已与六十多个国家缔结了一般的国际税收协定。另外,我国还与美国、日本、德国等国家缔结了一些特定的国际税收协定。

本章主要名词

税收　税收制度　流转税　增值税　直接税与间接税　价内税　国际税收

复习思考题

1. 什么是税收?如何理解?

2. 概述税收的基本特征和原则。
3. 什么是税制？概述税制的基本构成要素。
4. 增值税转型改革的主要内容是什么？
5. 企业所得税新法优惠的主要内容有哪些？
6. 我国"十二五"税制改革走向主要有哪些方面？
7. 增值税的征税范围、个人所得税的应税项目及税率的规定分别是什么？
8. 什么是国际税收？什么是国际重复征税？
9. 避免国际重复征税的主要方法有哪些？
10. 分析计算：

合肥某高工2011年12月收入情况如下：
(1) 工资4 000元，其中按规定缴付"三费一金"1 500元。
(2) 年终奖(一次性)4 800元。
(3) 担任兼职设计师取得收入50 000元。
(4) 取得稿酬2 800元。
(5) 取得企业债券利息3 000元；教育储蓄存款利息1 000元。
(6) 获得省政府颁发的科技奖10 000元。

根据上述资料，计算该高工2011年12月应纳的个人所得税。

第四章 国　　债

内容提要与学习要求

国债是国家取得财政收入的一种有偿形式。本章在阐述国债基本知识的基础上,主要介绍了国债的规模、结构及国债的管理等内容。通过学习,要求了解国债的发展历史,掌握国债的主要功能、国债的发行与偿还程序,能够运用所学知识分析国债的规模与结构,并结合实际分析国债在我国的具体实践。

第一节　国债的基本理论

一、国债的含义

国债是国家公债的简称,它是政府取得财政收入的一种有偿形式,主要是指政府通过在国内外发行债券或借款的方法来募集部分财政资金,以满足其履行职能的需要。

在明确了国债是政府取得财政收入的一种有偿形式的基础上,还应注意两个问题:其一,国债不局限于内债。一国的国债,既可在本国境内发行,也可到境外发行。在国内发行的国债,叫国内公债,简称"内债",是国债的主要部分;在国外发行的国债,叫国外公债。国债有广义和狭义之分,狭义的国债仅指内债;广义的国债,除内债外,还包括外债。通常所讲的国债,主要是狭义的国债,至于国外公债,只是在有必要时才提及。其二,国债是公债的主要组成部分。公债一般是指政府债务,在一国之内,无论中央政府还是地方政府,都有可能将发行公债作为取得财政收入的形式,所以公债有国债和地方债之别。凡属中央政府发行的公债,称为国家公债,简称国债。其收入列入中央政府预算,作为中央政府调度使用的财政资金。凡属地方政府发行的公债,称为地方公债,简称地方债。其收入列入地方政府预算,由地方政府安排调度。

二、国债的产生与发展

（一）国债的产生

世界上的第一张政府债券，出现于最早产生资本主义萌芽的地中海沿岸国家。据有关文献记载，12世纪末期，在当时经济最为发达的意大利城市佛罗伦萨，政府曾以发行债券的方式向金融业者筹措资金。其后，热那亚和威尼斯等城市相继仿效。14世纪～15世纪，意大利各城市几乎都发行了政府债券。

17世纪初，荷兰由于在海外贸易中占据有利地位而逐渐强大起来。当时的荷兰，国内资金充斥，其一国所拥有的资金比欧洲其他国家所拥有的资金总和还要多。然而，荷兰的工业却远不如商业繁荣。在大量多余资金找不到理想投资对象的情况下，资金所有者们便竞相把资金贷给本国政府或外国政府。与此同时，荷兰政府为了满足进一步向海外扩张的军费需要，大量举借国债；其他资本主义国家为进行战争，争夺国际市场，也相继在荷兰发行债券。所以，国债作为一种取得财政收入的形式，首先在荷兰牢固地确立起来。

此后，由于英国国内工场手工业的崛起，英国成了世界上最强大的国家，国债的发展中心从荷兰移向英国，并迅速在整个欧洲流行开来。

为什么国债是资本主义时代的产物，而不能在资本主义之前的经济条件下产生呢？究其历史原因，主要是：

1. 国家财政的需要

在封建社会，由于商品经济极不发达，政府职能相对简单，封建国家政府无须发债。但14世纪～15世纪，当时几个主要资本主义国家一方面为了争夺殖民地、抢占海上贸易霸权展开了激烈的战争，在战争中耗费了大量的资财；另一方面，国内工商业的发展，又要求发展港口、航运等事业，因此财政支出急剧膨胀，仅靠税收远远不能满足支出需要，于是国债便应运而生。

2. 平等对立的经济关系的确立

在封建社会或奴隶社会，封建君主拥有至高无上的权力，可以动用国内任何财富，而无须借贷。因为借贷是平等的行为，只有当资本主义获得相当发展之后，把政府和个人作为平等对立的经济利益主体的观念方可产生，政府与个人结成债权债务关系的经济现象才可能出现。

3. 社会闲置资金的存在

在奴隶社会和封建社会，由于生产力和商品货币经济发展水平较低，社会闲置资金不多，不可能拿出多少资金来投资国债。只有到了资本主义时期，特别是资本主义工场手工业向机器大工业过渡时期，社会生产力水平得到极大提高，加上对殖民地的疯狂掠夺,才使一部分商人和高利贷者手中积累了大量的货币资本,社会闲置资金增加,使国债的发行成为可能。

4. 信用制度的建立与完善

国债作为国家信用的主要形式,只有在金融机构与金融市场发展到一定阶段才会产生。有了金融机构,政府才能通过它来吸引社会闲置的货币资金;有了金融市场,国债才得以流通,资金持有者才愿意将资金投放于国债;有了发达的信用制度,政府与债务人的信用关系的出现才成为可能。

综上所述,国债的产生必须同时具备上述四个条件,缺一不可。而只有到了资本主义时代,这些条件才完全实现。

(二) 国债的发展

在国债产生以后的几百年时间里,伴随着资本主义历史进程,相应地经历了三个发展阶段。

1. 资本主义原始积累时期,国债成为原始积累最强有力的杠杆之一

国债的产生为一部分商人和高利贷者手中闲置的货币找到了投资出路,为加速资本主义生产的发展积累了必要的货币资本。

2. 自由资本主义时期,国债是应付意外事故的重要手段

这一时期,资产阶级虽倡导经济自由,但某些可能发生的意外事故会使预算支出陡增而失去平衡。这时,国债就作为应付意外事故、平衡预算的重要手段而出现。

3. 垄断资本主义时期,国债成为政府干预经济的主要手段

20 世纪 30 年代爆发的世界性经济危机,使资产阶级深刻认识到,资本主义发展不可能完全依赖自由竞争,而有必要通过政府对经济进行干预调节。这种干预调节在财政上主要是减税增支,即实行赤字财政政策来进行的,而国债就成为资本主义国家实行赤字财政的主要手段。

(三) 我国国债的历史演进

新中国成立以后,我国国债的发行可分为三个阶段:

第一阶段是 1950 年发行的"人民胜利折实公债",对平衡财政收支、稳定物价、恢复国民经济,发挥了重要作用。

第二阶段是 1954～1958 年,为了进行社会主义经济建设分五次发行了总额为 3 546 亿元的"国家经济建设公债"。其后相当长的一个时期终止了政府举债融资,我国成为当时世界上既无内债又无外债的国家。

第三阶段是 1981 年开始恢复发行国债,国债的发行主要用于筹集建设资金,弥补财政赤字。由于当时弥补财政赤字可以向银行透支,因此,国债发行规模较小,增长较慢。从 1994 年起,国家实行分税制财政管理体制,出台了《预算法》,规定财政赤字不允许向银行透支,使得国债发行规模首次突破 1 000 亿元大关,并在以后逐年增加发行量,2007 年财政部共发行国债 35 期约 2.35 万亿元。2010 年末中央财政国债余额实际数 67 548.11 亿元,2011 年国债发行额 15 609.80 亿元,2011 年末中央财政国债余额实际数 72 044.51 亿元。

我国国债对支持经济发展起到了重要的促进作用。在发展和完善我国社会主义市场经济过程中,保持一定规模的国债发行仍具有重要的现实意义和经济意义。

三、国债的分类

现代国家的国债名目繁多,构成一个庞大的债务体系。为了便于国债管理,必须首先对国债进行分类。

(一)按偿还期限长短,可将国债分为短期国债、中期国债和长期国债

(1) 短期国债一般指偿还期限不到 1 年的国债。短期国债主要是为了弥补政府预算在年度执行中因收支不均而产生的赤字,或是为了公开市场操作而发行的。2003 年 12 月 29 日我国以贴现方式发行期限 3 个月,面值总金额为 100 亿元的短期国债。此次国债为 1997 年以来首只发行期限在 1 年以下的国债,标志着 1 年期以下的短期国债发行的重新启动。2010 年我国共发行 1 年以下(含 1 年)的短期国债 3 703.10 亿元。

(2) 中期国债一般指偿还期在 1 年以上 10 年以下的国债。我国历年来发行的国债,绝大多数是中期国债,以 3 年和 5 年居多。

(3) 长期国债一般指偿还期超过 10 年(包括 10 年)的国债。如我国在 1996 年 6 月 14 日公开发行的总值为 250 亿元的 10 年期国债,这是我国首次向公众发行长期国债。

2009 年 11 月 27 日,我国进行了 200 亿元 50 年期国债的招标工作,11 月 30 日开始发行并计息。这将是我国历史上发行的期限最长的国债,而此前我国发行的最长期限国债只是 30 年期。2011 年 5 月 24 日,我国再次发行了 280 亿元 50 年期记账式国债。长期国债的发行,体现了一国政府的信用与经济实力。

(二)以债券的流动性为标准,国债可分为可转让国债和不可转让国债

(1) 可转让国债指可以在证券交易场所和证券公司柜台自由流通买卖的国债,也称上市国债。它是各国国债的主要形式。

(2) 不可转让国债指不能在金融市场上自由流通买卖的国债,也称不上市国债。在我国,不可转让国债都是凭证式国债,一般采用填制"国库券收款凭证"的方式以百元为起点整数发行。

（三）按付息的方式,可将国债分为零息国债、贴现国债和附息国债

(1) 零息国债指以票面面值发行,平常不付息,而按固定利率到期一次支付本息的国债。我国自1981年恢复发行国债以来,一直到1995年发行的基本都是零息国债。

(2) 贴现国债指发行时以低于面额的折扣价发行,到期以票面价值还本付息的国债。我国自1994年才开始发行贴现国债。

(3) 附息国债指每年定期支付一定数额的利息,到期一次偿还本金的国债。我国首次公开发行附息国债是在1996年6月14日。

（四）按载体不同,可将国债分为记账式国债、无记名国债、凭证式国债

(1) 记账式国债是指直接存入客户的证券账号或国债专用账户,所有权关系清晰,没有实物债券或收款凭证的国债。

(2) 无记名(实物)国债是指券面上有发行年份、期限(第几期)、面值、发行人名称及防伪标志的国债,它是不记名的,不可以挂失。

(3) 凭证式国债是指持券人拿到的由银行填制的"国库券收款凭证",可以记名,可以挂失,实际是一种储蓄性质的国债。

（五）按利率是否固定,可将国债分为固定利率国债和浮动利率国债

(1) 固定利率国债具有固定的利率和固定的偿还期,是较常见的国债。我国绝大部分国债都属于固定利率国债。这种国债在市场利率比较稳定的情况下较为流行,但在利率急剧变化时风险较大。

(2) 浮动利率国债是根据市场利率定期调整的中长期国债,利率按标准利率(同业拆放利率或银行优惠利率)加一定利差确定,或按固定利率加上保值贴补率确定。我国首次发行浮动利率国债是在1999年,近来我国发行的记账式国债大多数是浮动利率国债。

除了上述五种常见的国债分类外,还可以根据其他一些标准进行分类,如按国家举债的形式分为国家借款和发行债券,按发行区域分为国内国债和国外国债等。

四、国债的特征

国债的特征可概括为自愿性、有偿性、灵活性三个方面。

（一）自愿性

自愿性是指国债的发行或认购建立在以认购者自愿承购的基础上，买与不买，或购买多少，完全由认购者视情况自主决定。这一特征使国债与其他财政收入形式明显区别开来。例如，前一章税收的课征以政府的政治权力为依托，政府以国家法律、法令的形式加以规定，依法强制课征，任何个人或单位都必须依法纳税，否则就要受到法律的制裁。国债的发行则是以政府的信用为依托，以借贷双方自愿互利为基础，按一定条件结成债权债务关系。任何个人或单位都有各自独立的经济利益，政府不可能也不应该强制他们认购国债，只能由其自主决定。

（二）有偿性

有偿性是指通过发行国债筹集的财政资金，政府必须作为债务而按期偿还，同时，还要按事先规定的条件向认购者支付一定数额的利息。

相比之下，通过课征税收取得的财政资金，政府既不需要偿还，也不需对纳税人付出任何代价。通过向国有企业收取利润取得的财政资金，政府亦不需承担偿还义务，更不需向国有企业支付任何代价。国债的发行则是政府作为债务人以还本和付息为条件，而向国债认购者借取资金的暂时使用权，政府与认购者之间必然具有直接的返还关系。

（三）灵活性

灵活性是指国债发行与否以及发行多少，一般完全由政府根据财政资金的余缺状况灵活加以确定，不必通过法律形式预先规定。

这种灵活性是国债所具有的一个突出特征。它同税收的固定性特征具有明显的区别。另外，国有企业上缴的利润虽然随企业的盈亏状况而在数额上有所变动，但一般说来，实行自负盈亏、独立核算的国有企业向国家上缴利润，总要依据一个大体固定的比例进行。即使其绝对额在不同时期可能不一样，但其相对额（上缴比例）在一定时期内常常是稳定的，因而在某种程度上也可说具有比较固定的特征。国债的发行则完全不同，其发行与否或发行多少并没有一个较为固定的国家法律规定，而基本上由政府根据财政资金的余缺状况灵活加以确定，也就是说，它既不具有发行时间上的连续性，也不具有发行数额上的相对固定性，而是何时需要何时发行，需要多少发行多少。正是这一重要特征，使得它能与其他财政收入形式互相配合，互相补充，从而具有相当重要的意义。

国债的上述三个特征是密切联系着的。国债的自愿性决定了国债的有偿性，因为如果是无偿的话，就谈不到自愿认购；国债的自愿性和有偿性，又决定和要求发行上的灵活性。否则,如果政府可以按照固定的数额,每年连续不断地发行国债,而不管客观经济条件及财政状况如何,其结果,或是一部分国债推销不掉而需派购,或是通过举债筹措的资金处于闲置,不能发挥应有效益,政府也可能因此无力偿付本息,甚至可能出现国债发行额不能满足财政需要的窘迫情况。所以,国债是自愿性、有偿性和灵活性的统一,缺一不可。只有同时具备这三个特征才能构成国债,否则,便不能算是"真正"的国债。

五、国债的功能

国债的功能主要体现在三个方面:弥补财政赤字、筹集建设资金、调节经济运行。

(一)弥补财政赤字

通过发行国债弥补财政赤字,是国债产生的主要动因,也是现代国家的普遍做法。用国债弥补财政赤字,实质是将不属于国家支配的资金在一定时期内让渡给国家使用,是社会资金使用权的单方面转移。政府也可以采用增税和向银行透支的方式弥补财政赤字。但比较而言,以发行国债的方式弥补财政赤字,一般不会影响经济发展,可能产生的副作用也较小。这是因为:①发行国债只是部分社会资金的使用权的暂时转移,一般不会导致通货膨胀;②国债的认购通常遵循自愿的准则,基本上是社会资金运动中游离出来的资金,一般不会对经济发展产生不利的影响。

当然,也不能把国债视为医治财政赤字的灵丹妙药。第一,财政赤字过大,债台高筑,最终会导致财政收支的恶性循环;第二,社会的闲置资金是有限的,国家集中过多往往会侵蚀经济主体的必要资金,从而降低社会的投资和消费水平。

(二)筹集建设资金

国债具有弥补财政赤字的功能,又具有筹集建设资金的功能,似乎无法辨别两种功能的不同。其实不然,在现实生活中仍可以从不同角度加以区分。例如,我国财政支出中经济建设资金占50%左右。由于固定资产投资支出的绝对数和比重都较大,如果不发行国债,势必要压缩固定资产投资支出,从这个角度讲,发行国债具有明显的筹集建设资金的功能。有的国家则从法律上或在发行时对两种不同功能做出明确的规定。我国20世纪80年代早期发行的国库券,没有明确规定目的和用途,但从1987年开始发行重点建设债券和重点企业建设债券(其中包括电力债券、钢铁债券、石油化工债券和有色金属债券)。又如日本在法律上将国债明确分为两种：一是建设公债，二是赤字公债。

（三）调控经济

国债是对 GDP 的再分配，反映了社会资源的重新配置，是财政调节的一种重要手段。这部分财力用于生产建设，将扩大社会的积累规模，改变既定的积累与消费的比例关系；这部分财力用于消费，则扩大社会的消费规模，使积累和消费的比例向消费一方偏移；用于弥补财政赤字，就是政府平衡社会总供给和社会总需求关系的过程；同时短期国债可以作为中央银行进行公开市场操作的重要手段。

第二节　国债的规模与结构

一、国债的负担

各个国家的经济实践已经充分证明，国债不仅存在一个负担问题，而且如何衡量和处理国债负担也是财政理论与实践的重要内容。国债负担可以从四个方面来分析：

（一）认购者的负担

国债是认购者收入使用权的让渡，这种让渡虽是暂时的，但它对经济行为会产生一定的影响，所以国债发行必须考虑认购人的实际负担能力。

（二）政府即债务人负担

政府借债是有偿的，到期要还本付息，尽管政府借债时获得了经济收益，但偿债却体现为一种支出，借债的过程也就是国债负担的形成过程，所以，政府借债要考虑偿还能力，只能量力而行。

（三）纳税人负担

不论国债资金的使用方向如何，效益高低，还债的收入来源最终还是税收。马克思所说的国债是一种延期的税收，就是指国债与税收的这种关系。

（四）社会负担

国债不仅形成一种当前的社会负担，而且在一定条件下还会向后推移。就是说,由于有些国债的偿还期较长,使用效益又低,连年以新债还旧债并不断扩大债务规模,就会形成这一代人借的债由一代甚至几代人负担的问题。如果转移债务的同时为后代人创造了更多的财富或奠定了创造财富的基础,这种债务负担的转移在某种意义上被认为是正常的;如果留给后代人的只有净债务,而国债收入已经消费掉,那么,债务转移必将极大地影响后代人的生产和生活,这是一种有损后人的短期行为。

二、国债的规模

国债的规模即发行数量要有一定的限度,其限度起源于国债的负担。由于国债会形成一种社会负担,所以国债必须有一定的限度。国债的限度一般是指国家债务规模的最高额度,或指国债适度规模问题。债务规模包括三层意思:一是历年累积债务的总规模;二是当年发行的国债总额;三是当年到期需还本付息的债务总额。

对国债总规模的控制是防止债务危机的重要环节,而控制当年发行额和到期需偿还额往往更具有实际意义。衡量国债规模的主要指标有国债负担率、国债偿债率和国债依存度。

(一)国债负担率

国债规模首先受认购人负担能力的制约。国债的应债来源,从国民经济总体看就是 GDP,所以国债限度通常是用当年国债余额占 GDP 的比重来表示,称为国债负担率。国际通用的这一指标的警戒线为 45%。

$$国债负担率 = \frac{国债余额}{GDP} \times 100\%$$

(二)国债偿债率

国债规模还受政府偿债能力的制约。中央政府用于还本付息的经常性来源是中央政府的财政收入,所以表示政府偿债能力的指标是当年还本付息额占当年中央财政收入的比重,即国债偿债率,这一指标是直接表示政府偿还能力的。国际通用的这一指标的警戒线在发达国家为 25%,发展中国家为 22%。

$$国债偿债率 = \frac{国债还本付息额}{财政收入} \times 100\%$$

(三)国债依存度

表示政府偿债能力的指标还可采用当年国债发行额占中央财政支出的比重,即国债依存度来表示。这一指标表示中央支出对债务的依赖程度,可间接表示偿还能力。国际通用的这一指标的警戒线为20%。

$$国债依存度 = \frac{国债发行额}{财政支出} \times 100\%$$

我国财政规模虽然经历了多年持续的增长和大幅增收,但是财政赤字仍然巨大,2008年、2009年、2010年、2011年中央财政国债余额占GDP的比重为16.96%、17.69%、16.97%和17%。近年来的国债依存度在40%左右。从国债负担率指标显示,至今我国国债负担率是不高的,仍具有较大的发债潜力,但从偿还能力和依存度指标显示,偿还能力较弱,两方面呈现明显的反差。

导致我国国债偿还能力较弱而依存度又过高的基本原因有两个:一是我国每年国债发行额增长过快。国债发行额取决于两个因素,财政赤字和债务还本付息。我国财政赤字因经济体制的转轨而逐年增加,同时由于采取以发新债还旧债而导致还本付息的急剧增长,从而导致国债发行额急剧扩大。二是我国中央财政收入占全国财政收入的比重偏低,造成中央财政支出对债务的依赖度高,因而偿还能力低。

因此,当前控制债务规模的途径是加强国债管理,完善国债发行的操作,更主要的是加快财政体制改革进度,提高中央财政收入的比重,增收节支,压缩财政赤字。

三、国债的结构

国债的结构是指一个国家各种性质债务的互相搭配,以及债务收入来源和发行期限的有机结合。国债的结构是制约国债负担能力和限度的重要因素,甚至从某种意义上说是一个决定性的因素。国债结构合理,既有利于充分挖掘社会资金潜力,满足不同偏好投资者的投资需求,也有利于国家降低筹资成本,减轻财政未来负担,经济效益和社会效益就会提高,自然会提高认购者的应债能力,也会产生一种内生的偿还能力,事实上也就提高了国债的限度,扩大了国债的规模。

国债的结构主要包括期限结构、品种结构和投资者结构。从我国目前的国债结构情况来看,建立合理的国债结构,应解决如下三个问题。

(一)调整国债的期限结构,适当增加长期国债的比重

我国国债期限大部为3~5年,缺少短期(如3、6、9个月等)以及超长期(10、20、30、50年)国债。国债期限结构呈现中间大两头小的布局,缺乏均衡合理的分布。这种状况易导致国债偿还集中到期,且难以发挥国债的调节作用。对于投资者来说,这种单一的国债期限结构不利于投资者进行选择,很难满足持有者对金融资产期限多样化的需求,其结果必然使国债的形象欠佳,吸引力较弱。因此,深化

国债制度改革,首先应是改进国债期限结构。针对目前国债大多集中在3~5年期限的中期品种的现状,应遵循"发展短、长期,控制中期"的原则,可向银行等金融机构发行1年以内的短期国债,增强央行对市场的调控能力,并适时推出长期国债,增加国债对投资者的吸引力,从而实现长、中、短期国债的规律化发行,为投资者提供更多的投资选择空间。

(二)积极进行国债品种创新,不断丰富国债品种结构

优化国债品种结构,实现品种多样化,满足投资者对不同品种国债的不同需求。品种不足,既满足不了投资者投资需求,也制约了国债规模发行空间的扩展。国债品种创新的目的是增强国债的吸引力,为此,可借鉴国外的一些先进经验,适时推出财政债券、社会保障债券、建设债券、可转换债券、储蓄债券,实现国债品种不断创新。同时还应提高可转让国债所占比重。目前,我国可转让国债的比重在30%~80%之间(不可转让国债比重在20%~70%之间),这一比重远低于发达国家水平。

国债品种结构的进一步丰富,既可以满足国家财政的不同需要,又扩大了投资者的选择余地,适应了不同机构、不同收入水平和不同投资偏好的购买者的需求,并使国民应债能力得到充分的释放。这对于减少巨额国债发行的压力,挖掘国债的经济功能是非常有意义的。

(三)调整国债的持有者结构,发掘各经济主体对国债的需求

国债的持有者包括中央银行、商业银行、机构投资者、企事业单位、居民个人和国外持有者等。首先,商业银行要更大规模地直接进入国债市场。近些年商业银行持有国债的份额有了一定的提高,但与有效实施公开市场操作、转换中央银行宏观调控方式的要求相比,银行持有的国债份额依然偏低。商业银行进入国债市场,持有一定份额的国债,不仅有助于扩大国债发行规模,降低国债发行成本,也有利于调节其资产结构,降低商业银行的信用风险。更为重要的是,中央银行和商业银行持有足够份额的国债是形成规模化的公开市场业务的基础,是财政政策和货币政策协调配合的前提。其次,着力培育机构投资者。机构投资者作为规避风险以追求利润最大化为经营目标的组织机构,它的培育、成长和成熟,将带来国债投资技术的不断提高与投资战略的多元化,并由此促使国债市场发生量的拓展和质的飞跃。再次,要允许国外投资者持有一定比例的国债。这既是充分利用国际资源的要求,也可以拓展国债的发展空间。

第三节 国债管理

一、国债的发行

国债的发行指国债售出或被个人和企业认购的过程。它是国债运行的起点和基础环节,其核心是确定国债售出即发行的方式。国债的发行主要有五种方式:固定收益出售方式、公募拍卖方式、连续经销方式、直接推销方式和综合方式。

(一) 固定收益出售方式

这是一种在金融市场上按预先确定的发行条件发行国债的方式。其特点是认购期限较短,发行条件固定,发行机构不限,主要适用于可转让的中长期债券的发行。在金融市场利率稳定的条件下,采用这种方式是比较有利的。政府既可据此预测市场容量,确定国债的收益条件和发行数量,也可灵活选择有利的推销时间。在金融市场利率易变或不稳定的条件下,采用这种方式就会遇到一定困难,主要是政府不易把握金融市场行情并据此确定国债的收益条件及发行数量,即使勉强确定,也会因金融市场行情在国债推销时发生变动而与市场需求不相适应,难以保证预定国债发行任务的完成。

(二) 公募拍卖方式

公募拍卖方式,亦称竞价投标方式。这是一种在金融市场上通过公开招标发行国债的方式。其主要特点是:发行条件通过投标决定,拍卖过程由财政部门或中央银行负责组织,即以它们为发行机构。主要适用于中短期政府债券,特别是国库券的发行。具体的拍卖方法是多种多样的,包括价格拍卖、收益拍卖等。因此,在采用这种发行方式的同时,常常要附加某些限制性条件。其中主要是规定最低标价(出售价格)和最高标价(国债利率),低于最低标价或高于最高标价的投标,发行机构不予接受。

(三) 连续经销方式

连续经销方式亦称出卖发行法。发行机构(包括经纪人)受托在金融市场上设专门柜台经销,这是一种较为灵活的发行方式。其特点是经销期限不定,发行条件也不定,即不预先规定债券的出售价格,而由财政部或其代销机构根据推销市场中的行情相机确定,且可随时进行调整,主要通过中央银行和金融机构以及证券经纪人经销。这种方式主要适用于不可转让债券,特别是对居民家庭发行的储蓄债券。其主要优点是可灵活确定国债的发行条件及发行时间,从而确保国债发行任务的完成。

(四)直接推销方式

直接推销方式,亦称承受发行法。它是一种由财政部门直接与认购者举行一对一谈判出售国债的发行方式。主要特点是发行机构只限于政府财政部门,而不通过任何中介或代理机构;认购者主要限于机构投资者,其中主要是商业银行、储蓄银行、保险公司、各种养老基金和政府信托基金等;发行条件通过直接谈判确定。这种方式主要适用于某些特殊类型的政府债券的推销。如比利时和瑞士的专门用于吸收商业银行资金的特殊可转让债券,以及有些国家对特定金融机构发行的专用债券等,就是通过这种方式发行的。此种方式的优点是可以充分挖掘各方面的社会资金。

(五)综合方式

这是一种综合上述各种方式的特点而加以结合使用的国债发行方式。在某些国家的国债发行过程中,有时可不单纯使用上述的任何一种方式,而是将这些方式的其中一些特点综合起来,取其所长,结合运用。英国是一个最典型的例子。在英国,国债的发行往往采取先拍卖后连续经销的方式。最初将国债以公募拍卖方式出售,由于拍卖期限较短,且附有最低标价规定,难以避免投标数量不足。拍卖余额由英格兰银行(中央银行)负责购入,其后再以连续经销方式继续出售,直到完成预定的发行任务。英国的这种发行方式就是综合了公募拍卖和连续经销两种方式的特点,取各自之长,弥补各自的不足,具有相当的灵活性。

二、国债的发行价格与国债利息率

(一)国债发行价格

国债的发行价格是指政府债券的出售价格或购买价格。政府债券的发行价格不一定就是票面值,可以低于票面值发行,少数情况下也可以高于票面值发行,所以就有一个发行的行市问题。按照国债发行价格与其票面值的关系,可以分为平价发行、折价发行和溢价发行三种发行价格。

(1)平价发行就是政府债券按票面值出售。认购者按国债票面值支付购金,政府按票面值取得收入,到期亦按票面值还本。此种发行方式有两个前提条件:一是市场利率要与国债发行利率大体一致,二是政府的信用必须良好。

（2）折价发行就是政府债券以低于票面值的价格出售，即认购者按低于票面值的价格支付购金，政府按这一折价取得收入，到期仍按票面值还本。其原因是多种多样的：压低行市比提高国债的利息率，更能掩盖财政拮据的实际情况，不致引起市场利息率随之上升而影响经济的正常发展；在发行任务较重的情况下，为了鼓励投资者踊跃认购而用减价的方式给予额外利益，是更重要的原因。

（3）溢价发行就是政府债券以超过票面值的价格出售，即认购者按高于票面值的价格支付购金，政府按这一增价取得收入，到期则按票面值还本。政府债券能按高于票面值的价格出售，只有在国债利息率高于市场利息率，以致认购者有利可图的情况下才能办到。

（二）国债利率

国债利率，就是政府因举债所应支付的利息额与借入本金额之间的比率。国债利率的高低，与国债的发行和偿还密切相关。通常国债利率高低以保证国债顺利发行为基准，主要是参照金融市场利率、政府信用状况和社会资金供给量三种因素来确定的。

（1）国债利率应参照金融市场的利率来决定。金融市场利率高，国债利率必须相应提高；金融市场利率低，国债利率可相应降低。否则，如国债利率与金融市场利率相差甚远，便会因国债利率低于金融市场利率致使国债找不到认购者，或因国债利率高于金融市场利率致使财政蒙受不必要损失。

（2）国债利率也应按照政府信用的状况来决定。政府信用良好，国债利率可相应较低，政府信用不佳，国债利率只能较高。否则，不是会加重政府债息负担，就是会阻滞国债的顺利发行。

（3）国债利率还应根据社会资金供给量的大小来决定。社会资金供给量充足，国债利率可相应下调；社会资金供给量匮乏，国债利率便需相应上调。否则，有可能使国库承受不必要的利息支出，或是使国债的发行不畅。

我国发行国债的历史较短，对国债利率的选择还处于探索阶段，国债的利率水平和结构也不尽合理。国债利率主要是依据国家制定的银行利率水平、其他证券的利率水平和物价水平，再考虑国家财政的需要，进行综合测定。我国 20 世纪 80 年代初的国债利率一直偏低，不仅低于其他证券利率，甚至低于同期的银行储蓄利率。在社会资金严重短缺并存在通货膨胀的情况下，低利率必然造成国债发行的困难，也势必导致推销上的行政摊派和强制认购，从而影响国债的声誉。1989 年以来，向个人发行的国库券提高了利率，甚至高出同期储蓄利率，但这又会增加发行成本，使政府债务负担加重。我国的利率结构也不够合理，不仅不同期限国债的利率的差距不大，而且也缺乏弹性，与世界大多数国家国债利率多级化、弹性化的先进做法差距较大。近年来,我国逐步建立和完善资金市场、证券市场和国债市场,在此基础上确定国债利率水平并运用国债利率调节社会经济运行。

在当前的情况下,一是要保持利率水平略高于同期银行储蓄利率,略低于其他证券利率,并坚持推行国债的自由认购;二是对不同期限、不同用途的国债规定差别较大的结构性利率,长期国债利率高于中期国债利率,中期国债利率高于短期国债利率,经济建设债券利率高于国库券和其他财政债券利率。

三、付息与偿还

(一) 付息方式

除已通过折价发行预扣利息的国债外,其他国债发行之后,在其存在的期间内必须付息。由于国债在发行时已经规定了利息率,每年应付的利息支出是固定的。政府在国债付息方面的主要任务,便是对付息方式,包括付息次数、时间及方法等做出相应的安排。

国债的付息方式大体上可分为两类:一是按期分次支付法,即将债券应付利息,在债券存在期限内分作几次(如每一年或半年)支付。一般附有息票,债券持有者可按期剪下息票兑付息款。二是到期一次支付法,即将支付债券应付利息同偿还本金结合起来,在债券到期时一次支付,而不是分作几次支付。前一种方式往往适用于期限较长或在持有期限内不准兑现的债券。这是因为,在较长的期限内,如能定期支付一定数额的利息,不仅可激发持券人认购国债的积极性,也可避免政府债息费用的集中支付,使债息负担均匀化、分散化。后一种方式则多适用于期限较短或超过一定期限后随时可以兑现的债券。这是因为,在较短的期限内,债息的分次支付成为不必要,如在债券到期时,将息款连同本金一次支付,则可大大简化政府的国债付息工作,对债券持有者来说,也是可以接受的。

(二) 偿还方式

国债到期之后,就要依发行时的规定,按期如数还本。国债偿还中的一个重要任务,就是慎重地选择好偿还方式。国债本金的偿还数额虽然是固定的,但政府在偿还方式上却有很大的选择余地。

一般来讲,可选择使用的国债偿还方式主要有以下几种:

(1) 分期逐步偿还法,即对一种债券规定几个还本期,每期偿还一定比例,直至债券到期时,本金全部偿清。这种偿还方式可以分散国债还本对国库的压力,但工作量和复杂程度会因此加大,偿还成本高。

(2) 抽签轮次偿还法,即在国债偿还期内,通过定期按债券号码抽签对号以确定偿还一定比例债券,直至偿还期结束,全部债券皆中签偿清时为止。这种偿还方式,对中签的债券来说,是一次还本付息。这种偿还方式的利弊之处与分期逐步偿还法大致类似。

(3) 到期一次偿还法,即实行在债券到期日按票面额一次全部偿清,也就是何时债券到期,何时一次偿还。这是一种传统的偿还方式,其优点是政府国债还本管理工作简单、易行,且不必为国债的还本而频繁地筹措资金。缺点则是集中一次偿还国债本金,有可能造成政府支出的急剧上升,给国库带来较大压力。

(4) 市场购销偿还法,即在债券期限内,通过定期或不定期地从证券市场上赎回(或称买回)一定比例债券,赎回后不再卖出,期满时,该种债券已全部或绝大部分被政府所持有。这种方式的长处是给投资者提供了中途兑现的可能性,其短处是工作量大,而且要有完善的国债市场相配合。

(5) 以新替旧偿还法,即通过发行新债券来兑换到期的旧债券,以达到偿还国债之目的,从而使到期债务后延,增加了政府筹措还债基金的灵活性。其问题在于,如果经常使用这种偿还方式,实际上等于无限期推迟偿还,很可能损坏政府信誉。

(三) 偿还的资金来源

不论采取什么偿还方式,国债的还本总是会形成对国库的压力。同时,还本是否能如约进行,既影响到期债券的行市,也影响其他一切债券的行市,对债券持有者和政府都是利害攸关的。这就要求国债的偿还必须有较为稳定且充足的资金来源。

政府用于偿还国债的资金来源都有哪些呢?

(1) 设立偿债资金,就是由政府预算设置专项基金用以偿还国债,即每年从财政收入中拨一笔专款设立基金,专做偿付国债之用,而不得用作其他用途。其有利之处在于:设有偿债基金的国债,较为投资者所欢迎,因而其发行的价格能高于条件相同或类似的同值证券。其弊端在于:偿债基金常不免被挪用而形同虚设,也正因为如此,建立偿债基金的办法,虽然在一些西方国家中试行过,但最后大都以失败而告终。

(2) 通过预算列支,就是将每年的国债偿还数额作为财政支出的一个项目(如"债务还本")而列入当年支出预算,由正常的财政收入(主要指税收)保证国债的偿还。但实践上常常在正常的财政收入紧张时被挤掉而使"偿债支出"有名无实,进而形成"预算列支,举债筹资"的局面。

(3) 举借新债,即政府通过发行新债券,为到期债务筹措偿还资金,也就是以借新债的收入作为还旧债的资金来源。这既有实践上的必然性,也有理论上的合理性。从各国的财政实践来看,当今之世,各国政府国债的累积额十分庞大,每年的到期债务已远非正常的财政收入所能担负,偿还到期债务的资金来源不能不依赖于不断地举借新债。从理论上看,国债可以被看做储蓄的延长形式。在正常情况下,任何储蓄,从个别讲,有存有取,但从总体看,则是只存不取。国债同样如此,从单项债务看,它有偿还期,但从债务总体讲,它实际上并不存在偿还期,而是可以用借新债还旧债的办法,无限长时间地延续下去。或许正因为如此,通过发行新国债的办法为到期债务筹措还本资金,成为各国政府偿还国债的基本手段。

本章主要名词

国债　可转让国债　国债的功能　偿债率　债务依存度　国债的结构

复习思考题

1. 国债的特性是什么？它与税收有何区别？
2. 国债的债务规模指标有哪些？我国的指标达到什么水平？有何特点？
3. 国债的发行有几种方式？发行价格又有哪几种？
4. 我国的国债利率应如何确定？
5. 国债的偿还有几种方式？偿还的资金来源有哪些？

第五章 财政支出

内容提要与学习要求

本章分别介绍了财政支出的类型和原则；财政支出的规模及影响因素；购买性支出和转移性支出；政府采购制度等内容。通过本章学习，应掌握财政支出的分类、购买性支出和转移性支出的关系；理解财政支出应遵循的原则，优化财政支出结构的措施、财政支出规模增长趋势及其成因；认识政府采购是提高财政支出效益的有效途径；了解政府投资支出的特点及重点。

第一节 财政支出概述

一、财政支出的含义

财政支出又称政府支出或公共支出，是指政府为了实现其职能，将通过财政收入集中起来的资金，按照一定的方式和渠道，有计划地进行分配的过程。简言之，它是政府活动中所发生的全部成本，实质上是政府对经济资源进行分配和使用的行为和过程。它是财政分配活动的第二阶段，它既反映政府的政策选择，也规定了政府活动的规模、范围和方向。公共财政支出的内容主要包括以下几方面：

(1) 提供公共秩序产品，主要包括行政司法和国防外交等内容。行政司法维护国内政治秩序，国防外交维护对外关系稳定。这一支出内容体现的是政府传统政治职能。

(2) 提供公共基础设施，主要包括交通、能源、水利、环保等内容。其中有些是同时具有私人产品与公共产品性质的混合产品，但有一些外部性比较突出的可以归于纯公共产品。这一支出内容体现的是政府经济职能。

(3) 提供社会公共服务，主要包括教育、医疗、文化、气象等社会事业。这一支出内容体现的是政府社会公共服务职能。

(4)提供社会保障,主要包括社会保险、社会救济等内容。这一支出内容体现的是政府社会保障职能。

二、财政支出的原则

财政支出种类繁多,涉及面广。在安排财政支出的过程中会遇到各种矛盾,比如收支总量上的矛盾、各项支出之间的矛盾、支出与使用效益之间的矛盾等。要正确处理这些矛盾就要坚持一定的原则:

(一)量入为出原则

所谓量入为出,是指在财政收入总额既定的前提下,按照财政收入的规模确定财政支出的规模,支出不能超过收入,即"量入为出,留有后备"。量入为出原则既是我国历史上长期为众多理财家所推崇和提倡的财政支出原则,也是新中国成立后我国长期坚持的财政原则。在坚持量入为出原则时,应注意以下几点:

1. 根据收入的多少,安排支出多少

应使财政支出总量不超过财政收入总量,安排预算时,做到财政收支平衡,略有节余,不搞赤字预算,不留缺口。要根据财力的可能,对要办的事情,区分轻重缓急,有计划地进行,不能超过客观上资金供应的可能,去办力所不能的事情。

2. 根据收入增长的多少,安排支出增长多少

随着我国市场经济的发展和财政收入的增长,为财政支出的增长提供了可能。但是,支出的增长必须受收入增长的制约,把支出增长的总量控制在收入增长的总量范围内。如果支出的增长总量超过了收入的增长总量,势必影响财政平衡,不利于经济的稳定和发展。

(二)优化支出结构原则

所谓优化支出结构原则,是指根据国民经济和社会发展的比例结构,相应地安排财政支出结构,使之实现结构的最佳配合,以促进经济和社会的协调发展。实现财政支出结构的优化,要处理好以下关系:

1. 正确处理积累性支出与消费性支出之间的比例关系

积累与消费的比例关系是国民收入分配中最基本的比例关系。从根本目的看,二者是统一的,但从实际运用看,二者是对立的,积累过多,必然要影响消费。积累与消费的比例关系,集中反映了社会主义生产目的与手段、人民的长远利益与眼前利益的关系。在处理二者之间的关系时既要防止消费挤积累,影响经济的发展;又要避免积累过多,影响人民生活的改善,挫伤人民群众的积极性,最终还要影响生产。

2. 正确处理生产性支出与非生产性支出之间的比例关系

生产性支出与非生产性支出都是国家实现其职能，发展经济建设与文化事业以及改善人民生活所必需的。在处理两者关系时首先保证生产性支出的需要，只有工农业生产发展了，其他非生产性事业的发展与人民生活水平的提高才有可靠的物质基础。但是，非生产性事业，特别是科学、教育事业的发展是生产发展的前提条件，没有这些事业的发展，生产的发展也是不可能的。

（三）讲究财政支出效益原则

经济效益是经济活动的核心问题，这是经济学的基本常识。讲究财政支出效益原则包括两个方面的内容：一方面是在财政支出规模既定的条件下，通过优化支出结构，促进国民经济稳定协调发展，取得较好经济效益；另一方面是指就每项具体财政支出来说，要用尽可能少的支出，取得最佳效益，做到"少花钱，多办事，办好事"。提高财政支出的效益需要注意以下几点：

1. 改革财政支出旧模式，建立支出新格局

首先要建立规范的财政支出控管体系，坚持以收定支，量入为出；其次是实行零基预算，调整财政结构，保证重点支出；三要实行政府采购，按照市场经济的要求，对行政事业单位用财政资金购买的大宗商品，如汽车、电脑、复印机等，实行公开招标，竞价签约；四是建立各级财政供给人员标准，严格控制人头经费支出。

2. 引入财政效益审计

财政效益审计是指审计机关通过一定方式对政府组织经济活动中资源配置的经济性、效率性和效果性的监督活动。从 2003 年开始，我国在开展财政预算执行审计的基础上，探索了行政成本审计，并取得了初步效果。

3. 完善财政资金跟踪考核和使用情况反馈管理制度，进一步强化财政资金的使用管理

对教育、科技、支农、社保和交通建设方面的大项支出，要定期检查，了解使用情况，不断完善管理措施，使有限的资金能够确保重点项目的需要。同时要成立政府采购机构，组建政府采购数据库和专家库，从大宗商品入手，逐步扩大政府采购范围，达到节支的目的。

三、财政支出的分类

财政支出的内容很多，依据不同的标准，财政支出可作不同的分类。

（一）按照财政支出经济影响分类

按财政支出是否具有补偿性，可以将财政支出分为购买性支出和转移性支出。

购买性支出是指政府在市场上购买所需商品和劳务所形成的支出,包括行政管理支出、国防支出、文教科卫支出、各类经济建设支出等,体现了政府的市场性再分配活动,在西方国家,它是被计入国民生产总值和国民收入之内的;转移性支出是指政府按照一定方式把一部分财政资金无偿地转移给受益人,这是单方面的、无偿的资金支付,政府不能从中获得相应的商品和劳务,主要包括社会保障支出、各种财政补贴支出、捐赠支出和债务利息支出等,体现了政府的非市场性再分配活动。两者之间的关系见表5-1。

表5-1 购买性支出和转移性支出的比较

项目	购买性支出	转移性支出
支出用途	购买商品和劳务	不获取相应的商品和劳务
支出性质	有偿性、双方性	无偿性、单方面
支出形式	行政管理费支出、国防费支出、科教文卫费支出、投资性支出等	社会保障费支出、财政补贴支出、捐赠支出、债务利息支出等
支出原则	遵循等价交换	不遵循等价交换
支出对生产就业的影响	直接影响,作用大	间接影响,作用小
支出对收入分配的影响	间接影响,作用小	直接影响,作用大
支出对政府约束的影响	强	弱
侧重财政的职能	资源配置	收入分配
在财政支出中的比重	发展中国家大	发达国家大

这种分类方法对于分析财政支出的经济效应具有重要的意义。一般而言,如果购买性支出的比重在上升,而转移性支出的比重在下降,则说明财政的资源配置作用和经济稳定作用有所增强,收入分配的作用相对减弱;相反,如果购买性支出的比重在下降,而转移性支出的比重在上升,则说明财政的收入分配的作用有所增强,资源配置作用和经济稳定作用相对减弱。

(二)按照费用类别分类

按费用类别,即按照国家职能对财政支出进行分类,财政支出一般分为经济建设支出、社会文教支出、国防支出、行政管理支出、社会保障支出和其他支出。

(1)经济建设支出主要包括基本建设投资、企业挖潜改造资金、地质勘探费、科技三项费用、简易建筑费、支援农业支出、城市维护费、物资储备支出等。

(2)社会文教支出是政府用于文化、教育、科学、卫生、出版、通信、广播、文物、体育、地震、海洋、计划生育等公共事业部门的支出。

（3）国防支出包括各种武器和军事设备支出、军事人员给养支出、有关军事的科研支出、对外军事援助支出、民兵建设事业费支出等。

（4）行政管理支出包括用于立法、司法、行政、外交乃至党派等方面的支出。

（5）社会保障支出包括政府用于社会保险、抚恤和社会福利救济等方面的支出。

（6）其他支出。

这种分类方法便于了解政府活动的范围、方向和程度，但不能概括全部支出，也不能适应各种宏观分析管理的需要。

（三）按支出功能分类

按支出功能分类主要反映政府活动的不同功能和政策目标。我国政府支出功能分类设置一般公共服务、外交、国防等大类，类下设款、项两级。修订后的《2009年政府收支分类科目》支出功能分类类级科目包括：一般公共服务支出、外交支出、国防支出、公共安全支出、教育支出、科学技术支出、文化体育与传媒支出、社会保障和就业支出、社会保险基金支出、医疗卫生支出、环境保护支出、城乡社区事务支出、农林水事务支出、交通运输支出、采掘电力信息等事务支出、粮油物资储备管理等事务支出、金融监管等事务支出、地震灾后恢复重建支出、国债还本付息支出、其他支出和转移性支出等21类。

按照支出功能分类主要有以下优点：一是能够清晰反映政府各项职能活动支出的总量、结构和方向，便于根据建立公共财政体制的要求和宏观调控的需要，有效地进行总量控制和结构调整。二是支出功能分类与支出结构分类相配合，可以形成一个相对稳定，既反映政府职能活动又反映支出性质，既有总括反映又有明细反映的支出分类框架，从而为全方位的政府支出分析创造了有利条件。三是便于国际比较。支出按功能分类符合国际通行的做法，这种分类方法将各部门和单位相同职能的支出归于同一功能下，不受国家政府组织机构差别的影响，从而有利于进行国际比较。

（四）按支出经济分类

在支出功能分类明确反映政府职能活动的基础上，支出经济分类明确反映政府的钱究竟是怎么花出去的，比如是支付了人员工资、会议费还是购买了办公设备等。我国政府修订后的《2009年政府收支分类科目》支出经济分类类级科目包括：工资福利支出、商品和服务支出、对个人和家庭的补助、对企事业单位的补贴、转移性支出、赠与支出、债务利息支出、债务还本支出、基本建设支出、其他资本性支出、贷款转贷及产权参股和其他支出等12类。

这种分类主要有以下优点：一是体系完整，可以从一个侧面较为全面地反映政府活动范围；二是科目充分细化，可以充分满足细化预算和强化经济分析的要求；三是可以明细反映包括基本建设在内的所有政府支出情况，能够清晰反映政府各项职能活动支出的总量、结构和方向，便于根据建立公共财政体制的要求和宏观调控的需要，有效进行总量控制和结构调整。

2007年1月1日正式实施政府收支分类改革后，我国现行支出分类采用了国际通行做法，即同时使用支出功能分类和支出经济分类两种方法对财政支出进行分类。

四、财政支出的规模和影响因素

（一）衡量财政支出规模的指标

财政支出规模是衡量一个国家（或地区）一定时期政府财政活动规模的一个重要指标。衡量财政活动规模的指标有两个：绝对量指标和相对量指标。前者是以财政支出的货币总量来反映财政支出的规模大小，它可以比较直观地反映一定时期内财政活动的规模和政府提供公共服务的能力，但是它不能充分反映政府在整个社会经济中的地位，由于以本国货币为单位，也不便于进行国际比较；另外，要反映实际的财政支出规模总量，还必须剔除通货膨胀因素的影响。由于绝对量指标局限大，在分析财政支出规模时，用得最多的还是相对量指标。相对量指标通常是以财政支出占国民生产总值（或国内生产总值或国民收入）的比重来表示。在实行国民经济平衡表体系的国家，采用财政支出占国民收入比重的指标；在实行国民经济核算体系的国家，则采用财政支出占国民生产总值或国内生产总值比重的指标。我国目前实行的是国民经济核算体系。

（二）财政支出规模的发展趋势

从长期来看，无论是绝对量还是相对量，各国的财政支出规模均显现出不断增长的趋势。不过，财政支出的增长并不是以同一速率上升的，表现为短期波动的特征。

在自由资本主义阶段，财政支出规模很少，增长速度也较慢。当时的资产阶级提倡个人自由，国家采取放任政策，国家职能基本上限于维护统治和社会公共秩序，在经济、文化、社会等方面少有所为。进入垄断资本主义阶段，随着国家干预经济程度的加深和凯恩斯主义的形成，财政支出规模与日俱增。虽然有时政府由于财政困难而谋求支出节减也曾收到一定的效果，但总体上不能遏制财政支出规模增长的历史趋势(见表 5-2)。

如表 5-2 显示,1930~1990 年,美国财政支出的相对规模在不断提高,由 1930 年的 9.9%提高到 1990 的 33.4%,这意味着 1930 年全部社会资源由政府支配的比率不足 10%,而到了 1990 年,政府配置资源的比重已经超过 1/3,其间美国政府配置资源的比重增加了两倍多。同时,其他发达国家的支出比重也明显提高。如英国财政支出的比重由 1900 年的 14.4%提高到 1990 年的 39%,在 91 年里增加了近 1.7 倍。

表 5-2　部分发达国家财政支出占 GDP 的比重

年份	美国	加拿大	瑞典	英国
1900	—	9.5%	—	14.4%
1910	—	11.4%	—	12.7%
1920	—	16.1%	—	26.2%
1930	9.9%	18.9%	15.9%	26.1%
1940	18.4%	23.1%	19.2%	30.0%
1950	21.3%	22.1%	19.9%	39.0%
1960	31.3%	29.7%	17.7%	31.9%
1970	34.1%	31.2%	21.3%	33.2%
1980	34.9%	37.8%	29.3%	41.8%
1990	33.4%	44.7%	32.6%	39%

资料来源:哈维·S·罗森.财政学[M].4 版.北京:中国人民大学出版社,2000:127.

从实行市场经济的发展中国家来看,财政支出也有不断膨胀的趋势,1979~1988 年,发展中国家财政支出占 GDP 的比重平均增长了 27.5%,其中巴西增长 69.1%,菲律宾增长 33.6%。

新中国成立以后,我国财政支出的绝对规模基本上呈迅猛增长之势,1950~1980 年,我国财政支出绝对量从 172.07 亿元增加到 1228.83 亿元;进入 21 世纪后,我国财政支出总额和增长速度表现得更为明显(见图 5-1)。

与此同时,我国财政支出占 GDP 的比重呈现出明显的波动性。改革开放前及改革开放初期,我国财政支出占 GDP 的比重较高(见表 5-3)。这与当时实行的计划经济体制存在着密切的联系。一方面,我国实行的"低工资,高就业"的政策,在 GDP 的初次分配中,个人所占的份额很小,同时,大量的个人生活必需品由国家低价甚至无偿提供;另一方面,国家实行统收统支的经济政策,国有企业的利润乃至基本折旧基金也几乎全部上缴国家财政,相应的,固定资产和流动资金,甚至更新改造资金都由国家无偿拨付。在这样的经济背景下,财政支出占 GDP 比重过高就成为必然。改革开放后,国家实行了放权让利的政策,提高人民收入水平,在 GDP 的分配中,个人和企业所占份额随之提高,自然出现了财政支出占 GDP 的比重逐步下降的趋势。但从 1995 年以来,由于上述导致财政支出比重下降的政策性因素的逐渐减少,财政支出占 GDP 的比重在逐步提高。

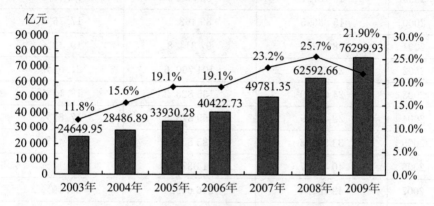

图 5-1　2003~2009 年我国财政支出规模及增长率

资料来源:国家财政部。

表 5-3　我国财政支出占国内生产总值(GDP)的比重

年份	财政支出总额(亿元)	国内生产总值(GDP) (亿元)	财政支出占 GDP 的 比重
1978	1 122.1	3 624.1	30.96%
1980	1 228.8	4 517.8	27.20%
1985	2 004.3	8 964.4	22.36%
1989	2 823.8	16 909.2	16.70%
1990	3 083.6	18 547.9	16.63%
1991	3 386.6	21 617.8	15.67%
1992	3 742.2	26 638.1	14.05%
1993	4 642.3	34 634.4	13.40%
1994	5 792.6	46 759.4	12.39%
1995	6 823.7	58 478.1	11.67%
1996	7 937.6	67 884.6	11.69%

续表

年份	财政支出总额(亿元)	国内生产总值(GDP)(亿元)	财政支出占GDP的比重
1997	9 233.6	74 462.6	12.40%
1998	10 798.2	78 345.2	13.78%
1999	13 187.7	82 067.5	16.07%
2000	15 886.5	89 468.1	17.76%
2001	18 902.9	97 314.8	19.42%
2002	22 053.2	104 790.6	21.05%
2003	24 649.9	135 823.2	18.15%
2004	28 486.9	159 878.5	17.82%
2005	33 930.3	183 868.4	18.45%
2006	40 422.7	21 0871.3	19.17%
2007	49 781.4	246 619.4	20.19%
2008	62 592.7	314 045.0	19.93%
2009	76 299.9	360 728.0	21.15%
2010	89 575.0	397 883.0	22.51%
2011	108 930.0	471 564.0	23.09%

资料来源：根据《中国统计年鉴(2011)》数据整理而成，其中2011年数据根据《2011年国民经济和社会发展统计公报》。

（三）影响财政支出规模的因素

1. 经济发展水平和经济体制

经济规模决定财政支出规模，经济发展、生产力水平提高，财政支出的规模也相应增大；同时，一国的经济体制对财政支出规模也有很大影响，一般来说，实行高度集中的经济管理体制，其财政支出规模较大，实行市场经济的国家，其财政支出规模也较大。从我国的实践，便可以得出这样的结论。我国在实行计划经济体制时，财政支出规模较大，在改革开放之初，随着放权让利政策的实施，其相对规模在不断减少，尤其在我国确定了以建立社会主义市场经济体制后，我国政府比较注重提高财政支出的规模，在近几年财政支出的相对规模的增大，也说明了这个问题。

2. 人口的变化

一方面，随着人口数量的绝对增长，即使维持原来的消费水平，政府财政支出的绝对量也必须相应增长；另一方面随着人口结构的变化，人口素质的提高，对政府转移支付的需求不断增加，同时社会公众对社会公共需要的需求也日益上升，为满足人口的增长和人口结构变化对社会公共产品的需要，政府的财政支出必须增加。例如新中国成立初期实行鼓励生育的政策，十年的"文化大革命"又使生育政策处于无政府状态，由此带来的问题就是在现阶段必须支付大量的教育费用和住宅建设费用才能缓解在教育和住宅方面的供求矛盾。我国目前实行一对夫妇只生一胎的计划生育政策，可以预计在40年或50年后，财政支出的一个主要问题将是对老年人的保障问题。

3. 政治性因素

政治性因素对财政支出规模的影响主要体现在三个方面：一是政局是否稳定；二是政体结构的行政效率；三是机构设置是否科学。当一国社会出现动荡或发生战争时，财政支出规模增大；相反，一个稳定的社会，其支出规模相对减小；当一国的行政机构臃肿、人浮于事、效率低下，其经费开支必然会增大。

4. 城市化的发展对基础设施和公共服务提出更高的需求

随着社会经济的发展，都市化程度日益提高，对城市市政建设和基础设施建设的需求越来越大，相应的，政府基础设施的建设支出也越来越大。

第二节 购买性支出

购买性支出作为政府公共支出的一个重要组成部分，近年来一直保持着稳定的增长，在保证国家安全、行使政府职能方面，发挥着举足轻重的作用。

一、购买性支出的含义及特点

（一）购买性支出的含义

政府购买性支出是指政府在商品劳务市场上购买商品和劳务的支出，包括购买进行日常政务活动所需的政府各部门或用于进行国家投资所需要商品和劳务支出。前者包括政府各部门的事业费，如国防费、行政管理费、文教科卫支出等，属于社会公共消费性支出；后者包括政府各部门的投资拨款，如农业、基础设施、基础产业、支柱产业、住宅建设等，属于政府投资性支出。政府购买性支出分为公共消费性支出和政府投资性支出两大类，两者的区别在于支出项目发生后是否形成固定资产。

社会公共消费性支出和政府投资性支出在政府购买性支出中的比重，与政府职能范围密切相关。一般来说,发达国家政府的职能侧重于提供公共产品和公共服务,有些公共产品和公共服务利用从私人部门购买的方式进行,因此,政府投资支出的比重相对较小。而发展中国家处于经济起飞阶段,且各项公共设施基础较差,因此,政府投资支出的比重一般较高。

(二)购买性支出的特点

1. 遵循等价交换的原则

在购买性支出活动中,政府作为市场商品和劳务的购买者,在付出资金的同时,必须得到等价的经济补偿,它体现的是政府的市场性分配活动,与其他经济主体的身份并没有什么区别。

2. 其目的是为了满足社会公共需要

特别是对于那些所谓"纯公共产品"(如国防、外交行政管理等)和公共服务的提供来说,这种特点体现得更加充分。

3. 确保政府基本职能、保证社会政治经济正常运转

例如国家行政、社会治安及环境治理等支出,就是保证国家机器正常运转必不可少的,缺少这类支出将使社会的政治经济生活陷入混乱状态。

二、购买性支出的构成

一般情况下,政府的购买性支出可以分为公共消费性支出和政府投资性支出两大类。

(一)公共消费性支出

1. 公共消费性支出的特点

公共消费性支出是政府用于社会公共消费方面的支出。公共消费属于社会成员的集体消费,具有明显的不可分割性,其消费方式适合公共提供。因此,公共消费是财政存在的主要依据之一,具有以下特点:首先它属于公共性支出。公共消费性支出满足的是社会共同需要,属于公共产品或公共服务的范畴,具有显著的公共性特征。因此,财政拨款应是公共消费性支出的主要资金来源。其次属于最基本的财政支出。公共消费性支出主要用于解决政府部门及其所属机构的日常开支,是政府提供行政管理、国家安全、文教科卫等基本服务的物质基础。因此在安排财政支出时应予以优先考虑。

2. 公共消费性支出的主要内容

(1)行政管理支出

行政管理支出是财政用于国家各级权力机关、行政管理机关行使其职能所需要的费用支出,它属于非生产性支出,主要用于社会性消费。虽然这种支出不创造任何物质财富,但它是保证国家行使其职能的物质条件。行政管理支出主要包括权力机构支出、行政支出、公安支出、司法检察支出、公共安全支出、国家安全支出和外交支出。行政管理支出按用途划分,可以分为人员经费与办公经费两大类。人员经费包括行政管理机构工作人员的基本工资、补助工资、其他工资、职工福利费和社保费;公用经费包括公务费、小型设备购置费和修缮费、业务费等。

(2) 国防支出

国防支出是国家财政用于国防建设和军队方面的费用,包括国防费、国防科研事业费、民兵建设费、专项工程和其他支出等。国防是典型的纯公共需要,提供国防安全是政府的一项基本职能。因此,国防支出是主权国家捍卫其领土完整和主权独立不可缺少的开支。

(3) 文教科卫支出

文教科卫支出是我国财政用于文化、教育、科学、卫生等事业支出的统称。主要包括文化事业支出、教育事业在支出、科学技术支出、卫生事业支出、其他支出如体育、计划生育、地震、海洋、通讯、广播电视等事业支出。文教科卫支出由经费支出(事业费)和投资支出两部分构成,其中事业费支出属于公共消费性支出。

3. 公共消费性支出的管理

随着经济体制的转轨和政府职能的转换,我国财政的公共性特征日益突出,这一点在公共消费支出上体现得尤为明显。因此,公共消费支出已成为影响财政收支状况的一个极其重要的因素。国家在保证行政事业单位对经费合理需要的同时,应该加强管理,提高财政支出使用效益,更好地满足社会公共消费。

(1) 逐步规范公共消费支出的范围

按照公共需要理论,公共消费支出范围包括纯公共需要和准公共需要两个方面。纯公共需要容易界定,相应的公共消费支出范围也容易规范,主要应包括行政管理、国防、义务教育、基础研究、卫生保健等项目的经费开支。它是我国公共消费支出保证的重点。实践中难以界定的是准公共需要的具体项目,它缺乏一个客观、可操作性的评价体系。我国公共消费支出的"缺位"和"越位"的问题也主要发生在这一领域。就目前而言,我国可以先把那些明显有条件进入市场的经营性事业单位,如行政事业单位所属的应用研究机构、出版社、培训中心、杂志社等,以及一些具有民间性质的协会、研究会、学会等,逐步推向社会,由市场去配置资源,不再由国家财政解决其经费开支。

(2) 推行定员定额管理

定员定额是确定行政事业单位人员编制和财务收支限额的合称。定员又称定编,是指国家编制主管部门根据行政事业单位的性质、职能、业务范围和工作任务所下达的人员配置标准。定额又称收支定额,是指财政部门对行政事业单位机构在一定时期内有关人力、物力、财力的补偿、消耗或利用方面所规定的各种经济限额,包括收入定额和支出定额。定员定额管理是行政事业单位财务管理的基础,也是财政安排和控制行政事业单位经费的重要依据。长期以来,我国预算定额的测算缺乏科学量化的支出标准的支持,使得定额标准缺乏合理性和可操作性,同时也没有形成覆盖公共消费支出的完整的定额体系,各单位自己组织收入所安排的支出也没有包括在支出定额内。因此,财政在安排行政事业单位经费时一直采取基数法。基数法使一些原有的不合理的支出得以保留,而一些新的合理支出需要则难以得到满足,导致财政支出结构不合理,支出对象之间的利益不均衡。这种状况降低了公共消费性支出的使用效益。因此,我国需要制定科学合理的定员定额标准,在此基础上推行零基预算,通过科学的定员定额标准来重新确定行政事业单位的经费分配。

(3) 改进财务管理办法

针对行政事业单位的业务性质,我国采取了不同的财务管理办法。对行政预算单位实行收支统一管理,定额定项拨款,超支不补,结余留用的预算管理办法。行政单位的各项收入和支出必须全部纳入单位预算统一管理,统筹安排使用,预算外收入和其他收入应当首先用于弥补经常性支出不足和必要的专项支出。行政单位年度预算执行中,财政部门核定的财政预算拨款收入和从财政专户核拨的预算外资金收入原则上不予调整。行政单位结余不提取基金,全额转入下年使用。这种管理办法有利于保证行政单位所必需的经费开支,也有利于将行政单位置于人民代表大会和审计机关的全面监督之下,提高行政效率,防止以权谋私。

三、政府投资性支出

(一) 政府投资性支出的特点

投资性支出即政府投资,是指国家财政用于增加固定资产和物资储备等项目的支出。我国投资性支出包括生产性投资支出和非生产性投资支出。生产性投资支出包括生产性基本建设支出、增拨流动资金、挖潜改造资金和科技三项费用以及支援农村生产支出。基本建设支出又分为生产性支出和非生产性支出两部分,生产性支出主要用于基础产业投资,非生产性支出主要用于党政机关、社会团体、文教、科学、卫生等部门的办公用房和住宅建设。

在任何社会,社会总投资都可以分为政府部门投资和非政府部门投资两大部分。一般而言,与非政府投资相比,政府投资具有不同特点:首先,政府居于宏观调控主体的地位,可以从社会效益和社会成本角度来评价和安排投资,以提高国民经济的整体效益为投资目的;非政府部门则居于微观被调控的客体地位,作为独立的产品生产经营,从微观效益和微观成本角度来评价和安排投资,以赢利为投资目的。其次,政府财力雄厚,而且资金来源多半是无偿的,可以投资大型项目和长期项目;非政府部门的资金分散且规模相对较小,社会筹资既有限又要偿还,无力承担规模较大或时间较长的投资项目,只能从事周转快,见效快的短期性投资项目。最后,政府从社会出发可以从事社会效益好而经济效益一般的投资;非政府部门从行业出发,除非政府法律干预和社会公众压力,投资一般只顾及经济效益。

(二) 政府投资的重点

1. 公用事业

公用事业是指城市中为公众提供日常公共服务的经营性事业的总称,包括电力、煤气、暖气、自来水、排水、城市交通(公共汽车、地铁、轮渡和出租车等)、邮电通信、电话、环境保护等。公用事业属于公共需要,具有以下特点:服务的公共性和为生产服务与生活服务的两重性;经济效益、社会效益和环境效益的综合性;经营上的自然垄断性。公用事业的公共性与自然垄断性决定了公用事业不能完全由市场来满足,因此公用事业是政府投资的重点之一。在适度引进市场机制的条件下,政府应确保公用事业的资金需要。由于公用事业具有较强的地域性,其资金需要应主要由地方政府满足;对于落后区域,中央政府应给予适当补助。

2. 基础产业

基础产业是指承载国民经济运行的基础设施和基础工业方面。基础设施主要包括交通运输、机场、港口、桥梁、机场、水利和城市供排水、供气、供电等设施;基础工业主要包括能源工业和基础原材料工业。基础产业大都属于资本密集型产业,具有投资量大、建设周期长、回收期长但收益稳定的特点。因此,基础产业是我国现阶段政府投资的重点之一。目前在财力有限的情况下,政府投资应集中力量解决制约社会经济发展的"瓶颈"部分:大型公共设施、全国骨干交通运输网络、港口、机场、桥梁、城市基础设施、农业基础设施、环保设施等基础设施,以及电力、石油、天然气、煤炭、钢材等大型新建项目、原有能源和原材料基地的技改项目等基础工业。

3. 战略性新兴产业

战略性新兴产业是以重大技术突破和重大发展需求为基础,对经济社会全局和长远发展具有重大引领带动作用,知识技术密集、物质资源消耗少、成长潜力大、综合效益好的产业,主要由新一代信息、生物、新材料、新能源、新能源汽车、高端装备制造业和节能环保等七大产业构成。我国是一个发展中国家,资本市场尚不完善,政府更应该将战略性新兴产业作为一个投资重点,在财力上给予适当支持。

4. 政策性金融机构

财政投融资是商业性投融资的对称,是指以国家信用为基础、以配合执行国家特定社会经济政策为目的、严格按照国家规定的业务范围和经营对象而运作的一种特殊的金融活动。1994年我国相继建立国家开发银行、中国农业发展银行和国家进出口银行三家政策性金融机构负责执行财政投融资业务。

第三节 转移性支出

一、转移性支出的特点

转移性支出是指财政支出中直接表现为资金无偿的、单方面转移的支出,包括政府部门用于社会保障、财政补贴等方面的支出。与政府购买性支出相比,转移性支出具有以下特点:

1. 非购买性

政府的这类支出,不表现为对商品和劳务的直接购买,而是表现为为了实现社会公平与效率而采取的资金转移措施。

2. 无偿性

转移性支出是无偿的、单方面的转移,没有得到等价补偿,受益者也不必予以归还。

3. 间接性

转移性支出作为收入再分配的一个重要手段,对社会总供求、社会总储蓄以及经济总量和结构产生不同程度的影响,但是这种影响往往是间接性的,而且存在着一定的时滞。例如,企业及居民对某些财政补贴中有多少转化为现实需求、有多少转化为后续的消费和投资需求,从而将对当期和以后的社会需求总量和结构产生多大的影响,就很难直接反映和计算出来。

二、转移性支出的主要内容

转移性支出主要包括社会保障支出、补助支出、捐赠支出和债务利息支出等,其中社会保障支出和财政补贴支出是其中两项影响力最大的支出。

(一)社会保障支出

1. 社会保障制度的含义和内容

(1) 社会保障制度的含义

"社会保障"一词最早出自美国 1935 年颁布的社会保障法,后被国际劳工组织接受,一直沿用至今。国际劳工组织 1942 年出版的文献中给"社会保障"下的定义是:"通过一定的组织,对这个组织的成员所面临的某种风险提供保障,为公民提供保障金预防或治疗疾病,失业时资助并帮助其重新找到工作。"我国在第七个五年计划中开始使用"社会保障"一词。社会保障制度是指政府或社会向退休、失业、丧失劳动能力者和低收入者,以及遇到其他变故而出现经济困难的社会成员提供金钱或物质资助,以保证其最低生活需要的基本制度。

(2) 社会保障制度的基本内容

①社会保险。社会保险是现代社会保障的核心内容,是一国居民的基本保障,即保障劳动者在失去劳动能力、失去工资收入之后仍然能够享有基本的生活保障。社会保险的项目在不同国家有所不同,在我国社会保险的主要项目有养老保险、失业保险(待业保险)、医疗保险、疾病保险、生育保险、工伤保险、伤残保险。实施社会保险的主要目的,一是为了防止个人在现在与将来的安排上因选择不当而造成贫困,如退休养老问题;二是防范某些不可预见的风险,如事故、疾病等;三是减少由于市场经济的不确定性而产生的风险和困难,如失业等。

②社会救助。社会救济是对贫困者和遭受不可抗拒的"自然"风险(如自然灾害、丧失劳动能力而又无人抚养、战争等)的不幸者所提供的无偿的物质援助,主要包括贫困救济、灾害救济和特殊救济等。社会救济一般以保障救助对象的最低生活为标准。

③社会福利。社会福利是指国家和社会通过各种福利事业、福利设施、福利服务为社会成员提供基本生活保障,并使其基本生活状况不断得到改善的社会政策和制度的总称。它是社会保障的高级阶段。

④社会优抚。社会优抚是指国家按规定对法定的优抚对象,如现役军人及其家属、退休和退伍军人、烈属等,为保证其一定的生活水平而提供的资助和服务。

2. 我国社会保障体系

从 1985 年开始,我国着手变革单一的国家保障模式,并于 20 世纪 90 年代中后期取得了突破性进展,初步形成了与社会主义市场经济体制相适应的社会保障体系。目前,我国已建立起以企业职工基本养老保险、城镇职工基本医疗保险、城镇居民基本医疗保险、失业保险、工伤保险和生育保险等社会保险制度,以及城市居民最低生活保障、城市医疗救助等社会救助为主要内容的城镇社会保障体系基本框架,以新型农村合作医疗、农村最低生活保障、农村医疗救助、农村五保供养等制度为主要内容的农村社会保障体系也取得了长足进展,城乡社会保障事业发展逐步趋于协调。我国社会保障体系如图 5-2 所示。

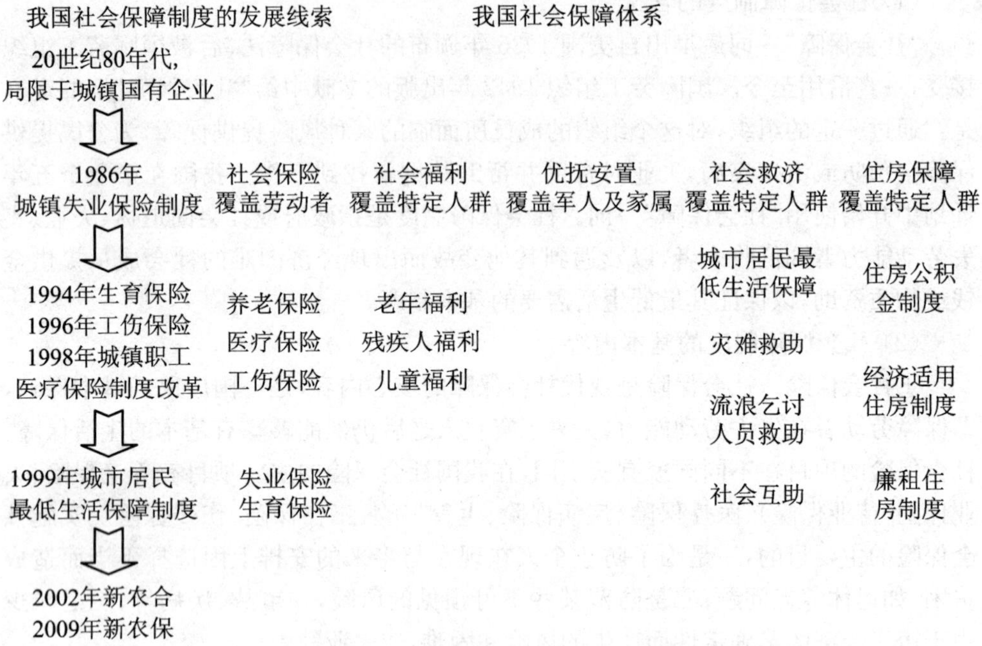

我国社会保障制度的发展线索　　　　我国社会保障体系

20世纪80年代,
局限于城镇国有企业
⇩
1986年　　　　社会保险　　　社会福利　　　优抚安置　　　社会救济　　　住房保障
城镇失业保险制度　覆盖劳动者　　覆盖特定人群　覆盖军人及家属　覆盖特定人群　覆盖特定人群
⇩
　　　　　　　　　　　　　　　　　　　　　　　　　　　　城市居民最　　住房公积
　　　　　　　　　　　　　　　　　　　　　　　　　　　　低生活保障　　金制度
1994年生育保险　　养老保险　　　老年福利
1996年工伤保险　　医疗保险　　　残疾人福利　　　　　　　　灾难救助
1998年城镇职工　　　　　　　　　　　　　　　　　　　　　　　　　　　经济适用
医疗保险制度改革　　工伤保险　　儿童福利　　　　　　　　　　　　　　住房制度
　　　　　　　　　　　　　　　　　　　　　　　　　　　　流浪乞讨
　　　　　　　　　　　　　　　　　　　　　　　　　　　　人员救助
⇩
1999年城市居民　　失业保险　　　　　　　　　　　　　　　　　　　　　廉租住
最低生活保障制度　　生育保险　　　　　　　　　　　　　　社会互助　　房制度
⇩
2002年新农合
2009年新农保

图 5-2　我国社会保障制度的发展线索和社会保障体系构成

3. 我国社会保障体系存在的问题及改革

随着经济体制改革的推进,我国社会保障制度的改革取得了实质性的进展,突出表现在失业保障制度和养老保险制度方面的改革,但距离与社会主义市场经济体制相适应的社会保障体系而言,还有很大的差距。目前我国的社会保障制度还存在不少问题:社会保险覆盖率低,社会化发放率低,企业发展不均衡;多头办保险,多部门管理,社会保险法规不统一;社会保险基金收缴困难,拖欠保费现象十分严重;社会保险基金入不敷出,加重了财政负担;难以实施有效管理,制度缺陷很多。

为了建立起与我国社会主义市场经济相适应的完整的社会保障体系,需要借鉴西方国家社会保障制度建立的经验,结合我国市场经济发展的实际情况和需要,彻底解决现行社会保障制度中存在的问题,最终形成一个独立于企事业单位之外,资金来源多样化、保障制度规范化、管理服务社会化的社会保障体系。为此,必须采取以下措施:首先,立法部门应尽快制定和颁布社会保障法规,将全体国民强制纳入社会保险提供法律保障；其次，扩大社会保障覆盖范围，逐步建立覆盖城乡所有劳动者的社会保障体系；第三，为保证社会保险资金的顺利取得，使社会保险费的支付有可靠的资金来源，应统一开征社会保险税，该税的纳税人是劳动者及其劳动者所在的单位；第四，针对国民保障需求的多元化，建立多样化的社会保障模式；最后，为保证社会保险基金的保值和增值，避免出现不必要的财政负担，在法制健全、金融市场比较完善的前提下，应允许社会保险基金逐步进入金融市场进行运作，当然同时有关部门必须加强对社会保险基金运作的监管。

（二）财政补贴支出

1. 财政补贴的特点

财政补贴是政府为了实现特定政策目标，在一定时期内对某些特殊的产业、部门、地区、企业或事项给予的补助和津贴。财政补贴具有以下特点：

（1）政策性

财政补贴由财政部门全面负责管理，所有的财政补贴事项都必须经财政部门同意和批准，补贴的对象、数量和补贴实施的期限由财政部门制订，因此，从补贴提供的主体看，补贴事项的出台具有政策的严肃性；另外，从补贴的依据看，财政补贴依据于一定时期的方针和政策，是为了国家方针政策的实施。

（2）灵活性

财政补贴的对象具有针对性，补贴的支付具有直接性，它是国家可以掌握的一个灵活的经济杠杆。可以根据国家的政治经济形势的变化和国家政策的需要，适时地修正、调整和更新财政补贴的规模和结构。与其他财政杠杆相比，其作用来得更直接、更迅速。

（3）时效性

国家的方针、政策会随着政治、经济形势的变化而不断地进行修正、调整和更新，故以国家的方针、政策为依据而出台的补贴项目也必将随之进行修正、调整和更新。当某项政策作用实施完结时，为此服务的财政补贴项目也将因完成其历史任务而随之终止。

（4）无偿性

财政补贴体现政府对企业和个人经济活动的干预，从本质上来说，它属于转移性支出，企事业单位或居民个人无论以何种形式得到补贴都可以自行支配使用，无需偿还。

2. 财政补贴的分类

按照不同的依据，可以对财政补贴进行不同的分类：①按财政补贴的环节分类，可分为生产环节补贴、流通环节补贴、分配环节补贴和消费环节补贴；②按受益者取得补贴的形式分类,可以分为明补和暗补;③按接受补贴的主体分类,可以分为对企业补贴和对个人补贴;④按政策目标分类,可以分为价格补贴、企业亏损补贴、房租补贴和税收补贴。

3. 我国当前财政补贴存在的问题与改革

(1) 我国财政补贴存在的问题

财政补贴作为一种政府宏观经济调控的手段,对促进经济发展,保证经济改革和社会稳定,支持基础产业、农业等发展起到了积极作用,但是随着经济体制改革的不断深化,现行补贴存在着诸多问题:

首先财政补贴数额庞大,范围广泛,项目繁多,使国家财政不堪重负。

1978年我国财政补贴的数额只有11.14亿元,以后逐年快速增长,虽然近几年虽有所下降,但仍然维持在一个较高水平上。在"补贴万能论"的影响下,财政补贴已经渗透到衣、食、住、行、用等生产和生活的各个方面。巨额的财政补贴已经成为国家财政的一个沉重的包袱,使财政不堪重负。

其次过度使用财政补贴不利于企业改善经营管理,转换经营机制。

从企业亏损补贴看,理论上讲只有对国家政策和计划安排的亏损部分才能进行补贴,但在现代企业制度尚未完全建立起来的基础上,企业亏损是政策性的还是经营性的,很难分得清楚。这就无法对企业形成预算约束硬化,无法迫使企业去改善经营管理,转换经营机制。

最后过度使用财政补贴不利于经济体制改革的深化。

财政补贴是直接对国家价格政策的扶持,本质上是与市场机制相对立;同时,政府对亏损企业的补贴,又加强了政府对企业的干预,使企业更加依赖于政府。政府对社会经济生活过大过多的直接行政干预,显然与改革的市场取向背道而驰的,当然不利于经济体制改革的深化。

(2) 我国财政补贴的改革

首先是要严格控制财政补贴的范围。市场是资源配置的基本调节机制,财政补贴不能妨碍市场机制的作用。只有当市场配置资源对宏观经济运行产生不利影响时,才需要通过财政补贴这一经济杠杆来发挥作用。同时财政补贴的数额应控制在国家财政承受能力范围内。

其次是要适时调整财政补贴的方式,即由暗补变为明补,这也涉及补贴环节的调整。例如,对农副产品生产的补贴,暗补是提高收购价格,给予流通环节补贴;明补则是在购销价格放开的基础上,在分配环节给予居民补贴。补贴方式的调整增加了市场机制对补贴商品供求的平衡功能。

最后财政补贴要与其他经济杠杆结合运用。鉴于政府的财力限制和财政补贴的局限性,并非对所有补贴对象都要采取单一的财政补贴方式,可以区别不同情况,与金融、税收、投资等部门通过一定程度的倾斜,将对企业或居民的直接财政补贴转为间接的财政补贴。如对企业的亏损补贴,国家可以与银行配合,采用税收、信贷优惠方式向属于政策性亏损的企业倾斜,减轻其负担,以利于其提高经济效益。

第四节 政府采购制度

政府采购制度最早形成于18世纪末和19世纪初的自由资本主义国家。1782年,英国政府首先设立文具公用局,作为负责政府部门所需办公用品采购的机构,该局以后发展为物资供应部,专门采购政府各部门所需物资。美国联邦政府的采购历史可以追溯到1792年。政府采购制度在各国的经济管理中有着十分重要的地位,目前,发达国家的政府采购占GDP的比率较高,一般为10%～20%,如美国为20%,欧盟为15%～20%,日本为10%。东南亚国家大体在5%左右。

一、政府采购的含义

政府采购,也称公共采购,是指各级政府及其所属机构为了开展日常政务活动或为公众提供公共服务的需要,在财政的监督下,以法定的方式、方法和程序,对货物、工程或服务的购买。政府采购不仅是指具体的采购过程,而且是采购政策、采购程序、采购过程及采购管理的总称,是一种对公共采购管理制度,是国家财政的重要组成部分。我国近两年在全国一半以上的城市试点实行政府采购制度,试点的明显效果就是节约了大量的财政资金,有的政府采购项目最高节约50%以上,一般节约也在10%以上。

二、政府采购的特点

1. 政府采购资金来源是公共资金

其最终来源为纳税人缴纳的税收和政府公共服务收费。政府采购的权力来源于纳税人的授权,因此政府采购行为应该接受社会公众的监督,应该具有透明性和公开性。

2. 政府采购为非商业性采购

采购意图一般是围绕政府政策制定的。政府采购并非以营利为目的,不是为卖而买,而是为政府部门提供必要的消费品或贯彻特定的社会经济政策,是向社会提供公共利益,扶持弱势群体,实现分配正义和实质公平的有力宏观调控手段,具有较强的福利性、政策性和公共性。

3. 政府采购主体是依靠国家财政资金运作的单位

其资金运作需纳入国家预算约束的范围之内；又因政府采购范围广，规模大，所涉的资金数量多，因而需要按照法定的方式方法运作，以防出现腐败侵害广大纳税人的权利。

4. 采购过程较充分体现公平、公正、公开的原则

采购方式和程序必须法定化。这是贯彻财政法定主义的必然要求，也是实现财政民主主义的应有之意。

三、政府采购的范围、方式和程序

1. 政府采购的范围

政府采购的范围较广，内容庞杂。一般按政府采购对象的性质将其内容分为三大类，即货物、工程和劳务。货物包括原料产品、设备和器具；工程包括建造房屋、兴修水利、改造环境、交通设施和铺设地下水管等；服务包括专业服务、技术服务、资讯服务、营运服务、维修、培训、会务等。

2. 政府采购的方式

政府采购采取的方式一般是公开竞争性招标方式，即邀请所有潜在的供应商参加投标，采购部门通过事先确定并公布的标准，从所有投标者中评出中标供应商，并与之签订采购合同。

3. 政府采购的程序

政府采购的程序一般包括三个阶段，即确定采购要求、签订采购合同和执行采购合同。

四、我国的政府采购制度

（一）我国实施政府采购制度的意义

政府采购制度作为政府财政制度的重要组成部分，在西方国家已有二百多年的历史。我国的《政府采购法》于 2002 年 6 月 29 日由全国人大常委会审议通过，自 2003 年 1 月 1 日正式生效，标志着我国的政府采购正式驶入法制化轨道。我国目前正处在社会主义市场经济逐步建立的转轨时期，建立和完善政府采购制度具有十分重要的现实意义。

1. 建立政府采购制度是市场经济体制的内在要求

政府是国内最大的单一消费者，政府采购的数量、品种和频率，对整个国民经济的发展有着直接的影响，建立政府采购制度，使政府行为规范化、法制化，既能较好地发挥政府职能作用，又能弥补市场机制本身的缺陷。

2. 建立政府采购制度是提高财政资金使用效率的需要

政府采购大多以招标的方式进行,增加了采购的透明度,通常可以在保证质量的前提下,以最低价格成交,在一定程度上节约了财政资金,提高了财政资金的使用效率。

3. 建立政府采购制度是防止腐败产生的制度性措施

建立政府采购制度,增加了政府采购行为的透明度,杜绝了分散采购、自由采购中的不法行为,如以权谋私、吃回扣、请客送礼等,在保证采购质量、堵住财政资金流失渠道的同时,又能够从制度上杜绝腐败行为的产生。

(二)目前我国政府采购制度存在的问题

由于我国政府采购工作起步较晚,虽然这一工作现在已在我国各地蓬勃展开,但从我国各地开展的情况看,问题却不少,主要表现在:数额较大的国家财政支出无法形成规模经济,资金使用效益不够高;现行行政会计制度和财务管理体制与政府采购的直接支付方式相矛盾,使节约资金在预算上体现不出来;政府采购管理的制约机制还不健全,如招标过程的监督、招标机构的监督、评委的监督、评标、定标的原则等仍有不完善的地方,整个采购过程缺乏有效的仲裁和监督,信息披露不规范,不公平交易、腐败现象依然存在;政府采购工作人员的素质影响到政府采购制度的经济目标和效益目标的实现。政府采购是一项全新的工作,政策性强、涉及面广、业务复杂多样,对政府采购人员的专业知识和技能要求较高。

(三)完善我国政府采购制度的措施

要建立一个成熟的制度,不可能一蹴而就,政府采购制度在我国的建立和完善,必然是一个渐进的过程。西方发达国家政府采购制度经过二百多年的探索与实践已建立了较完善的体系,我们可以借鉴其中的合理因素;同时,完善政府采购制度一定要坚持从中国实际出发,从各地的实际出发,建立符合中国国情的政府采购制度。

1. 明确政府采购制度的目标和原则

借鉴国际上政府采购规范中的目标和原则,将经济有效的使用国家资金、提高资金使用效益作为政府采购制度的首要目标,同时坚持公开、公平、公正和充分竞争的原则,促进采购机构和采购队伍的廉洁,防止欺诈、歧视,树立公众对政府采购的信任。

2. 完善立法,建立有效的异议、申诉和救济机制,健全政府采购管理模式

从国际立法来看,建立健全完备有效的质疑、申诉和救济机制,是政府采购制度的重要内容,也是政府采购制度有效运行和实现政府采购目标的重要保证。政府采购制度较为成熟的国家和地区,都设立了专门受理供货商申诉、调解纠纷的机构,规定了申诉的期限、条件、方式、程序以及对申诉处理的期限、效力等,而我国法律制度这方面还存在欠缺,应当完善政府采购法律法规中质疑、申诉机制和救济机制,允许政府采购合同的双方当事人通过磋商、仲裁、司法或行政等手段,对不正当的采购行为提出质疑和申诉,保证采购实体、供货商或承包商或服务提供者的正当权益。

3. 改进现行的行政、事业单位的财务管理体系和具体操作方式

我国现行的财务管理体制是层层分散指标,预算拨款层层下拨,单位用款结余也留在本单位。而政府采购直接支付制则只层层下达指标,货款由财政拨付给供货商。也就是说,实行政府统一采购的前提条件之一,是实行国库单一账户,即实行账、款分离制。这样,实行政府采购制度后,财政部门可以不再简单按预算拨付经费,而按批准的预算和采购合同的履约情况直接向供货商拨付货款。由于这部分支出采取直接付款形式,财政能对政府部门和公共部门的商品和服务的采购行为实行有效的监督,保证财政对预算资金的流量和流向的控制,使预算资金使用效益提高,最大限度地避免商品采购中存在的不公平交易和腐败现象。

本章主要名词

财政支出　购买性支出　转移性支出　社会保障　财政补贴　政府采购

复习思考题

1. 简述财政支出的原则。
2. 比较购买性支出和转移性支出。
3. 财政支出规模的膨胀是否是必然的?分析影响财政支出规模膨胀的主要因素。
4. 如何加强公共消费性支出的管理?
5. 社会保障制度的内容有哪些?
6. 阐述我国社会保障体系的构成。
7. 我国的财政补贴有哪些特点?存在哪些问题?
8. 结合实际,谈谈应该如何完善我国政府采购制度。

第六章 政府预算

内容提要与学习要求

本章介绍了政府预算的含义、组成、形式、性质等基础知识,阐述了预算的编制、执行、调整、决算、监督、审计整个预算管理过程。通过学习要求能够根据我国《预算法》,系统地掌握我国现行政府预算管理的每个重要环节及其相关内容,并关注我国政府预算改革的发展动态。

第一节 政府预算概述

一、政府预算的产生

政府预算起源于封建社会和资本主义社会交替时期的英国,是比税收、国债产生都要晚的一个财政范畴。1640年英国资产阶级革命后,新兴资产阶级经过斗争,最终通过议会控制了国家全部财政收支,并编制了财政收支计划,实现了王室财政与国家财政的彻底分开。随着商品经济的迅速发展,在财政分配货币化的条件下,全部财政收支就得以统一反映在财政收支平衡表中,从而完整反映出国家的财政收支活动,也有利于议会的审查批准。在17世纪英国编制了世界上第一个国家预算。到19世纪初,英国有了正式的预算制度,其他国家在进入20世纪后也相继都建立了国家预算制度,国家预算已成为财政体系中重要的组成部分。

我国从新中国成立起就开始编制国家预算。在20世纪90年代中期以前,我国财政学研究中,基本上使用的是"国家预算"这一概念。国家预算成为政府集中和分配资金,调节社会经济生活的主要财政机制。为了强化预算的分配和监督职能,健全国家对预算的管理,加强国家宏观调控,保障经济和社会健康发展,1994年3月22日第八届全国人民代表大会第二次会议通过了《中华人民共和国预算法》,同日中华人民共和国主席令第21号公布,自1995年1月1日起正式施行,这标志着为适应社会主义市场经济我国全新的预算制度开始建立并付诸实施。在1994年分税制实施之后,由于各级地方政府拥有相对独立的预算职权,同时也是我国经济逐渐从计划经济走向市场经济,从传统财政模式走向公共财政的客观要求。因此,由过去称谓"国家预算"改称为"政府预算"。1998年财政部在每年修订一次的预算收支科目表中,也将原来的"国家预算"改称为"政府预算"。

二、政府预算的含义

政府预算是经过法定程序编制和批准的政府年度基本财政收支计划,它是以收支平衡表的形式表现的,具有法律地位的文件,是政府进行财政分配、宏观调控和保障社会、经济健康发展的重要手段。

(一)政府预算的性质

1. 政府预算的财政性质

政府预算是一国的财政计划,是该国政府活动以货币数量计算的详细计划和记录,它完备地反映了政府的行政和经济计划的执行情况。政府预算是国家社会发展和国民经济长期规划的一部分,预算分配应考虑到社会经济的总体需要,统筹兼顾、协调配合。

2. 政府预算的法律性质

预算成立的必要条件是预算必须经过国家权力立法机关通过。由政府行政机关编制而未经立法程序审批的预算只能算为预算草案,而不是法定预算。

3. 政府预算的政治性质

政府预算制度是控制政府行为的有力手段,形成对政府强有力的制衡机制。

4. 政府预算的行政性质

预算的编制及执行过程,其本身就是政府的行政过程。

(二)政府预算的原则

政府预算的原则也就是制定政府财政收支计划的方针。时至今日,不同的经济阶段、不同的国家、不同的政策形成的预算原则也不同,对预算实践产生的影响也不同。现代预算原则中较具代表性的是美国联邦政府预算局局长史密斯在1945年提出的八点预算原则,即史密斯预算原则,其内容包括:反映行政计划原则;加强行政责任原则;以政府预算报告为依据原则;适度权力原则;预算程序多样化原则;适当加强行政主动性原则;执行中的弹性原则;机构协调原则。

对预算原则的归纳总结,以下六个方面已成为普遍接受的一般性预算原则,即预算必须具有完整性、统一性、公开性、可靠性、年度性、分类性。

(三) 政府预算的职能

政府预算具有实施财政政策的职能。政府预算具有政治平衡、法律约束、行政管理的职能。政府预算具有经济调控、财务监督的职能。

三、预算的组织形式

预算的组织形式是指预算编制的方法、结构和格式等表现预算内容的载体。随着社会经济发展水平的提高,近代科学管理方法的进步以及政府职能的扩展,财政活动的内容也日趋复杂化,从而使预算的组织形式也复杂多变。

(一) 按照预算编制的形式分为单式预算和复式预算

单式预算将政府预算年度内的全部财政收、支汇编到一个总预算之内,形成一个收支项目安排对照表,但各项财政收、支的经济性质不加以区分。单式预算的优点在于简单明了,便于了解政府财政的全貌。缺点在于没有把财政收支按经济性质分别编列和分别汇集平衡,从而不便于政府进行经济分析和实施有效的宏观调控,也不利于对政府的行政、社会经济活动进行效益分析。

复式预算是将一个预算年度内全部的财政收、支按经济性质汇编入两个或两个以上的收支对照表,编成两个或两个以上的预算。复式预算典型的组织形式是把政府预算分成经常预算和资本预算两部分。另一种形式是多重预算,即由一个主预算和若干个子预算组成。复式预算的优势在于可以比较准确地反映财政收支平衡状况,便于政府更加科学合理地使用资金,有利于国家对经济活动进行深入分析和控制调节。其缺点在于:①由于把国家信用收入作为资本预算的正常收入项目,这就可能使政府将资本预算作为处理财政赤字的方法。②经常预算支出的资金来源主要是税收收入,而税收在预算收入中占很大比重,这就容易掩盖支出浪费的现象。③技术操作上有一定难度,如预算科目划分的标准很难统一。

(二) 按预算的编制方法分为基数预算和零基预算

基数预算以上年度预算执行数为基础,再根据本年度国家经济发展状况来确定本预算年度内的财政收支计划指标。基数预算总体趋势是上升的,所以有时又称这种预算为增量预算。

零基预算在确定预算年度财政收支计划指标时是以"零"为基础,不考虑以前年度预算执行情况,从根本上重新评估预算年度各项收支的必要性、紧迫性及所需金额的一种预算形式。零基预算使政府可以根据需要确定优先安排的项目,有利于提高支出效益和社会资源的配置,减轻国家为满足支出的增加而增税或增债的压力。但零基预算增加了预算编制工作量,甚至有可能矫枉过正。

(三)按预算分级管理的要求分为中央预算和地方预算

中央预算是中央政府预算,由中央各部门(含直属单位)的预算及地方向中央的上解收入,中央对地方的返还或补助数额预算组成。地方预算是由地方各级政府预算组成,包括本级各部门(含直属单位)的预算及下级政府向上级政府上解的收入、上级对下级政府的返还或给予补助数额的预算。

(四)按财政收支管理范围和编制程序分为总预算和分预算

总预算是指政府财政汇总预算。各级总预算由本级政府预算和所属下级政府的总预算汇编而成。分预算是指部门、单位或项目的收支预算。分预算是总预算的基础。

(五)按预算作用的时间长短分为年度预算和中长期预算

年度预算是指预算有效期为1年的财政收支预算。这里的年度指预算年度或称为财政年度,通常为1年,起讫日期有两类,即历年制和跨年制。历年制起于公历1月1日,止于公历12月31日。跨年制起、止日期不尽相同,如英国、日本、加拿大等国从每年的4月1日起至次年的3月31日止;美国、泰国等从每年10月1日起至次年9月30日止。对于期限较长的中长期预算,一般把在1年以上、10年以下的财政预算称为中期预算,在10年以上的财政预算称为长期预算。

(六)按预算收支的平衡状况分为平衡预算和差额预算

预算收支之间的对比存在三种关系,即收支相等、收大于支、收小于支。这三种情况在编制政府预算计划时均有可能出现,分别称为平衡预算、盈余预算和赤字预算,但在预算执行和决算中,只有结余或赤字两种情况出现,因而实际工作中略有盈余或略有赤字的预算也被视为平衡预算。差额预算是指收支差额较大,并且这种差额被作为编制政府预算的一种政策加以执行的预算形式。

四、我国预算形式的改革与完善

新中国成立以来,我国长期采用的是单式预算,随着经济体制改革的深入发展,1991年3月七届四次全国人大通过的《国民经济和社会发展十年规划和第八个五年计划纲要》中明确规定,"八五"期间我国预算实行复式预算制度,并于1992年在中央和省(市)级开始按复式预算编制,其模式是将各项预算收支按其不同的来源和资金的性质划分为经常性预算和建设性预算。把以管理者身份取得的一般收入和用于维护政府活动的经常费用、保障国家安全稳定、发展科教卫生等各项事业以及用于人民生活方面的支出,列为经常性预算;把以资产所有者身份取得的收入,以及特定用于建设方面的某些收入和直接用于国家建设方面的支出,列为建设性预算。1994年,又做了进一步完善;1995年颁布的《中华人民共和国预算法实施条例》中明确规定:各项政府预算按照复式预算编制,分为政府公共预算、国有资产经营预算、社会保障预算和其他预算。我国的国有资本经营预算于2007年开始试行,从2008年开始实施中央本级国有资本经营预算,各地区国有资本经营预算和我国社会保障预算编制制度也逐步试点和推行。目前,我国有财政收支预算、中央财政国债余额情况、政府性基金收支预算、中央国有资本经营预算收支情况等12张表格,完整地反映出我国财政收支的总体情况。

第二节　政府预算的编制和审批

一、政府预算的组成

　　政府预算的组成即指政府预算的分级管理问题。一般有一级政府就应有一级预算,以使各级政府在履行各自职能时,有相应的财权财力作保证。目前世界上大多数国家都实行多级预算。

　　我国政府预算的组成与我国政权结构和行政区域划分密切相关。实行一级政府一级预算的原则,设立中央、省(自治区,省辖市)、设区的市(自治州)、县(自治县、不设区的市、市辖区)、乡(民族乡、镇)五级预算。中央以下的各级政府预算统称为地方预算。

　　中央预算由中央各部门(含直属单位)的预算组成,包括地方向中央上解的收入数额和中央对地方返还或者给予补助的数额。

　　地方预算由各省、自治区、直辖市总预算组成。地方各级总预算由本级政府预算和汇总的下一级总预算组成;没有下级预算的,总预算即指本级预算。地方各级政府预算由本级各部门(含直属单位)的预算组成,包括下级政府向上级政府上解的收入数额和上级政府对下级政府返还或者给予补助的数额。各部门预算由本部门所属各单位预算组成。

二、政府预算编制的原则

　　政府预算编制是预算计划管理的起点,也是预算计划管理的关键环节。为此,我国《预算法》规定预算编制过程应坚持以下原则:

（一）预算收支平衡原则

我国各级预算都应尽量做到收支平衡，即指在一个预算年度内预算收入和预算支出在总量上平衡、结构上合理以及分配比例上协调。中央政府公共预算不列赤字，中央预算中必需的建设投资的部分资金，可以通过举借国内和国外债务等方式筹措，但是借债应当有合理的规模和结构。地方各级预算按照量入为出、收支平衡的原则编制，不列赤字。除法律和国务院另有规定外，地方政府不得发行地方政府债券。

（二）预算收入与经济发展相适应原则

预算收入的计划安排应与GDP（地区生产总值）预期增长率相适应，如果预算收入的增长率高于GDP的增长率，那就说明部分预算收入是虚假的，以此安排预算支出，就会形成对国民收入的超分配。如果预算收入的增长率低于GDP增长率，这就意味着形成国家预算收入的一部分资金未收上来，这样就削弱了国家宏观经济调控能力。所以我国《预算法》规定"各级预算收入的编制，应当与国民生产总值的增长率相适应。""按照规定必须列入预算的收入，不得隐瞒、少列，也不得将上年的非正常收入作为编制预算收入的依据。"

（三）预算支出贯彻勤俭建国的原则

我国尚处于社会主义初级阶段，属于发展中国家，所以财政支出的水平应与经济发展水平相适应，不能超前；同时要调整支出结构，对各项预算支出应有轻重缓急、主次先后之分。我国《预算法》明确规定："各项预算支出的编制，应当贯彻厉行节约、勤俭建国的方针。""各级预算支出的编制，应当统筹兼顾，确保重点，在保证政府公共支出合理需要的前提下，妥善安排其他各类预算支出。"

（四）区域经济协调发展的原则

由于我国地域辽阔，自然物质条件和经济发展程度相差很大，因而在预算编制时，要坚持区域经济统筹协调均衡发展的原则。"中央预算和有关地方政府预算中安排必要的资金，用于扶助经济不发达的民族自治地方、革命老根据地、边远、贫困地区发展经济文化建设事业。"

（五）适当留有后备基金的原则

我国《预算法》中，对预算中有关预备费（预备费是指在预算年度初不安排具体用途的预算支出项目，在预算执行过程中用于解决必须增加的支出，以利于保持预算收支平衡)和预算周转金(预算周转金是指在预算资金某个月份或季度调度困难,作为先支后收的临时周转之用)的设置作了较具体的规定:"各级政府预算应当按照本级政府预算支出额 1‰~3‰ 设置预备费,用于当年预算执行的自然灾害救灾开支以及其他难以预见的特殊开支。""各级政府预算应当按照国务院的规定设置预算周转金。""各级政府预算的上年结余,可以在下年用于上年结转项目的支出;有余额的,可以补充预算周转金;再有余额的,可以用于下年必需的预算支出。"

三、政府预算的编制

(一)政府预算编制前的准备工作

政府预算编制是一项复杂、细致且关系重大的工作,在编制正式预算之前,需做好充分的准备。

1. 预算草案编制的依据

预算草案编制的依据主要有:①相关的法律和法规。如《预算法》《税法》《各项行政事业经费收入规定》《企业利润上缴规定》《农业法》《教育法》《科技法》《赔偿法》等。②国民经济和社会发展计划、财政中长期计划以及有关的财政经济政策。③本级政府的预算管理职权和财政管理体制确定的预算收支范围。④上一年度预算执行情况和本年度预算收支变化因素。⑤上级政府对编制年度预算草案的指标和要求。

2. 拟定下年度预算收支指标

在预计和分析全年预算执行情况的基础上,参照历年收支规律,结合计划年度经济、社会发展趋势,运用定性分析和定量测量的方法,预测计划年度财力可能达到的程度,以及财力的需求情况,拟定预算收入的构成、比例和预算支出的分配方案,从而测定下年度预算收支总规模,为编制政府预算打好基础。

3. 颁发编制政府预算的指示和规定

国务院于每年 11 月 1 日前,向中央各部门和各省、自治区、直辖市下达编制下一年度预算草案的指示,提出编制预算草案的原则和要求。财政部在国务院下达指示后,具体部署编制预算的具体规则。

4. 修订预算科目和预算表格

在编制预算之前,要在上年预算收支科目的基础上进行必要的修订。我国预算科目分为一般预算收支科目、基金预算收支科目、债务预算收支科目三大部分,按科目包括范围的大小及管理的需要,分为若干级次,分别称为"类"、"款"、"项"、"目"。预算表格主要有预算收支总表、预算收支明细表、基本数字表等。

5. 预算制度采用复式预算制

中央预算和地方各级政府预算按照复式预算编制。复式预算的编制办法和实施步骤由国务院规定。现行复式预算包括：政府公共预算、社会保障预算、国有资产经营预算和债务预算。

（二）政府预算编制的程序

不同的政体和国体，政府预算编制的程序也不尽相同，但基本步骤可概括为：最高政府机关决定预算编制的方针政策；各级各部门、各单位具体负责编制预算；财政部门的汇总和审核后，形成政府预算草案。

我国政府预算编制程序按"自下而上、自上而下、两上两下、上下结合、逐级汇总"的方式进行。其具体操作是：

（1）国务院于每年第四季度下达编制下一年度预算草案的指示。编制预算草案的具体事项，由国务院财政部门部署。

（2）单位、部门根据指示和部署，自下而上向财政部门提出预算建议数，逐级汇总报送主管预算单位，由主管预算单位报同级财政部门审批，地方政府报上级政府，上级政府逐级汇编下级政府建议数，并具有修订权。

（3）财政部门与有预算分配权的部门审核部门预算建议数后，自上而下按预算级次层层下达预算控制数或预算指标，直至基层政府的基层预算单位。

（4）单位、部门根据预算控制数或预算指标编制本单位、本部门预算，自下而上汇总后报送同级财政部门。财政部门对上报的单位预算审核汇总后形成本级预算草案，并报同级政府。省、自治区、直辖市财政部门汇总的本级总预算草案，应当于次年1月10日前报财政部。

（三）政府预算编制的内容

《预算法》规定：各级政府、各部门、各单位应当按照国务院规定的时间编制预算草案。预算编制包括三个方面内容：

1. 单位预算编制

单位预算是预算编制的基础，是政府预算的基本组成部分。一般是根据国家确定的行政事业单位任务及国民经济和社会发展计划规定的各项指标，按照统一的定员定额开支标准，参照单位的具体情况来确定。单位预算分为行政单位预算和事业单位预算。①行政单位预算的编制：行政单位预算收入包括行政单位的财政拨款、预算外资金收入和其他收入（指非独立核算后勤机构取得的各项收入以及其他服务性收入等）；预算支出包括经常性支出（含预算外支出）、专项支出（含预算外支出）和自筹基本建设支出。②事业单位预算的编制：事业单位预算收入包括财政补助收入、非财政补助收入和基本建设拨款收入；预算支出包括耗费性支出、调拨支出及基建支出。

2. 部门预算的编制

部门预算是部门依据国家有关政策规定及其行使职能的需要，由基层预算单位编制，逐级上报、审核汇总，经财政部门审核后提交立法机关依法批准的涵盖部门各项收支的综合财政计划。编制部门预算要做到"一个部门一本预算"，具体包含四个方面的内容：一是部门预算的编制主体是部门，部门要对编报的部门预算负责；二是部门所有收支，包括部门取得的一般预算拨款收入、预算外资金收入、政府性基金预算收入、其他收入等从不同来源取得的各类收入以及相应安排的基本支出、项目支出等各项支出，都要编入部门预算，体现综合预算的原则；三是部门本级及其所有下属单位，包括各个级次的行政、事业单位的收支都要编入部门预算，单独反映；四是部门本级及其下属单位所有收支要按照有关政策规定，细化到具体的预算项目和相应的政府收支分类科目。

3. 政府总预算的编制

政府总预算包括中央预算和地方预算。政府总预算也是单位预算、部门预算的综合。

中央预算是经法定程序批准的中央政府的财政收支计划。中央预算收入是纳入中央预算，地方不参与分享的收入，包括中央本级收入和地方向中央上解的收入；中央预算支出是由中央财政承担并列入中央预算的支出，包括中央本级支出和中央返还或者补助地方的支出。财政部具体编制中央预算草案，提出中央预算预备费动用方案，具体编制中央预算的调整方案，定期向国务院报告。

地方预算是由各省、自治区、直辖市总预算组成的汇总预算。地方各级财政部门具体编制本级预算草案及调整方案等。省、市、县、乡镇四级政府预算编制的内容一般包括以下6个方面（但乡镇级无⑤⑥两项）：①本级预算收入和支出；②上一年度结余用于本年度安排的支出；③上级返还或者补助收入；④上解上级的支出；⑤返还或者补助下级的支出；⑥下级上解的收入。

四、政府预算的审批

在政府预算草案编制以后继之而起的就是预算的审查批准。世界各国批准政府预算的权力都属于国家立法机构。在西方国家，预算的批准权力属于议会。在我国，预算的批准权力机构是各级人民代表大会。

（一）各级政府财政部门对预算草案的初步审核

各级政府财政部门在编制本级预算草案和汇总本级总预算草案之前，还要对本级各部门预算草案和下级政府预算草案进行初步的审核。不符合预算要求的，由本级政府予以纠正。

（二）各级人民代表大会对预算草案的初步审查

在每年全国人民代表大会召开的一个月前，财政部应将本级中央预算草案的主要内容提交全国人大财政经济委员会进行初步审查。省级、县级财政部门应当在本级人民代表大会举行会议的一个月前，将本级预算草案的主要内容提交本级人大有关的专门委员会或本级人大常务委员会进行初步审查。

（三）各级人民代表大会对预算草案的审查批准

在全国人民代表大会举行会议期间，国务院向大会作关于中央和地方预算草案的报告；地方各级政府在本级人民代表大会举行会议时，向大会作关于本级总预算草案的报告。中央预算由全国人民代表大会审查和批准，被批准后即为当年中央预算。财政部应当自全国人大批准之日起30日内，批复中央各部门预算。中央各部门应当自财政部批复本部门预算之日起15日内，批复所属各单位预算。地方各级政府预算由本级人民代表大会审查和批准，被批准后即为当年本级政府预算。县级以上地方各级政府财政部门应当自本级人大批准本级政府预算之日起30日内，批复本次各部门预算。地方各部门应当自本级财政部门批复部门预算之日起15日内，批复所属各单位预算。

（四）政府预算的备案制度

我国《预算法》规定："乡、民族乡、镇政府应当及时将本级人民代表大会批准的本级预算报上一级政府备案。县级以上地方各级政府应当及时将经本级人民代表大会批准的本级预算及下一级政府报送备案的预算汇总，报上一级政府备案。""县级以上地方政府将下一级政府依照规定报送备案的预算汇总后，报本级人民代表大会常务委员会备案。国务院将省、自治区、直辖市政府依照规定报送备案的预算汇总后，报全国人民代表大会常务委员会备案。"

第三节 政府预算的执行和调整

正确地组织执行法定的政府预算，并在执行中进行必要的调整，是实现政府预算各项任务的现实环节，也是预算管理工作的中心环节。

一、政府预算的执行机构

我国预算执行的组织机构，由国家行政机关和各职能机构组成。国务院全面

负责政府预算的组织执行,地方各级人民政府负责本地区预算的组织执行。在预算执行过程中,由财政部和地方各级财政机关具体组织工作,并监督本级各部门和下级政府的预算执行工作。

相关职能机构有:负责组织预算收入的税务机关、海关;负责预算收入上缴任务的部门和单位;负责组织预算支出执行的机构是使用预算资金的政府、部门和单位;负责国家财政资金出纳机构的中国人民银行及相关商业银行。

二、预算收入的执行

政府预算收入的执行工作由财政、税务、海关等征收部门和国库协调组织执行,预算收入征收部门必须依法及时、定额征收应征的预算收入。不得违法擅自减征、免征或缓征应征的预算收入。不得截留、占用或挪用预算收入。有预算收入上缴任务的部门和单位,必须依法将应当上缴的预算资金及时、足额地上缴国库,不得截留、占用、挪用或拖欠。

(一) 预算收入的缴库

1. 预算收入的缴库办法

①按计划缴库。此法规定每月一次或数次缴库,月底缴足,月终了后10日内按实际结算,少则补,多可抵下月应缴数额。②按实际缴库。采用此法的应在月终后10日内一次缴库。

2. 预算收入的缴库方式

①直接缴库:由缴库单位或个人依法直接将应缴收入缴入国库单一账户或预算外资金财政专户。②集中汇缴:由征收机关依法将所收的应缴收入汇总缴入国库单一账户或预算外资金财政专户。

缴款单位向国库缴纳预算收入时,必须填写缴款书作为缴款凭证。

3. 国库制度

我国的国库,按照国家统一领导、分级管理的财政体制设立,由中国人民银行代理,分为总库、分库、中心支库、支库。国库经收处办理的预算收入属代理性质,应逐日将预算收入划转到县(市)支库后才算正式入库,各级国库依法及时准确地进行预算收入的收纳、划分、留解和预算支出的拨付。各级国库库款的支配权属本级政府财政部门。

(二) 预算收入的划分和报解

预算收入的划分和报解是指国库按照规定将收到的财政收入分清级次,逐级上报和解缴。现行分税制下,预算收入分为中央预算固定收入、地方预算固定收入和中央与地方共享收入。属于中央的预算收入,由收款国库层层报解中央国库;属于上级地方预算收入的,按规定手续划报上级地方国库;属于本级地方预算收入的,则由收款国库按预算收入划分、报解和留成,分别报同级财政部门和上级地方国库,各级国库和有关银行不得延解、占压国库库款。

(三)预算收入的退库

由于技术差错、财务结算及国家批准的政策性亏损等原因确需办理退库的,应先由申请退库的单位提出申请,经财政机关或监缴机关审查批准后,填写"收入退还书",申请单位凭"收入退还书"到指定的国库办理退库,经收处不办理预算收入的退付。各级预算收入的退库,必须在本级财政库款中退付。退库一般采用转账方式,不得使用现金。

三、预算支出的执行

在预算支出执行过程中,各级政府部门、各部门、各单位的支出必须按照预算执行,及时、足额地拨付预算支出资金。

(一)预算支出拨款的原则

1. 按照预算拨款

即按批准的年度预算和用款计划拨款,不办理无预算、无计划、超预算、超计划的拨款。

2. 按照预算级次和程序拨款

按用款单位的预算级次和审定的用款计划,按期核拨,不得越级办理预算拨款。

3. 按照进度拨款

即根据用款单位的实际用款进度和国库库款情况拨付。

(二)预算支出拨款的方法

1. 划拨资金(实拨资金)

即财政部门用拨款凭证向用款单位直接拨付预算资金的一种拨款方式。

2. 限额拨款

即由财政机关根据主管单位的限额申请书,在核定年度预算范围内,分月给用款单位下达用款额度,用款单位在限定的额度内,根据需要随时可以从开户银行支取或转拨经费限额,并定期由财政机关同国库结算额度支出的一种预算拨款的管理办法。目前基本建设支出和中央级的行政事业资金采用这种拨款方法。

(三)预算支出支付方式和程序

1. 财政直接支付

由财政部门开具支付令,通过国库单一账户体系,直接将财政资金支付到收款人(商品或劳务的供应者)或用款单位账户。其程序为:预算单位根据批复的部门预算和用款计划,向财政国库支付执行机构提出支付申请,经审核无误后,向代理银行发出支付令,并通知国库部门,通过代理银行进入全国银行清算系统实时清算,财政资金从国库单一账户划拨到收款人的银行账户。

2. 财政授权支付

预算单位根据财政授权,自行开具支付令,通过国库单一账户体系将资金支付到收款人账户。实行财政授权支付的支出包括未实行财政直接支付的购买支出和零星支出。其程序:预算单位按照批复的部门预算和用款计划,向财政国库支付执行机构申请授权支付的月度用款限额,财政国库支付执行机构将批准的限额通知代理银行和预算单位及国库部门,预算单位在月度用款限额内,自行开具支付令,通过财政国库支付执行机构转由代理银行向收款人付款,并与国库单一账户清算。

四、预算支出的调整

被批准的政府预算在执行过程中,由于客观因素的变化或因特殊情况需要增加支出或减少收入,从而打破预算平衡,为此财政部门要通过及时正确的预算调整来确保预算的顺利进行,但各级政府对于必须进行的预算调整,应当编制预算调整方案,经过同级人民代表大会常务委员会审查和批准后方可调整,未经批准,不得调整。

政府预算调整内容包括预算的增支减收、预算支出科目间的预算资金使用调剂和预算隶属关系的划转。在预算执行中,因上级政府返还或给予补助而引起的预算收支变化,不属于预算调整。

政府预算调整方式有:①动用预备费。预备费的动用应控制在下半年,并需经过一定的批准程序。②经费留用。在预算执行过程中,各预算支出科目之间经常会发生有的资金不足,有的资金富余的情况。在经过一定的批准程序后,在预算科目之间进行必要的资金调剂。③预算划转。企业、事业单位隶属关系改变的,也必须同时改变其预算的隶属关系,已执行的预算部分由划出、划入双方进行资金结算。④预算的追加追减。确需追加或追减的可向上级政府提出申请,编制预算调整方案,经批准后办理。

第四节 政府决算与监督审计

一、政府决算

政府决算是年度政府预算执行的总结,是年度预算收支执行的最终结果,也是预算管理的最终环节。通过决算,系统地掌握财政统计资料,进一步研究和修订国家的财政经济政策。预算年度终了,各级政府、各部门、各单位都要及时、正确、完整地编制各自的决算草案,经规定程序审查批准后,才成为正式决算。政府决算同政府预算的体系构成相同,由中央决算和地方总决算组成。

(一)编制政府决算的准备工作

1. 拟定和下达政府决算的编审方法,并制定和颁发决算表格

每年编制和审查决算草案的具体事项,由国务院财政部门统一部署,财政部每年第四季度在总结上年决算草案编制工作的基础上,根据当年的国家财政方针政策、预算管理体制、财务制度的改革及当年预算执行中的问题,对编制决算草案的原则要求、方法以及报送期进行具体部署,并同时制定和颁发中央各部门决算、地方各部门决算及其他有关决算的相关报表格式。

2. 进行年终清理

主要包括核对年终预算数字、清理预算应收应支项、结清预算拨借款、清理往来款项、清查财产物资、核对决算数字、核实预算外资金收支数。

(二)政府决算的编制

国务院财政部制定中央各部门决算草案的具体编制方法。地方政府财政部门根据上级政府财政部门的部署,制定本行政区域决算草案和本级各部门决算草案的具体编制方法。各部门再根据本级政府财政部门部署,制定所属各单位决算草案的具体编制办法。政府决算先由执行决算的基层企业、行政事业单位编起,采用层层汇编的方法。各部门在审核汇总所属各单位决算草案的基础上,连同本部门自身的决算收入和支出数字,汇编成本部门决算草案,并附决算草案说明书,经部门行政领导签章后,在规定期限内报本级政府财政部门审核。财政总决算由各级财政机关汇编。

(三)政府决算的审查和批准

为保证决算质量,必须在各个环节上加强决算审查工作,做到逐级审查、层层负责。决算审查包括政策性审查和技术性审查两方面内容。我国《预算法》规定："国务院财政部门编制中央决算草案，报国务院审定后，由国务院提请全国人民代表大会常务委员会审查和批准。""县级以上地方各级政府财政部门编制本级决算草案，报本级政府审定后，由本级政府提请本级人民代表大会常务委员会审查和批准。""乡、民族乡、镇政府编制本级决算草案，提请本级人民代表大会审查和批准。""各级政府决算批准后，财政部门应当向本级各部门批复决算。""地方各级政府应当将经批准的决算，报上一级政府备案。"

二、政府预算的监督审计

对政府预算监督主要是指对各级政府财政预算的财务收支活动的监督，主要有行政监督、司法监督、公众监督、立法权力机关监督。对预算监督贯穿于预算管理活动的全过程。我国《预算法》规定：①全国人大及其常务委员会对中央和地方预算、决算进行监督；县级以上地方各级人大及其常务委员会对本级和下级政府预算、决算进行监督；乡、民族乡、镇人大对本级预算、决算进行监督。②各级政府应当在每一预算年度内至少两次向本级人大或常务委员会作预算执行情况报告。③各级政府监督下级政府预算执行。④各级政府财政部门负责本级各部门及其所属各单位预算的执行。⑤各级政府审计部门应当依照《审计法》及其他相关法律、法规，对本次预算执行情况，对本级各部门和下级政府预算的执行情况和决算，进行审计监督。⑥各级政府、各部门、各单位及其主管责任人员如有违法行为，必须承担相应的法律责任。

本章主要名词

零基预算　年度预算　平衡预算　国库制度　政府决算　财政直接支付

复习思考题

1. 如何理解政府预算的含义？
2. 比较单式预算和复式预算。
3. 政府预算是如何组成的？
4. 概述政府预算编制的程序和内容。
5. 政府预算是如何审批和执行的？
6. 结合我国现行政府预算运行状况，提出发展和完善的建议。

第七章　财政管理体制

内容提要与学习要求

本章介绍了财政管理体制的含义及构成，我国预算管理体制的演变与发展过程以及分税制、财政转移支付制度的主要内容。通过学习要求重点掌握我国分税制的含义、内容及完善对策，同时还要了解政府转移支付的必要性和我国的财政转移支付制度。

第一节　财政管理体制概述

一、财政管理体制的含义及构成

财政管理体制简称财政体制，指的是处理国家各级政府之间、国家与企、事业单位之间、国家与居民之间财权、财力分配关系的组织制度。对财政管理体制的理解，可从以下几方面把握：首先，财政管理体制所需处理的分配关系主要包括国家同企业、事业单位、个人之间的分配，以及中央政府同地方各级政府之间的分配。其次，从分配的具体形式看，主要是资金和管理权限的划分。第三，从国家财政收支具体执行的角度看，政府预算管理体制是财政管理体制的核心组成部分。

从狭义的角度理解，政府预算管理体制就可认为是财政管理体制。从广义的角度看，财政管理体制包括预算管理体制、税收管理体制、有关财务管理体制等。其中预算管理体制关系到中央与地方各级财政之间的收支结构、财权划分和财力分配，是解决各级政府财政之间的纵向分配关系，而其他有关的管理体制则主要解决各级财政与有关方面的预算缴款和预算拨款关系，即主要是一种横向的分配关系。这种纵、横的分配关系结成一个有机的整体，就是财政管理体制。由于在财政管理体制中，中央与地方以及地方各级预算之间的财权、财力的划分，关系到整个国家财政的全局，而预算管理体制关系到中央财政和地方财政在财政管理中的权、责、利,实质是处理预算资金分配和管理上的集权与分权、集中与分散的关系问题,因而预算管理体制是整个财政管理体制的核心,所以政府历次公布的财政管理体制,其基本内容都是中央与地方在财政管理中的权利与义务的关系。因此,通常也把预算管理体制称为财政管理体制。本章所提到的财政管理体制即指预算管理体制。

二、财政管理体制的内容

财政管理体制是处理中央和地方以及地方各级政府之间财政关系的各种制度的总称。其主要内容包括:确定预算管理主体和级次;预算收支划分的原则和方法;预算管理权限的划分;预算调节制度和方法。

预算体制的核心是各级预算主体的独立自主程度以及集权和分权关系问题。决定一国财权和财力集中与分散程度的主要因素有:国家的性质与职能;国家政权的结构;国家的经济体制;国家对社会经济生活的干预程度等。

第二节 我国财政管理体制的演变

新中国成立以来,根据各级财政财权的集权与分权,财力的集中与分散程度的不同,大体上可勾画出我国财政管理体制的演变之路。

一、高度集中的"统收统支"的财政管理体制

这种管理体制的特点是:①预算管理权限集中在中央。一切收支项目、收支方法和开支标准统一由中央制定。②财力集中在中央。即全国各地的主要收入,统一上缴中央金库,没有中央拨付命令,不得动用。地方一切开支均需经中央核准,统一按月拨付,地方预算的收入和支出基本不挂钩。③各级财政收支,除地方附加外,全部纳入统一的国家预算。

新中国成立初期,20世纪60年代的经济调整时期和"十年动乱"中的一些年份,曾实行过这种类型的体制。

二、统一领导、分级管理的财政管理体制

这种管理体制的基本特征是:①在中央统一财政、统一财政计划、统一财政制度的前提下,按国家政权结构和行政区域划分预算级次,实行分级管理。中央通过各种指令性计划,控制着绝大部分收、支活动的方向和规模。②地方预算的收、支项目由中央确定,年度预算实质上是统一编制的,地方只能按预算体制的规定,从

中央划给的预算收入和提供的补助来安排本身预算支出,而且地方预算支出要按经中央批准确定的预算来执行。地方预算实际上很难构成一级独立的预算。③预算管理体制规定的地方收支基数和预算收入上缴补助的比率或数额,实质上一般是一年一定,这样中央从根本上控制了地方可以自主支配的财力。

这种管理体制经历的时间一直持续到改革开放前。形式上有多种,主要有:1951～1957年实行"划分收支,分级管理"的财政管理体制;1958年起实行"以收定支,五年不变"的财政管理体制;1971～1973年实行"包干上交或包干补助"的办法;1974～1975年实行"收入按比例留成,支出指标包干,超收另定比例分成"的办法;1976年实行"收支挂钩,总额分成"的办法。

三、划分收支、分级包干体制

这种管理体制的特征为:①地方预算初步成为责、权、利相结合的分配主体,成为相对独立的一级预算。②在收入划分上部分地引进分税制。③扩大了地方预算职能。④初步形成激励机制与制约机制相结合的体制模式,但各种包干方法所体现的激励作用和风险承担是不同的。⑤分级包干侧重于划分收入。

这种管理体制的主要形式有:1980～1984年实行"划分收支、分级包干"的财政体制,即"分灶吃饭"体制;1985～1987年实行"划分税种、核定收支、分级包干"的财政管理体制;1988～1993年实行"财政大包干"财政管理体制,具体"包干"办法有"收入递增包干、总额分成、总额分成加增长分成、上解递增包干、定额上解、定额补助"六种。

从新中国成立至1993年,我国财政管理体制进行多项调整和改革,尤其是进入20世纪80年代,加快了以放权让利为中心的改革步伐,改变了计划经济体制下以高度集中、统收统支为基本特征的财政管理体制,扩大了地方财政的自主权,调动了地方的积极性。但与其同时由于强化了地方利益机制,从而削弱了中央财政的宏观调控能力,弱化了效率优先、兼顾公平的原则,与社会主义市场经济体制的要求不相适应。1993年国务院颁发了《关于实行分税制管理体制的决定》,并于1994年1月1日起在全国实行。

四、分税(级)预算管理体制

这种管理体制的基本特征是:①中央预算和地方预算分立,自求平衡。主要税种的制定权、立法权、课征权等集中于中央。②在合理、科学地界定各级政府职能的基础上,确定各级政府的预算支出,再划分预算收入。③分税制是以市场经济的原则和公共财政理论为基础,适应我国社会主义市场经济发展的客观要求。

第三节　分税制管理体制

一、分税制的含义

分税制是在国家各级政府之间明确划分事权及支出范围的基础上,按照事权和财权相统一的原则,结合税种的特性,划分中央与地方财政预算收入,合理确定中央、地方的财权、财力,以正确处理中央与地方政府间财政预算分配关系的一种预算管理体制。这种管理体制可概括为:分权(即合理划分中央与地方政府的事权,并以此为依据确定各级政府的预算支出范围);分税(即在分权的基础上,将税种划分为中央税、地方税和中央地方共享税);分管(中央政府和地方政府分别管理自己的税收);分征(分别设置两套税务机构分别征收。中央税、共享税由国税系统征收,地方税由地税系统征收)。

二、分税制的内容

(一) 分税制的基本内容

分税制是市场经济国家普遍实行的一种预算体制,其核心框架有两个:一是分税、分征、分管;二是实行规范化的中央政府对地方政府的转移支付制度。分税制的主要优势在于规范化和法制化,长期相对稳定,地方预算构成名副其实的一级预算主体。其一般内容为:

1. 预算主体构成

一级政权,一级预算主体,各级预算相对独立,自求平衡。

2. 明确预算支出职责

在明确政府职能边界的前提下,划分各级政府职责(即事权)范围,进而划分各级预算支出职责(即财权)范围。除国防费和行政管理费外,中央预算以社会福利、社会保障和经济发展为主,地方预算以文教、卫生保障和市场建设为主。对各级政府和投资职责也有明确分工,或由中央、地方分别承担;或由地方承担,中央给予补助;或由中央和地方联合投资。

3. 收入划分实行分税制

在收入划分比例上中央预算居主导地位,保证中央的调控权和调控力度。分税、分管、分征相结合。

4. 预算调节制度

即转移支付制度,分为纵向转移(或纵向调节,典型的是补助金制度)和横向转移(或横向调节,即实行地区间的互助式调节,不再通过中央预算)。

5. 稳定的预算体制

各国的分级预算体制是适应本国的政治经济制度和历史传统长期形成的,就体制整体而言是相对稳定的,只是集权与分权关系及其相应的调节方法可以有经常的调整。

(二) 我国的分税制

1. 分税制改革的指导思想

主要体现在四个方面:正确处理中央与地方的利益关系,促进国家财政收入的合理增长,逐步提高中央财政收入的比重;合理调节地区之间财力分配;坚持统一政策与分级管理相结合的原则;坚持整体设计与逐步推进相结合的原则。

2. 分税制改革的主要内容

(1) 中央与地方的事权和支出划分。中央财政主要承担国家安全、外交和中央国家机关运转所需经费;承担调整国民经济结构、协调地区发展、实施宏观调控所必需的支出以及由中央直接管理的事业发展支出。地方财政主要承担本地区政权机关运转所需支出以及本地区经济、事业发展所需支出。

(2) 中央与地方的收入划分。根据事权与财权相结合的原则,按税种划分中央与地方的收入。中央固定收入包括:关税、海关代征的消费税和增值税、消费税、铁道部门(各银行总行、各保险总公司等)集中缴纳的收入(包括营业税、利润和城建税)、船舶吨税、车辆购置税、中央企业上缴利润等。外贸企业出口退税,由中央财政负担。地方固定收入包括:营业税(不含各银行总行、铁道部门、各保险公司集中缴纳的营业税)、地方企业上缴利润、城镇土地使用税、固定资产投资方向调节税(现已停征)、城建税(不含各银行总行、铁道部门、各保险公司集中缴纳的部分)、房产税、车船税、印花税、烟业特产税、耕地占用税、契税、遗产和赠与税(未征)、土地增值税、国有土地有偿使用收入等。中央与地方共享收入:增值税、资源税、证券交易印花税、企业所得税、个人所得税。

(3) 中央财政对地方税收返还数额的确定。中央财政对地方税收返还数额以1993年为基期年核定,核定1993年中央从地方净上划的收入数额(消费税+75%的增值税—中央下划收入),以此作为1994年以后税收返还基数,1994年税收返还额在1993年基数上逐年递增,递增率按本地区增值税和消费税增长率的1∶0.3系数确定。如果1994年以后上划中央收入达不到1993年基数,则相应扣减税收返还数额。

(4) 原体制中央补助、地方上解及有关结算事项的处理。1994年实行分税制以后,原体制分配格局暂时不变,过渡一段时间再逐步规范化。

以上为1994年分税制改革时所实施的内容。时至2013年,有些内容已进行了一定的调整,尤其是在税制方面,如2002年实行所得税分享改革;2006年4月1日实施的消费税大调整;消费型增值税由东北试点扩大到中部六省,到2009年1月1日已全面实施了消费型增值税;个人所得税免征额已由800元提高至1600元,再到3500元;2006年农业税全部免征;2007年11月1日统一了车船税,2011年3月进行了改革,并于2012年1月1日正式实施;2008年1月1日内、外资企业所得税的统一等;2012年,试行"营改增"的省份增多等。

三、我国财政管理体制改革

十八大报告指出,要加快改革财税体制,健全中央与地方财力和事权相匹配的体制,完善促进基本公共服务均等化和主体功能区建设的公共财政体系,构建地方税体系,形成有利于结构优化、社会公平的税收制度。

(一)"十一五"时期我国财政体制改革取得重要进展

"十一五"时期,我国财税体制改革不断深化,取得重要进展。

1. 不断完善财政体制,推动区域协调发展

各级政府的收入划分和支出责任总体保持相对稳定。不断完善了中央对地方财政转移支付制度。一般性转移支付规模不断扩大,归并和清理专项转移支付力度进一步加大。调整民族地区转移支付政策,开展了重点生态功能区转移支付试点,逐步扩大了资源枯竭城市转移支付规模。中央对地方转移支付相应形成地方财政收入,并由地方安排用于保障和改善民生等方面财政支出,有力地促进了基本公共服务均等化和区域协调发展。省以下财政体制改革不断深化。探索建立县级基本财力保障机制。积极推进省直管县和乡财县管财政管理方式改革。

2. 健全预算管理制度,财政管理水平明显提高

政府预算体系框架初步建立,进一步完善了公共财政预算,全面编制了中央和地方政府性基金预算,推进了国有资本经营预算制度试点,启动了社会保险基金预算试编工作。政府收支分类科目体系不断健全。预算管理制度改革深入开展。预算编制管理水平逐步提高。预算执行管理继续强化。预算公开工作加快推进。

3. 推进税收制度改革,政府与企业、个人之间的分配关系进一步规范

全面取消农业税,切实减轻了农民负担。统一内外资企业所得税制度,公平了税收负担。全面实施消费型增值税,完善了增值税制度,促进企业扩大投资和技术改造。顺利推进成品油税费改革,理顺税费关系,建立了依法筹集公路发展资金的长效机制。调整和完善个人所得税、消费税等税收制度。

(二)"十二五"时期加快财税体制改革的总体思路

"十二五"时期加快财税体制改革的指导思想是：全面贯彻党的十七大和十七届五中全会精神，以邓小平理论和"三个代表"重要思想为指导，深入贯彻科学发展观，认真落实党中央、国务院对深化财税体制改革的要求，以科学发展为主题，以加快经济发展方式转变为主线，以保障和改善民生为立足点，积极构建有利于转变经济发展方式、促进科学发展的财税体制、运行机制和管理制度。

加快财税体制改革的主要目标是：①完善财政体制。在合理界定事权基础上，按照财力与事权相匹配的要求，进一步理顺各级政府间财政分配关系。健全统一规范透明的财政转移支付制度，提高转移支付资金使用效益。建立县级基本财力保障机制，加强县级政府提供基本公共服务财力保障。提高预算完整性和透明度。建立并不断完善科学完整、结构优化、有机衔接、公开透明的政府预算体系，全面反映政府收支总量、结构和管理活动。健全预算编制和执行管理制度，强化预算管理，增强预算编制的科学性和准确性。②健全税收制度。完善以流转税和所得税为主体税种，财产税、环境资源税及其他特定目的税相协调，多税种、多环节、多层次调节的复合税制体系，充分发挥税收筹集国家财政收入的主渠道作用和调控经济、调节收入分配的职能作用。

(三)按照公共财政的要求，进一步推进财政体制改革

"十一五"时期财政体制改革成效明显，保障了财政职能作用的发挥，较好地服务了改革发展稳定大局。但与建立有利于转变经济发展方式的财政体制目标相比，现行财政体制还存在一些问题，突出表现在：政府间事权和支出责任划分不够清晰，省以下财政体制尚需完善；预算完整性和透明度有待提高，财政管理需进一步加强；税制结构不尽合理，地方税体系建设相对滞后；财政管理的法治性和绩效尚需提高，财政宏观调控作用有待进一步发挥等。所有这些，必须通过进一步深化财税体制改革加以解决。

1. 进一步转变财政职能，基本建立起公共财政体制

财源建设要以市场机制为基础，打破地区分割，消除地区封锁。进一步调整和优化财政支出结构，特别是调整经常性支出结构，重点是增加国防建设、社会保障和国民初等教育的开支，减少那些可以由非政府主体完成的经常性开支。逐步降低目前财政支出中经济建设费的比重，缩小基本建设支出规模。清理和规范行政事业性收费，凡能纳入预算的都要纳入预算管理。对事业单位经费的供给和管理体制进行改革，在医疗、高等教育领域引入市场机制，控制这部分事业经费的增长，逐步降低这部分支出的比重。提高社会保障支出的比重，增加对农村义务教育和

基础医疗卫生建设的投入,加大对社会主义新农村建设中的财政支持。

2. 加快完善税收制度,规范政府参与国民收入分配的秩序

加快完善税收制度,坚持简税制、宽税基、低税率、严征管的原则,优化税制结构,公平税收负担,规范收入分配秩序,促进经济健康发展。逐步提高我国直接税的比重,更好地发挥税收调节收入分配的作用。大力推动结合户籍管理的收入申报、财产登记等社会征信系统建设,推进综合与分类相结合的个人所得税制改革。完善社会保障筹资形式与提高统筹级次相配合,研究开征社会保障税。积极运用税收手段,努力缩小收入分配差距。强化税收促进资源节约、节能减排和环境保护的作用,推动经济发展方式转变。重点是改革和完善资源税制度,健全消费税制度,研究开征环境税,形成有利于资源节约型和环境友好型社会建设的税收导向。在统一内外资企业所得税、车船税、耕地占用税、房产税等的基础上,进一步统一内外资企业的城建税、教育费附加等制度,促进城市建设和教育发展。在做好增值税转型工作的基础上,积极推进增值税扩围改革,引导相关产业发展,推动产业结构调整和技术升级。巩固成品油税费改革成果,加快地方税收体系建设,增强地方政府提供基本公共服务的保障能力。在统一税政前提下,研究赋予地方适当的税政管理权,培育地方支柱财源,从而尽可能通过增加地方本级收入,增强各地特别是中西部欠发达地区安排使用收入的自主性、编制预算的完整性和加强资金管理的积极性。同时,按照强化税收、规范收费的原则,分类规范收费、基金管理,充分发挥税收在筹集国家财政收入中的主渠道作用。

3. 深化财政体制改革,健全中央和地方财力与事权相匹配的财政体制

从我国社会主义初级阶段基本国情出发,按照调动中央和地方两个积极性原则,在保持分税制财政体制框架基本稳定的前提下,围绕推进基本公共服务均等化和主体功能区建设,健全中央和地方财力与事权相匹配的体制。合理划分中央与地方的事权和支出责任,在加快政府职能转变、明确政府和市场作用边界的基础上,按照法律规定、受益范围、成本效率、基层优先等原则,界定政府间事权和支出责任。完善财政转移支付制度,科学设置、合理搭配一般性转移支付和专项转移支付,发挥好各自的作用,增加一般性转移支付的规模和比例,分类规范专项转移支付,提高资金分配透明度和使用效益。完善省以下财政体制,加快建立县级基本财力保障机制,增强基层政府提供基本公共服务的能力,扎实推进社会主义新农村建设。减少财政管理层次,积极推进"省直管县"和"乡财县管"等财政管理方式改革,提高管理效率。

4. 建立健全政府预算体系,提高预算的完整性和透明度

形成法治、完整、透明的预算制度体系,既是保持财权统一、统筹安排财力的客观需要,也是保障公民知情权、参与权、监督权,推进社会主义民主政治发展的重要途径。进一步完善由公共财政预算、国有资本经营预算、政府性基金预算和社会保障预算组成的有机衔接、更加完整的政府预算体系；全面编制中央和地方政府性基金预算，细化预算编制内容；逐步扩大国有资本经营预算试行范围，推动地方国有资本经营预算工作；在积极稳妥试编社会保险基金预算的基础上逐步过渡到编制社会保障预算。充分发挥市场配置资源的基础性作用，合理界定预算支出范围，把更多财政资源用于加强经济社会发展的薄弱环节，强化公共服务和社会管理；按照广覆盖、保基本、多层次、可持续的原则，加大对"三农"、教育、科技、医疗卫生、文化、社会保障、保障性住房、节能减排以及欠发达地区的支持力度，促进经济增长、结构调整、地区协调和城乡统筹发展，切实保障和改善民生。

5. 加强科学管理，提高财政管理绩效

财政管理水平直接影响发挥财政职能作用的效果和财政资金绩效。全面推进财政科学化精细化管理，按照依法理财、民主理财、科学理财的要求，切实提高做好财税工作的能力和水平。健全财政法律制度体系。推进修订预算法及其实施条例。积极推动增值税法、财政转移支付管理暂行条例等财税法律和行政法规的立法进程。规范财政工作运行机制，认真做好财政行政复议工作。完善财政行政审批程序，进一步清理行政审批事项。规范部门预算编制程序，提前预算编制时间，细化预算编制内容，提高预算编制的科学性和准确性。狠抓预算执行管理，强化部门预算责任，加快预算支出进度，加强分析和动态监控，完善评价体系，增强预算执行的均衡性。积极推进绩效预算管理。推进基础管理工作和基层财政建设。建立完善部门基础信息数据库。加强项目支出定额标准体系建设。推进政府会计改革。建立健全政府财政统计报告制度。加强财政监督，推进建立健全覆盖所有政府性资金和财政运行全过程的监督机制。

6. 加强和改善财政宏观调控，促进经济平稳较快发展

积极发挥财政政策促进经济社会发展的调控作用，继续实施积极的财政政策和适度宽松的货币政策，突出财政政策实施重点，着力实施有利于扩内需、保增长、调结构、惠民生、促稳定的政策措施。根据经济运行情况的发展变化，及时完善相关政策措施，提高政策的针对性和灵活性，把握好政策的重点、力度和节奏，增强经济发展的稳定性、协调性和可持续性。注重推进经济发展方式转变和经济结构调整，积极发挥财政政策定点调控的优势，增加"三农"投入，加大推动自主创新和培育战略性新兴产业力度，抓紧落实国家重大科技专项，重点扶持突破关键技术，支持发展环保产业、循环经济、绿色经济，加大统筹城乡区域发展力度，促进小城镇协调发展，切实提高经济发展的质量和效益。注重扩大内需特别是消费需求，优化政府公共投资结构，落实结构性减税政策，提高居民特别是低收入群体的收入，促进调整国民收入分配格局，同时完善引导消费的财税政策，努力扩大消费需求，切实保持经济平稳较快增长。注重保障和改善民生,进一步优化财政支出结构,把更多财政资源用于加强经济社会发展薄弱环节、用于改善民生和发展社会事业,特别是要支持解决教育、就业、社会保障、医疗卫生、保障性住房建设、环境保护等方面涉及群众切身利益的问题,更有力地支持革命老区、民族地区、边疆地区、贫困地区发展经济和改善民生,切实推动经济社会协调发展。

第四节 财政转移支付制度

随着市场经济的深入发展,我国社会的经济结构发生了重大变化,建立符合市场经济要求,与国际惯例接轨的政府间财政分配关系及其管理模式,成为财政体制改革的首要课题。作为中央财政进行宏观调控重要工具的政府间财政转移支付制度是改革的重要组成部分,只有形成一套公平、合理的转移支付制度,才能为全社会提供大致均等化的公共服务,解决政府间纵向不平衡和横向不平衡的问题。

一、财政转移支付制度的含义及特点

财政转移支付是指一个国家的各级政府之间在既定的职责、支出责任和税收框架下,财政资金的无偿转移。实施转移支付制度是公共财政的重要内容,正确的转移支付制度有利于处理好政府间的分配关系,有利于合理配置资源,促进地区间的社会经济协调发展,实现财政体制的公平性和运行的有效性。转移支付制度是处理政府间财政关系的一种分配形式,它坚持事权与财权的对称性、资金流动的双向性、制度管理的科学性、政策实施的统一性,体现了国家的宏观财政政策,是现代市场经济下国家财政体制改革的必然。

二、财政转移支付的必要性

(一)政府间纵向财力不平衡客观上要求政府间财力的转移支付

为了保证中央政府的宏观调控能力,一国中央政府往往控制了主要的财源税基,相应的地方政府只保留了较小的财源税基。例如:属于发达国家的日本,中央财政收入占全国财政收入的近70%;又如发展中国家印度尼西亚,中央财政收入占财政收入的80%以上。这样一来,中央财政收入大于财政支出,而地方财政收入难以满足地方支出需要,造成中央与地方政府间财力的不平衡。为了保证地方政府履行职能的必不可少的财力需要,客观上需要有政府间转移支付来平衡中央与地方政府间的预算,使国家财政能够从财力上保证各级政府都能正常运行。

(二）政府间横向的财力不平衡客观上要求政府间转移支付

世界各国，特别是地域较大的国家，各地区间自然资源及社会经济发展往往不平衡，形成了地区间财源税基的差异，加上各地负担的全国性支出需要也有不平衡，这种财政能力和支出需求差异使得有些地区无法维持政府正常运转和支付公共服务需求，客观上需要中央政府通过转移支付来平衡。

（三）发展地方具有溢出效应的项目客观上要求转移支付

在地方政府投资的一些项目或服务中，有些是跨地区受益的项目或服务，如某些环境保护项目、机场、铁路、教育、卫生等项目，完全由所在地区投资，形成新的财政负担的不平衡，也需要中央预算通过转移支付给予支持。

三、现阶段我国政府转移支付的主要方式

新中国成立以来，尤其是改革开放以来，我国已经逐步建立了一套中央与地方之间的财政资金转移方法，但是具有明显的过渡性特征，原体制中的转移支付因素与分税制中的税收返还和中央增量规范转移支付同时并存，双轨运行，形成了具有中国特色的政府间补助体系。

（一）我国财政转移支付方式中的无条件拨款

无条件拨款即无条件转移支付，又称一般性补助拨款，它是指中央政府向地方政府的拨款不规定具体用途，地方政府可以自主决定如何使用的一种转移支付。

无条件拨款的目的，主要是解决纵向和横向财力不平衡问题，以缓解地方政府间财力的差异，保证地方预算的平衡。以解决横向财力的不平衡为目标的转移支付，通常又称"均等化"转移支付。

1. 中央对地方的税收返还

中央财政对地方财政的税收返还，是按照保障既得利益的原则，根据新体制下各地方政府净上划的收入数额加以核定的补助形式。具体的测算方法是：

$$R = C + 75\% V - S$$

式中：R 为 1994 年中央对地方税收返还的核定基数；C 为消费税收入；V 为增值税收入；S 为 1993 年中央对地方的下划收入（1993 年为基期年）。

1994 年以后，税收返还在 1993 年的基础上逐年递增，递增率按增值税和消费税平均增长的 1∶0.3 确定。如果 1994 年以后中央上划收入达不到 1993 年基数，则相应扣减税收返还数额。

2. 中央政府对地方政府的体制补助和地方政府对中央政府的体制上解

中央政府对地方政府的体制补助和地方政府对中央政府的体制上解是指中

财政对部分省、市的定额补助(一般补助)和部分省、市向中央财政的上解收入,这实际上是一种自上而下和自下而上双向流动的财政转移支付。具体办法是:原体制中央对地方的补助继续按规定补助。原体制地方上解按不同体制类型继续上解:实行递增上解的地区,按原规定继续递增上解;实行定额上解的地区,按原确定的上解额,继续定额上解;实行总额分成的地区和原分税制试点地区,暂按递增办法,即按1993年的实际上解数,核定一个递增率,每年递增上解。

3.中央财政与地方财政年终结算补助与上解

中央财政在每个财政年度终了之后,都要与地方财政发生一些结算关系,对上一财政年度在财政体制之外发生的某些事项进行结算,既有中央对地方的补助,又有地方对中央的上解,属于上下级政府间的双向财力转移,是对既定财政体制的一种补充。

(二)我国财政转移支付中的有条件拨款

有条件拨款又称有条件转移支付,即专项拨款。我国财政转移支付的有条件拨款是指中央财政对地方财政的专项补助,是中央政府对地方政府按指定项目、指定用途拨付的补助款项。地方政府只能按指定用途使用这些资金。

有条件转移支付分为如下几种具体形式:一是无限额配套补助。这种补助是指中央政府对每一个项目提供一笔拨款,接受拨款的地方政府必须以地方财力在该项目上支出规定相应的份额。不论地方政府支出多少,中央按规定补助,地方支出越多,中央补助相应增加,没有上限。二是有限额补助。这种补助是指中央政府明确规定一项补助的最高限额。在这个限额范围内,中央政府按规定比例对地方项目进行补助,超过限额,不增加补助。三是非配套补助。这种补助是指中央政府向地方政府提供一笔固定数额的补贴,不要求地方政府提供配套资金,只要求地方政府按照中央政府指定项目使用。

目前,我国从补助的用途来看,大致可以分为三类,第一类主要是对地方经济发展和事业发展的项目补助。第二类是特殊情况的补助,例如自然灾害等。第三类是保留性补助,例如增编经费、军队转业干部经费等。

四、我国的转移支付制度

我国在计划经济体制下,实行集中统一的财政体制,属于统一财政、分级管理、上解下补、自求平衡。在集中统一财政体制下,尽管也有中央对地方补助拨款,但严格讲这时期我国没有真正意义上的转移支付。改革开放以后,财政体制改革,实行划分收支、分级包干体制,逐步向分级财政过渡,直到1994年我国全面推行分税制财政体系,建立转移支付制度才真正提到议事日程。在过渡期内,新的体制在逐渐完善的过程中,难免存在一些不足,如何创新和发展转移支付制度,是完善分税制财政体制的关键。

（一）我国目前财政转移支付中存在的问题

1994 年以来,我国逐步形成了"收入集中、支出分散、中央对地方进行收入转移"的财政格局,财政转移支付成为分税制财政体制改革的一项重要内容。但由于现行的转移支付一定程度上保留了"分级包干"体制下的转移支付制度与分税制下的转移支付制度,带有"双轨制"的痕迹,因而也暴露出不少的问题。

1. 转移支付制度缺乏统一的方法,受包干体制影响很大

分税制本来应该结束包干财政体制下转移支付五花八门的局面,形成全国规范统一的新格局,但是我国中央政府为了保护各地的既得利益,分税制就保留了原包干体制中央对地方的补助和地方对中央的上解部分,这就没有从根本上触动长期以来形成的地区间财力不均问题,仅仅是原有的财力分配的一种变形。因此,转移支付在实现合理再分配,调节资源配置,缩小地区公共服务差距等方面,没有达到既定的预期目标和效果。

2. 税收返还不具备科学依据,有悖公平原则

税收返还是我国财政转移支付的主要形式,占转移支付总规模的 71% 左右,因此,税收返还的设计是否合理决定了整个转移支付制度的合理程度。为了保证地方利益,1994 年中央对各地区的税收返还以 1993 年的实际收入作为基数,而原体制的上缴或补助也是以过去某一年的收入和支出作为基数。这就在一定程度上形成了一省一率、一省一额的非规范性转移支付制度,另外按照"基数法"确定的税收返还数没有考虑各地区的收入能力和支出需要的客观差异,也缺乏合理的客观标准。这样的税收返还方法没有保证财政的纵向平衡和横向平衡,也没有保证各地政府有大致相同的施政能力,更没有保证各地居民能享受到最起码的公共服务水平以及相同的人在各地能有相同的财政剩余。

3. 专项拨款目标不明确,随意性大

我国专项拨款的分配方式没有按照因素和公式来计算拨款额和配套率,而主要看讨价还价的能力,那些和中央关系密切的地区就能获得拨款。这样的结果不但没有起到专项拨款应有的作用,而且还扩大了地区间公共服务与发展水平的原有差距。同时,专项拨款的项目过多过细,过于分散,难以形成集中的力量贯彻国家的政策意图,不可避免地出现资金使用的重复、浪费和低效率等一系列问题。

4. 政府间事权财权划分不清,使财政转移支付责任不明

政府间的事权划分是建立转移支付制度的逻辑起点,财权与事权相应、相称是建立转移支付制度的关键。

(1) 从转移支付涉及的政府间事权角度看,存在着中央与地方事权交叉,从而不利于政府间财政关系的规范化。有不少属于地方性的开支,列入了中央财政,相反,一些应当由中央财政承担的支出,又转嫁给了地方。

(2) 从转移支付资金的用途角度看,转移支付资金的用途太少,重点不突出,几乎涉及财政支出的所有范围,如基本建设资金、企业挖潜改造资金、支农生产资金、文教科卫等事业费支出、行政支出等,转移支付结构很不合理,难以体现中央对地方财政支出的引导和调控。

(3) 从转移支付的分配方式角度看,我国每年成千上万的转移支付文件说明转移支付存在着很多问题,比如转移支付项目的杂乱;转移支付到具体项目过多;转移支付额度普遍较小;转移支付分配上的随意性等。

5. 转移支付缺乏法制权威性

我国财政转移支付制度的依据主要是1995年财政部颁发的《过渡期财政转移支付办法》,该办法属于行政规章的层次,法律规定缺乏权威性、制度执行缺乏稳定性、立法过程缺乏科学性,这些不良后果都严重制约着市场经济体制改革的推进。

(二)进一步完善我国财政转移支付制度的思考

针对我国政府转移制度存在的问题,结合我国的具体国情和缩小地区差异、建立和谐小康社会的需要,完善政府间分配关系更加具有必要性和迫切性。

1. 合理划分并通过法律明确各级政府间的事权和支出范围

借鉴西方经济学家提出的事权和支出划分的原则,并结合我国的实际情况,在划分各级政府间的事权与支出时应按照各级政府的职能要求,遵循受益范围原则、集权与适当分权相结合的原则、公平与效率相兼顾的原则以及相对稳定与适当调整相结合的原则。综观各国的分税制实践,大多以法律形式明确规定政府间的事权与支出范围。我国也应通过法律规范各级政府的事权与支出划分,力求科学化和规范化,使之保持相对的稳定性和连续性。当然,政府间事权与支出的界定的稳定性只是相对的,必要的时候也要根据国民经济的发展变化对不合理部分作出相应的调整。

2. 加强立法以建立完善的财政转移支付法律体系

规范完善财政转移支付制度,实现公共服务均等化是促进区域经济协调发展的重要手段。为此,一要尽快制定财政转移支付法。尽快改革目前的财政转移支付办法,以公共服务均等化为目标,将"基数法"改为"因素法",并在此基础上及时制定财政转移支付法,促进财政转移支付的规范化、法制化;逐步扩大财政转移支付的规模,加大对中西部地区转移支付的力度,提高中央对地方一般性转移支付的比例,适当降低专项转移支付的比例,促进区域经济协调发展。二要制定财政补贴法。改革财政补贴管理制度,划分财政补贴管理权限,规范财政补贴的方向范围、原则要求、方式方法和监督管理,调整优化财政补贴结构,加大对"三农"和中西部地区的补贴力度,严格补贴资金的监督管理,提高财政补贴资金的使用效益,促进构建和谐社会。

3. 成立专门的财政转移支付机构,强化监督机制执行

各级政府间复杂的财政转移支付,特别是确定和调整中央与地方政府的转移支付关系,组织保证是必不可少的。因此,需要依法设置一个专门的机构来具体负责,并以立法形式规定该机构的任务、职权和职责。建立专门的转移支付机构,一方面可以对转移支付的形式产生一定的制衡作用,以确保转移支付的公正、合理;另一方面,可在地方政府与中央政府之间设置一个"缓冲区"。因此,结合我国的具体国情,建立专门的决策机构和执行机构,并赋予其法定的转移支付管理职责。同时,还要制定相应的惩罚措施,对违反规定的要给予相应处罚,以强化监督管理,使地方按照中央财政的要求来使用转移支付资金,以进一步提高支付资金的使用效率。

由此可见,深化政府转移支付制度改革,建立和完善符合我国社会主义市场经济特点的政府分配关系,提高转移支付资金的经营、使用效益是一项巨大的系统工程,但是只要坚持实事求是,开拓创新,与时俱进,就一定会取得政府转移支付制度改革的成功。

本章主要名词

分税制　"分灶吃饭"　财政体制　转移支付制度

复习思考题

1. 什么是财政管理体制?其实质是什么?
2. 现行分税制的基本内容是什么?
3. 试论我国现行分税制存在的问题及完善的方法。
4. 如何规范我国财政转移支付制度?

第八章 金融、货币、信用概论

内容提要与学习要求

本章首先阐述了金融含义、构成及分类;然后阐述了与货币相关联的基本知识,包括货币制度、货币流通规律、货币供求、通货膨胀及通货紧缩;最后介绍了信用方面的基本知识。通过学习要求能够掌握和运用金融基础知识,结合我国经济和金融发展变化的实际,能对我国的通货膨胀、通货紧缩及利率市场化改革等基本问题进行初步的分析。

第一节 金融概述

金融被称作"经济的润滑油"。在现代经济生活中,金融的核心地位与作用日益突出,金融活动已渗透到经济、生活的方方面面。

一、金融的含义

"金融"一词源于希腊文,其含义是支付,在我国旧称为银根。那么,何谓金融?"金"即指货币资金,"融"即融通,是货币资金的盈余部门利用信用形式在金融市场上向货币资金赤字部门进行融通货币资金而形成的活动和关系的总称。盈余部门付出资金,获取收益,赤字部门付出代价,获得资金。

在当今社会,个人、单位乃至于国家,都要用钱购买物品和服务,同时以自己的产品和服务的相应价格取得金钱。当钱从有盈余的人或部门流向钱不足的人或部门,这就可以简单地理解是金融。

二、金融的构成

(1) 融通的对象——货币和货币资金。
(2) 融通的主体——货币资金的供给者和需求者。

(3) 融通的工具——金融工具(产品),包括金融原生产品和金融衍生产品。

(4) 融通的形式——信用方式。接受资金的融通必须支付与可借资金相适应的代价(利息)。

(5) 融通的中介机构——金融机构,它们把资金从多余的地方融通到不足的地方,尤以银行业的作用最为显著。

(6) 融通的场所——金融市场。这类场所有的是有形场所,有的是无形场所;也有国内金融市场、国际金融市场、离岸金融市场之分。

(7) 融通的调控——金融政策。资金融通并不是无原则地任凭资金自然流动,有时或为防范金融风险,或为调节经济活动,或使资金流至所期望的地方,或使经济处于正常发展状态,金融政策为此就要发挥重要作用。

三、金融的分类

(一) 按金融交易的范围为标准分为国内金融和国际金融

国内金融是指在国内融通一个国家资金的金融,是用该国流通的货币单位进行交易。

国际金融是指不限于一个国家的范围内,同外国的企业、个人、政府等之间发生货币交易。至少涉及两个国家的货币。

(二) 按资金融通的方式分为直接金融和间接金融

直接金融是指资金需求方直接从资金盈余方筹集资金。在融资过程中,双方形成直接的债权债务关系,即使有时需要通过金融中介来提供服务,但金融中介与资金供求双方不形成任何债权债务关系。

间接金融是指金融机构介入资金的借方和贷方之间进行资金的融通。在这种融资方式下,资金的借贷双方需要借助于有关金融中介机构来进行。融资过程中,首先资金的盈余方与金融中介机构达成第一层债权债务关系。真正的资金借贷双方之间不形成直接的债权债务关系,而是通过金融中介机构才完成各自的融资过程。

(三) 按融资时间长短分为短期金融和长期金融

一般将贷款期限在一年以内的资金融通称为短期金融,超过一年的资金融通称为长期金融。

四、深化金融改革

2003年10月14日中共十六届三中全会通过了我国金融改革方针政策,十七大进一步指出,要积极推进金融体制改革,发展各类金融市场,形成多种所有制和多种经营形式、结构合理、功能完善、高效安全的现代金融体系。提高银行业、证券业、保险业竞争力。优化资本市场结构,多渠道提高直接融资比重。加强和改进金融监管,防范和化解金融风险。完善人民币汇率形成机制,逐步实现资本项目可兑换。深化投资体制改革,健全和严格市场准入制度。完善国家规划体系。发挥国家发展规划、计划、产业政策在宏观调控中的导向作用,综合运用财政、货币政策,提高宏观调控水平。2012年11月党的十八大报告强调要求:"深化金融体制改革,健全促进宏观经济稳定、支持实体经济发展的现代金融体系,发展多层次资本市场,稳步推进利率和汇率市场化改革,逐步实现人民币资本项目可兑换。加快发展民营金融机构。完善金融监管,推进金融创新,维护金融稳定。"

第二节 货币与货币流通

一、货币概述

(一)货币的起源

货币源于商品,作为商品经济发展的必然产物,在商品经济内在矛盾(使用价值与价值的矛盾;具体劳动与抽象劳动的矛盾;私人劳动与社会劳动的矛盾)运动中产生和不断发展的。在商品的交换过程中,最初是直接的物物交换(简单价值形式→扩大价值形式)变成为以一般等价物为媒介的间接交换,一般等价物又逐步地固定到金属金银上("货币天然是金银,金银天然不是货币"),于是货币便产生了。在货币发展史上,货币的具体形态也在不断发生变化,先后经历了实物货币、金属货币、信用货币、电子货币(未来趋势)。货币作为一般等价物,在较发达的商品经济下,具有价值尺度、流通手段、支付手段、贮藏手段和世界货币五大职能。

(二)货币制度

货币制度是货币运动的准则和规范,它是由一个国家通过法律规定该国货币流通结构和组织形式。它的构成要素包括四个方面:规定币材;货币单位;本位币、辅币的铸造、发行与流通程序;准备制度。

人类历史上货币制度经历了由金属货币制度向纸币制度的演化。金属货币制度先后经历了银本位制、金银复本位制、金本位制,一直到20世纪30年代才被纸币制度(纸币本位制)所替代。纸币制度下,纸币的发行和回流由国家授权银行来进行。纸币本身没有价值,而是作为一种价值符号来充当商品交换的媒介,发挥货币的基本职能。纸币与黄金脱离关系后,在一国范围内具有无限清偿能力。

(三)货币流通规律

货币充当交换媒介的职能是其最基本的职能,那么流通中到底需要多少货币才利于商品交换和商品经济的发展呢?这正是货币流通规律回答的问题。

在金属货币制度下,

$$流通中金属货币的必要量 = 商品价格总额 \div 货币流通速度$$

即流通中金属货币必要量与待实现的商品价格总额成正比,与货币流通速度成反比,与货币本身的单位价值成反比。

在纸币制度下,纸币流通规律为:

$$单位纸币所代表的货币金属 = 流通中所需的金属货币量 \div 流通中的纸币总量$$

即纸币发行数量决定于流通中所必要的金属货币量。

二、货币供求及其均衡

(一)货币需求

社会各部门(包括企业、事业、政府、个人)在既定的国民收入分配范围内,能够而且愿意以货币形式持有而形成的对货币的需求。在特定的时空范围内,人们为什么需要货币,需要多少货币,人们的货币需求受哪些因素影响及各种因素的相对重要性以及货币需求对物价和产出等实际变量有何影响,是货币需求理论研究的焦点,西方货币需求理论沿着这一焦点经历了传统货币数量说(由现金交易数量说和现金余额数量说组成)、凯恩斯学派货币需求理论、货币学派货币需求理论等。

(二)货币供给

一定时期内货币供给主体即现代经济中的银行向货币需求主体提供货币的经济行为,包括货币供给行为和货币供应量两大内容。

研究货币供给,首先必须从数量上对货币供给进行界定,也即货币供给量所包括的范围。于是就有根据货币的流动性对货币层次的划分,但不同的国家由于具有流动性的金融资产不同,从而对货币层次的划分又不尽相同。我国中央银行于20世纪90年代中期正式向社会公布不同层次的货币供应量统计数据。以后,考虑到证券公司客户保证金数量巨额增长对货币供应量低估的影响,中国人民银行于2001年对货币供应量统计口径进行了修订。其中 M_1 为是狭义货币供应量, M_2 为广义货币供应量。

M_0 = 流通中现金;

$M_1 = M_0$ + 企事业单位活期存款 + 机关团体部队存款 + 农村存款(支票、信用卡存款);

$M_2 = M_1$ + 企事业单位定期存款 + 居民储蓄存款 + 自筹基建存款 + 证券公司客户保证金 + 其他存款。

(三) 货币均衡

货币均衡是指货币供给与货币需求大致相适应的货币流通状态。影响货币均衡实现的主要因素有:利率机制;金融市场发展程度;中央银行的调控手段;国家财政收支状况;生产部门结构是否合理;国际收支是否平衡。

(四) 货币失衡

货币失衡是与货币均衡相对应的概念。货币失衡有两种情况:一是货币供给大于货币需求;二是货币供给小于货币需求。一般来说,在纸币制度下,经常出现货币供应量过多引起的货币失衡,这种失衡必然会引发通货膨胀,但是20世纪90年代后期持续到21世纪初,世界性的通货紧缩曾成为各国不得不面对的现实经济问题。

三、通货膨胀

(一) 通货膨胀的含义

一提起通货膨胀,人们往往把它与物价上涨联系起来。但是,通货膨胀不是简单的物价上涨,它是在纸币制度下一般物价水平在比较长的时期内以较高幅度持续上涨的一种经济现象。

对通货膨胀的理解要把握以下几点:①通货膨胀指一般物价水平(所有商品和劳务的价格总和的平均数)的上涨,不是一种或几种商品的价格上涨,但不同的商品之间,物价上涨的速度是不均衡的。②通货膨胀是指一般物价水平在较长时期内持续上涨,不是一次性物价上涨。③通货膨胀是指物价水平以较高的幅度上涨,但也有变相的物价上涨(隐蔽性通货膨胀)。④通货膨胀是纸币流通条件下特有的经济范畴,表现为纸币贬值。

测算通货膨胀程度的指标是通货膨胀率,而通货膨胀率又是通过物价指数反映出来的。物价指数包括消费价格指数、批发价格指数和 GNP 折算数(名义 GNP 与实际 GNP 的比率)。其中运用最为普遍的是消费物价指数。大多数国家都编制居民消费价格指数(CPI),反映城乡居民购买并用于消费的消费品及服务价格水平的变动情况,并用它来反映通货膨胀程度。从2001年起,我国采用国际通用做法,逐月编制并公布以2000年价格水平为基期的居民消费价格指数,作为反映我国通货膨胀(或紧缩)程度的主要指标。目前,我国用于计算CPI的商品和服务项目,由国家统计局和地方统计部门分级确定。国家统计局根据全国12万户城乡居民家庭消费支出的抽样调查资料统一确定商品和服务项目的类别,设置食品、烟酒及用品、衣着、家庭设备用品及服务、医疗保健及个人用品、交通和通信、娱乐教育文化用品及服务、居住等八大类262个基本分类,涵盖了城乡居民的全部消费内容。计算我国CPI的价格资料来源于31个省(区、市)共500个调查市县的5万个商业业态、农贸市场,以及医院、电影院等提供服务消费的单位,统称为价格调查点。这些调查点主要是依据经济普查获得的企业名录库以及有关部门的行政记录资料,以零售额或经营规模为标志,从高到低排队随机等距抽选出来的,同时按照各种商业业态兼顾大小以及区域分布合理的原则进行适当调整。根据国际规范的流程和公式算出来的。

$$某年消费物价指数 = \frac{某年消费品价格水平}{基年消费品价格水平} \times 100\%$$

(二) 通货膨胀的原因

西方学者对通货膨胀的原因有很多种解释,具有代表性的理论观点有以下几种。

凯恩斯主义最早从需求角度提出了"需求拉上型通货膨胀",认为通货膨胀的原因在于需求过度,即经济发展过程中总需求大于总供给,从而引起一般物价水平的持续上升。

萨缪尔森在20世纪50年代后期从供给角度提出了"成本推动型通货膨胀",认为通货膨胀之所以产生,其原因不在于需求过大,而在于生产成本上升,是生产成本的上升"推动"了一般物价水平上涨。典型的成本推动形式有工资推动、利润推动和商品推动三种。

结构型通货膨胀的理论成型于北欧学派(代表人物斯屈里坦、鲍莫尔等),其基本思路是:一国经济分为开放部门和非开放部门,这两个部门有着不同的劳动生产增长率,但却有着相同的货币工资增长率,在成本加利润的定价规则下,必然出现一个由工资成本推进的通货膨胀。

货币主义(代表人物弗里德曼)认为通货膨胀完全是一种货币现象,当货币数量的增长速度超过产量的增长速度时,就会发生通货膨胀。造成货币供应增加的因素主要有:货币的财政发行(为弥补财政赤字)、银行信用膨胀、固定资产投资膨胀的影响以及国际收支长期大量顺差等。因此只要"关住货币水龙头,就可以制止在浴室中流溢满地的通货膨胀"。

新剑桥学派(代表人物琼·罗宾逊、尼可拉斯·卡尔多)的市场操纵理论认为，通货膨胀是由厂商控制其产品价格的能力来决定的，或者是由于各阶层为提高自己的收入水平相互争夺的结果。

西方学者的通货膨胀论揭示了通货膨胀产生的直接原因，但通货膨胀的深层次原因到底是什么？马克思主义认为，通货膨胀表现在流通领域，根源于分配领域和生产领域；通货膨胀现象与国家一定政治经济状况相联系，是一定的生产关系的反映。

(三)通货膨胀的效应

1. 通货膨胀的经济效应

通货膨胀对经济的影响具有正负两方面的效应。对经济的正效应体现为：通货膨胀在初期有利于扩大投资，有利于增加就业，有利于对各种闲置的社会资源加以利用，有利于使产业结构和产品结构得到优化和调整。虽然适度的通货膨胀在通货膨胀初期对经济呈现正效应，但这些效应是有限的和递减的，随着通货膨胀的持续和加剧，其对经济的影响也由正效应变为负效应。对经济的负效应表现为：通货膨胀对扩大就业和增加生产只能暂时产生刺激作用，长期来看，实际上是提前并快速地消耗有支付能力的需求，一旦市场上虚假的购买力消失，必然导致生产萎缩，失业增加；通货膨胀也会引起生产结构失衡并造成生产下降；通货膨胀会引起生产资金抽逃到周转快、易获利的流通领域；通货膨胀促使价格扭曲，造成技术进步缓慢；通货膨胀也不利于企业进行经济核算等。菲利浦斯用向右下方倾斜的曲线(即菲利浦斯曲线)论述了通货膨胀率与失业率之间此消彼长的关系，这也为决策者们提供了一个选择的政策"菜单"。

2. 对国民收入再分配的效应

通货膨胀对社会成员来说改变了原有收入和财富的占有结构。固定收入者、低收入家庭、债权人是通货膨胀的严重受害者；家庭持有按固定金额计算的净资产易受损失，而企业和政府则是按固定金额计算的净负债部门，却是通货膨胀的受益者。

3. 对流通的扰乱效应

通货膨胀打乱了正常的流通渠道。人们重物轻币，抢购情绪使商品供求关系扭曲变态，加剧商品流通混乱。如果一国通货膨胀率高于国际通货膨胀率，容易导致国际贸易出现逆差。

4. 对消费的负效应

由于通货膨胀，削弱了实际购买力，导致生活水平下降；还由于消费者对通货膨胀的预期，往往促使提前消费或加速消费行为，加剧社会供需矛盾。

5. 对财政金融的效应

通货膨胀初期，国家财政和金融部门通过发行债券或吸收存款而增加的负债，在偿还时可获得减轻实际债务的好处。但随着通货膨胀的发展，通货膨胀会影响财政收支平衡，造成货币流通混乱，破坏正常的信用关系。

（四）我国的通货膨胀

从我国经济发展过程看，在计划经济时期，表现的是抑制性通货膨胀。自20世纪70年代末到90年代中期，将近20年的时间，通货膨胀一直困扰着我国的经济生活，经历了1985年、1988年、1989年、1994年等几次较大的通货膨胀（见表8-1），给我国经济发展和人民生活带来很大的影响。

表8-1 我国主要年份CPI走势一览表

年份	1985年	1988年	1989年	1993年	1994年	1995年	1996年
CPI	9.3%	18.8%	18%	14.7%	24.1%	17.1%	8.3%
年份	1997年	1998年	1999年	2000年	2001年	2002年	2003年
CPI	2.8%	0.8%	-1.4%	0.4%	0.7%	-0.8%	1.2%
年份	2004年	2005年	2006年	2007年	2008年	2009年	2010年	2011年	2012年1季度
CPI	3.9%	1.8%	1.5%	4.8%	5.9%	-0.7%	3.3%	5.4%	2.6%

注：数据来源于《中国统计年鉴》及中国统计局网站 http://www.stats.gov.cn/tjfx/。

发生高速通货膨胀后，政府采取了一系列宏观调控措施，通货膨胀得到有效控制，经济也保持了适当的增长速度，即1996年我国国民经济成功地实现了软着陆。但自1997年亚洲金融危机爆发以来，我国社会商品零售价格指数呈下降状态，出现了通货紧缩的趋势。这种趋势持续到2002年，从2003年起，我国物价又开始温和上涨，到2007年、2008年，物价不断攀升，通货膨胀呈加剧的态势。但在2008年国际金融危机的影响下，2009年物价开始走低，出现了经济衰退。随着我国采取积极的财政政策和宽松的货币政策的实施，使我国经济率先走出低谷，从2009年11月份起，物价指数由负转为正。综合因素的影响，特别是食品和农产品价格的上涨，又推动了2010年全年物价的上涨，并超过了年初制定的3%预期控制指标。2011年物价仍居高不下，没有达到年初国家确定的全年物价指数在4%左右的预期控制目标。但在2012年，物价上涨势头得到有效控制，逐阶下行的态势已成定局。

通货膨胀是一个周期性现象，如果上升趋势一经形成就有一段延续期，不会在很短的时间内有方向性的改变。可以说，我国已告别"高增长、低物价"时代，在未来一段时期内物价震荡上行将成为一种常态,所以应该理性对待,在遵循市场经济规律的基础上采取有效的货币政策、财政政策和收入政策,多管齐下,相互配合,形成合力以应对通货膨胀。

四、通货紧缩

通货膨胀和通货紧缩在历史上是交替出现的,只是20世纪的大部分时间里,尤其是二战后通货膨胀是更为常见的经济问题。所以人们对通货膨胀的认识比较深刻,这方面的理论研究也较为深入,而对于通货紧缩的理论研究成果还很不足。

(一)通货紧缩的含义

历来经济学家对通货紧缩有着不同的理解。凯恩斯认为通货紧缩是价格水平的下降。萨缪尔森认为通货紧缩是指物价总水平的持续下跌。斯宾塞、斯蒂格利斯等都基本上把通货紧缩表述为一般物价水平的持续下跌。货币主义代表人物莱德勒对通货紧缩的定义是:通货紧缩是一种价格下降和货币升值的过程,它是一种货币现象,它是每单位货币的商品价值和商品成本的上升。

虽然通货紧缩的表述不尽相同,也没有一个统一权威的定义,但对通货紧缩含义的理解至少应把握以下几点:

1. 通货紧缩从本质上说是一种货币现象

通货紧缩在实体经济中的根源是总需求对总供给的偏离或现实经济增长率对潜在经济增长率的偏离。当总需求持续小于总供给或现实经济增长率持续低于潜在经济增长率时,则会出现通货紧缩现象。

2. 通货紧缩的特征表现为物价水平的持续与普遍地下降

这种物价持续下跌不是由于技术进步和劳动生产率的提高而引起的,不是存在于个别部门和部分产品,也不是短时间,而是较长时间商品和劳务价格普遍地不断地下降,是物价总水平连续下降的动态过程。

3. 通货紧缩同时也是一种实体经济现象

通货紧缩通常与经济衰退相伴随,表现为投资机会相对减少和投资的边际收益下降,由此造成银根紧缩,货币供应量增速持续下降,消费和投资需求减少,失业增加,收入下降,市场低迷。

(二)通货紧缩的成因

1. 紧缩性的货币财政政策

紧缩性的货币或财政政策,大量控制贷款或削减政府开支,限制工资增长等导致货币供应不足,社会需求过分萎缩,市场出现疲软,出现政策紧缩型的通货紧缩。

2. 经济周期的变化

经济周期达到繁荣的高峰阶段,生产能力大量过剩,产生供过于求,可引起物价下跌,出现经济周期型通货紧缩。

3. 投资和消费的有效需求不足

当预期实际利率进一步降低和经济走势不佳时,消费和投资会出现有效需求不足,导致物价下跌,形成需求不足型通货紧缩。

4. 结构失调

如果前期经济中的盲目扩张和投资,造成了不合理的供给结构和过多的无效供给,当积累到一定程度时,必然会加剧供求之间矛盾,一方面许多商品无法实现其价值,会迫使其价格下跌;另一方面大量货币收入不能转变为消费和投资,减少了有效需求。另外如果生产结构的调整跟不上呈升级趋势的消费结构的调整,这些都会导致结构型通货紧缩的发生。

5. 国际市场的冲击

当国际商品市场和金融市场发生动荡,会使一国出口下降,外资流入减少,进出口商品价格随国际市场商品价格的下降而下跌,从而导致国内需求减少。一国开放程度越高,则承受的冲击越大。

(三)通货紧缩的不利影响

通货紧缩是经济失衡的一种状态,其对经济危害巨大。

(1)通货紧缩会导致总需求增长不定,使生产因缺乏应有的需求拉动而发展缓慢甚至停滞,从而会带来市场的萧条和产品滞销的恶果,造成社会资源的严重闲置乃至浪费。

(2)通货紧缩会造成货币运行的失衡,从而会打破国民经济的运行过程,使得商品生产者和经营者因资金不足而相互拖欠,造成产品流通阻滞和产品的大量积压,并由此而引发严重的债务危机和信用危机,最终造成市场萎缩和生产滑坡。

(3)通货紧缩所造成的社会再生产各个环节的梗阻,会严重影响就业的正常增加,并且还会使就业人员的收入下降,从而会引起社会问题,造成社会动荡因素的增加。

(4)通货紧缩会加速经济的衰退。由于物价的持续下跌,必然导致人们对经济前景的悲观预期,持币观望,使消费和投资进一步萎缩。这种状况又加剧了社会需求不足和通货紧缩,使社会经济陷入恶性循环。

第三节 信 用

一、信用的含义

经济学中的信用是与商品货币经济相联系的范畴,指的是一种借贷行为,是以偿还和支付利息为条件的价值运动的特殊形式,体现一定的社会生产关系。其含义理解应把握以下几点:①信用是价值运动的特殊形式。商品交换所引起的价值运动是商品价值与货币价值的等价交换,是商品和货币价值在买卖双方同时的相向运动;但在信用活动中,借贷双方不是同时进行的等价交换,而是价值作为独立的形态进行单方面转移。②信用是有条件的借贷行为。这里的利息就是借贷的条件,借者付出利息时获得商品或货币的使用权,贷者将利息作为贷出商品或货币而取得的报酬。③信用具备三要素。即债权债务关系、一定的期限、信用工具。

二、信用产生的经济基础

人类最早的信用活动,起始于原始社会的实物信用。私有制的产生、剩余产品的出现、贫富的分化是早期信用关系产生的客观基础;货币的产生是信用产生和广泛存在的第二个基础;信用产生于商品流通,又不局限于商品流通,因而商品流通和商品经济的发展也构成了信用存在和发展的基础。

三、信用的经济功能

信用关系在现代经济中已延伸到每个经济组织和个人,在经济运行中起着不可替代的作用。

(一)信用具有配置资源的功能

信用通过其所有权和使用权相分离的特点,改变对资源的配置格局,以实现社会资源的重新组合,达到充分合理运用的目的。如通过银行信用或金融市场,借助于货币形式来完成盈余单位和赤字单位之间的资源分配或调剂。

(二)信用具有促进投资规模扩大的功能

社会经济的增长,有赖于追加投资不断扩大再生产。在储蓄转化为投资的过程中,信用成为推动资金积累的有力杠杆。

(三）信用具有加速商品流转，节省商品流通费用的功能

现代信用制度的存在，使债权债务关系采用转账结算成为现实，这种以信用为基础的结算制度，加速了商品流转，并减少了商品储存以及有关的各种经营费用。

(四）信用具有调节国民经济的功能

在市场经济条件下，信用成了调节国民经济的杠杆。信用的调节功能既可表现在总量上，又可表现在结构上。以银行信用为例：第一，通过信贷规模的变动，调节货币供给量，使货币供给量与货币需求量一致，以保证社会总供求的平衡。第二，通过利率变动，调节需求结构，以实现产品结构、产业结构、经济结构的调整。第三，通过汇率的调整和国际信贷的变动，以达到保证对外经济协调发展、调节国际贸易和国际收支的目的。

四、信用形式及信用工具

信用形式是信用活动的具体表现形式，随着商品货币关系的发展，信用形式也在不断发展和完善。随着信用的发展，各种信用工具不断被创造出来。

（一）商业信用及其工具

商业信用是一种较为古老的信用形式，随着经济的发展而不断得到发展。商业信用是指企业之间以赊销商品和预付货款等形式提供的与商品交易相联系的信用活动。商业信用的主要特点有：①商业信用是处于生产流通过程中的信用，直接为商品生产和流通服务。企业之间不以商品交易为基础的货币借贷，不是商业信用。②商业信用是一个企业以商品形态提供给另一个企业的信用，其借贷双方都是工商企业。企业与个人之间进行的赊销预付不是商业信用。③商业信用是一种直接信用，借贷双方直接达成协议建立信用关系无需信用中介机构的介入。

商业票据是商业信用的工具，主要包括商业本票和商业汇票。商业本票是指债务人向债权人发出的，承诺在一定时期内支付款项的债务证明书。商业汇票是指由债权人向债务人签发，由承兑人承兑，并于到期日向债权人或被指定人支付款项的支付命令书。商业汇票按承兑人不同可分为商业承兑汇票和银行承兑汇票。银行承兑汇票由于银行承担到期无条件支付款项的责任，故它比商业承兑汇票更安全。

商业信用有较大的局限性：①商业信用的规模受企业能提供的资金、数量的限制；②商业信用的供求有严格的方向性；③商业信用受期限、范围的限制。

（二）银行信用及其工具

由于商业信用明显的局限性，在一个高度发达的信用经济社会，商业信用不可能成为主要的信用形式，于是能克服商业信用在信用规模、信用期限等方面缺陷的银行信用就被广泛采用，而且银行信用还处于信用体系的主导地位。

银行信用是银行和各类金融机构以货币形式提供的信用，一方面银行通过吸收存款集中社会闲置资金，另一方面通过发放贷款和证券投资，对吸收的资金加以运用。

银行信用有五方面特点：①银行信用以货币形态提供。货币作为商品交换的一般等价物，具有和其他一切商品交换的能力，所以银行可以向社会各部门提供信用，这就克服了商业信用在供求方向上的局限。②银行信用吸收的是社会闲置资金，在规模上远远大于商业信用。③银行信用的期限灵活，可提供短期信用或长期信用。④银行信用具有广泛的接受性。⑤银行信用具有创造货币的功能。

银行信用工具主要有银行汇票、银行本票、银行支票和银行存单。

银行汇票是银行开出的汇款凭证，由银行签发，交由汇款人自带或寄给异地收款人，凭以向指定银行兑取款项。银行汇票与商业汇票区别在于：①商业汇票由商品交易引起，而银行汇票因款项汇兑而签发，不一定与商品交易有关；②商业汇票的出票人和受票人均为企业，而银行汇票的出票人和受票人都是银行；③银行汇票的信誉较商业汇票高，商业汇票必须经过承兑方能生效。

银行本票是由银行签发，承诺自己在见票时无条件支付确定的金额给收款人或者持票人的票据。银行本票有定额银行本票和不定额银行本票两种。

银行支票是银行的活期存款户对其存款银行签发的，要求从其存款账户上支付一定金额给持票人或指定人的票据。支票的种类和形式有：现金支票和转账支票（按是否支付现金划分）；记名支票和不记名支票（按是否记载受款人姓名划分）；即期支票和远期支票（按支付期限划分）；公司支票和个人支票（按出票人划分）；此外还有保付支票、旅行支票等。

银行存单，即存款单，是由银行发行，记载一定存款金额、期限、存款利率的信用凭证，是存款人的债权凭证。

（三）国家信用及其工具

国家信用是以国家为债务人或债权人利用信用形式筹集或运用财政资金的一种分配形式。其主要形式有：①国家对内发行的公债或国库券、建设债券等政府债券；②国家在国外发行或推销的公债；③国家财政向国家银行的借款，即透支；④国家向国外的借款；⑤国家对国外的贷款等。

国家信用工具是国债。有关国债知识详见本书第四章。

(四) 消费信用及其工具

在市场经济条件下，消费信用不仅是让消费者提前实现购买力，提高生活水平的重要手段，也是生产者及时实现其商品价值，维持再生产持续进行的工具，在一定条件下，还对消费需求具有调控作用。

消费信用是指工商企业、银行或其他金融机构以生活资料为标的向消费者提供的信用。主要有商品赊销、分期付款、消费贷款等形式。消费信用工具主要有消费信贷和信用卡。

消费信贷是指商业银行对消费者个人发放的，用于购买耐用消费品或支付其他费用的贷款。主要包括：①耐用消费品贷款，即银行对城镇居民购买的高中档耐用消费品（如小汽车、家具、家用电器、珠宝首饰等）因自筹款项不足时而发放的贷款；②住房贷款，这类贷款一般以目标住房作为抵押，所以常称为"按揭贷款"；③教育助学贷款。

信用卡是银行或信用卡公司对具有一定信誉的顾客发行的一种消费信用凭证。信用卡持有人可以凭卡在本地或异地的指定商户或约定单位购买商品、劳务等，还可以凭卡向发卡银行或代理机构透支小额现金。接受信用卡的单位每天营业终了向发卡机构索偿款项，发卡机构与持卡人定期结算。

(五) 公司信用及其工具

进入19世纪，一种与个人独资企业及合伙企业不同的新型企业组织形式——公司制，在西方国家得到极其迅速地发展。目前公司制企业主要有股份有限公司和有限责任公司两种形式。

公司信用是以公司为债务人的信用。公司信用不同于商业信用，它与企业的商品交换不直接发生联系，通过发行有价证券筹集货币资金，而不是提供商品赊销。公司信用工具主要有公司债券和股票。

公司债券是公司向外借债的一种债务凭证，一般包括面值（票面金额及币种）、期限、利率及支付方式等要素。股票是指股份公司发给股东作为入股凭证，并借以取得股息收益的一种有价证券。

股票必须以法定格式作成，一般具有以下票面要素：标明"股票"字样、股份公司名称、设立登记年月日、股份总额及每股金额、股票发行的年月日、批准机关名称及批准的日期和文号、发行股票的种类、股息发放日期及地点、记名股票的股东名称、股票转让与过户等事项的规定、公司印章及法人印章、其他需要记载的事项。

股票一般具有如下特征：无期性（即股票一经发行，便具有不可返还的特性）、股东所有权、风险性、流动性。股票与债券的区别主要在性质不同、发行者不同、期限不同、风险和收益不同、责任和权利不同。

（六）其他信用形式

（1）民间信用。民间信用即民间个人之间的借贷活动，其存在的经济基础是个体经济和多种经营方式的存在。借贷形式有直接的货币借贷或实物借贷，民间信用一般具有期限短、利率高、风险大等特点。

（2）租赁信用。租赁信用是以出租物品、收取租金形式提供的信用。

（3）国际信用。国际信用是指不同国家（或地区）间发生的借贷行为。国际信用是国际经济关系的重要组成部分，主要形式有：出口信贷、银行信贷、发行债券、租赁信用、补偿贸易、政府信贷、国际金融机构贷款等。

需要说明的是，在复杂的市场经济及社会再生产过程中，信用形式间有其相互独立、自成一体的一面；同时也有相互联系、制约、交错在一起的一面。但在信用形式的多极关系中，有一个主控点即银行信用，银行信用的规模及其利率影响和制约着其他形式信用规模和状况。

第四节 利息和利息率

一、利息的含义

利息是伴随信用关系的发展而产生的经济范畴，并构成信用的基础。利息是指借款者为取得货币资金的使用权，而支付给贷款者超过借贷货币额的那一部分代价，或者说，是贷款者用暂时让渡资金使用权而取得的报酬。

关于利息的来源和本质西方学者提出众多学说，其中较有影响的有法国萨伊的"资本生产率说"、英国西尼尔的"节欲论"、奥地利庞巴维克的"时差利息论"、英国凯恩斯的"流动性偏好论"。但这些经济学家研究的角度主要从资本的范畴、人的主观意愿和心理活动方面，未揭示出利息的真正本质。而实质上，利息来源于利润，利息是剩余价值的转化形式，体现着借贷双方共同分配劳动者创造的剩余产品的关系，这种分配关系在不同的生产方式条件下反映了不同的生产关系。

二、利率种类

利率是一定利息额与借贷本金的比率。利率的种类繁多，按照不同标准，利率有不同的分类。

（一）按照利率的表示方法不同可分为年利率、月利率、日利率

根据计算利息的不同期限单位，利率有年利率、月利率、日利率之分。通常年利率以本金的百分之几表示，月利率以本金的千分之几表示，日利率以本金的万分之几表示。而且三者的表示方法可相互转化。

（二）按照利率的决定方式不同可分为市场利率和管理利率、公定利率

市场利率是指在金融市场上由借贷双方通过竞争而形成的利率，随着影响的因素变化而变化。管理利率（官定利率）是指一国货币管理部门或中央银行所规定的利率。由银行公会确定的各会员银行必须执行的利率称为公定利率。官定利率和公定利率在一定程度上反映了非市场的强制力量对利率的干预，代表着政府的一定政策意图。

（三）按照利率是否固定可分为固定利率和浮动利率

固定利率是指在整个借贷期限内，利率按借贷双方事先规定，不随市场因素的变化而变动。浮动利率是指在借贷期限内，利率随市场的变化定期调整的利率，调整期限和调整依据由借贷双方在签订借贷协议时商定。

（四）按照利率的决定机制可分为基准利率和差别利率

基准利率指在多种利率并存的条件下起决定作用的利率。当它变动时，其他利率也相应发生变化。差别利率指银行等金融机构对不同部门、不同期限、不同种类、不同用途、不同借贷能力的客户的存贷款制定不同的利率。

（五）按照利率的真实水平可分为名义利率和实际利率

实际利率指货币购实力不变条件下的利率，而名义利率则是包含了通货膨胀因素的利率，一般情况下：

$$名义利率＝实际利率＋通货膨胀率$$

除此以外，利率还有其他一些分类，如：按照信用行为的期限长短分为短期利率和长期利率；按照借贷主体不同分为中央银行利率，商业银行利率和非银行利率；按照是否具备优惠性质分为一般利率和优惠利率；按照存、贷款不同分为存款利率和贷款利率。

三、利息的计算方法

利息的计算应考虑本金、利率、期限、还款方式和计算方法五大因素,具体计算方法有两种。

(一)单利计算法

单利计算法是指在计算利息额时,只按本金计算利息,而不将利息额加入本金进行重复计算利息的方法,用公式表示为:

$$I = P \times r \times n$$

式中:I 为利息额;P 为本金;r 为利率;n 为期限。

(二)复利计算法

复利计算法是指将上一期的利息额加入本金,一同计算下一期利息的方法,其公式为:

$$I = P[(1+r)^n - 1]$$

需要说明的是上述计算中一定要使计算的期限与利率相适应,即如果计算的利率用的是年利率,期限也一定要表示为若干年。同样,如果计算的时间用若干天,那么计算的利率相应也要转化为日利率。

四、决定和影响利率变化的因素

(一)决定利率的基本因素——平均利润率

平均利润率反映的是整个社会的平均利润水平。根据利息的本质,利息是利润的一部分,所以利率的最高上限应是平均利润率,同时利率也不可能为负数或零,否则借贷资本家就无利可图,所以利率应在零与平均利润率之间波动。在这个波动区间,利率的高低还取决于以下一些因素。

(二)影响利率变化的因素

1. 货币资金供求状况

借贷资金作为一种特殊的商品,其价格受供求关系影响大而直接。当借贷资金需求大于供给时,利率就上升,当供给大于需求时,利率就下降。

2. 资本的边际生产效率

在利率水平一定的情况下,如果资本的边际生产效率提高,投资的预期收入会增加,投资需求增大。如果投资需求增加的同时,货币供给没有同时增加或增加幅度不能与新的需求相平衡,则市场利率会上升;投资增加通过乘数作用会使国民收入水平上升,从而使货币需求相应增大,在既定的货币供应量下利率便会上升。

3. 通货膨胀和通货紧缩

通货膨胀发生时,一方面借贷资金的供给方有可能考虑提高利率来弥补纸币贬值的损失,国家为了抑制通货膨胀、稳定物价,有可能通过调高利率,从而影响货币资金的供求状况,达到调节货币流通,控制需求,稳定物价的目的。在通货紧缩情况下,为刺激投资和消费,一般利率都是调低。

4. 国家经济政策

利率是国家对经济活动进行宏观调控的重要工具,国家在各个时期制定的经济政策对经济发展速度、经济结构、资金流向、货币资金的供求状况都会产生直接的影响,也必然成为影响利率的重要因素。如:①中央银行的贴现率:是政府宏观调控的手段之一。改变贴现率首先影响的是商业银行的贷款成本,并同时影响其他市场利率。②地区生产总值:是一个非常重要的宏观经济变量,GDP 的增减意味着经济的增长或衰退,因此利率就不可能不受到它的影响。③财政政策:财政政策对利率的影响主要是增减开支和税收变动。当政府支出增加时,直接提高投资水平,引起收入水平和利率水平的上升;税收的增减往往与国民收入和利率水平呈反方向变化。

5. 国际市场利率水平

国际贸易加强了国际资本的频繁流动,会促使一个市场经济体制下的国家在制定和调整本国利率时,不能不考虑国际市场利率的影响。

总之,影响利率波动的因素很多,现实经济生活中,往往是错综复杂的多种因素共同影响着利率的变化。

五、我国的利率市场化改革

利率作为重要的经济杠杆,在国家宏观调控体系中发挥着重要作用。利率政策是货币政策的重要组成部分,随着我国利率市场化改革的逐步推进,利率政策将逐步从对利率的直接调控转化为间接调控。

(一) 现行的利率工具

目前,中国人民银行采用的利率工具主要有:

(1) 调整中央银行基准利率,包括:再贷款利率(中国人民银行向金融机构发放再贷款所采用的利率);再贴现利率(金融机构将所持有的已贴现票据向中国人民银行办理再贴现所采用的利率);存款准备金利率(中国人民银行对金融机构交存的法定存款准备金支付的利率);超额存款准备金利率(中央银行对金融机构交存的准备金中超过法定存款准备金水平的部分支付的利率)。

(2) 调整金融机构法定存贷款利率。

(3) 制定金融机构存贷款利率的浮动范围。

(4) 制定相关政策对各类利率结构和档次进行调整等。

(二) 我国利率市场化改革的进程

我国高度重视利率市场化改革。在1993年,中共十四届三中全会就提出"中央银行按照资金供求状况及时调整基准利率,并允许商业银行存贷款利率在规定幅度内自由浮动",这是最先明确利率市场化改革的基本设想。

1995年《中国人民银行关于"九五"时期深化利率改革的方案》初步提出利率市场化改革的基本思路。

1996年6月1日放开银行间同业拆借市场利率,实现由拆借双方根据市场资金供求自主确定拆借利率。

1997年6月银行间债券市场正式启动,同时放开了债券市场、债券回购和现券交易利率。

1998年3月改革再贴现利率及贴现利率的生成机制,放开了贴现和转贴现利率,同年9月放开了政策性银行金融债券市场化发行利率。1998年将金融机构对小企业的贷款利率浮动幅度由10%扩大到20%,农村信用社的贷款利率最高上浮幅度由40%扩大到50%。

1999年9月成功实现国债在银行间债券市场利率招标发行。1999年10月对保险公司大额定期存款实行协议利率,对保险公司3 000万元以上、5年以上大额定期存款,实行保险公司与商业银行双方协商利率的办法。逐步扩大金融机构贷款利率浮动权,简化贷款利率种类,探索贷款利率改革的途径。

2000年7月,中国人民银行提出了"先放开外币利率,后放开人民币利率;先放开贷款利率,后放开存款利率"的利率市场化改革整体规划原则。2000年的十五届五中全会、2001年九届人大四次会议提出要"稳步推进利率市场化改革",2002年十六大报告中进一步提出"稳步推进利率市场化改革,优化金融资源配置"。

2003年10月召开了党的十六届三中全会,通过了《中共中央关于完善社会主义市场经济体制改革若干问题的决定》,进一步明确要"稳步推进利率市场化,建立健全由市场供求决定的利率形成机制,中央银行通过运用货币政策工具引导市场利率"。

积极推进境内外币利率市场化。2000年9月,放开外币贷款利率和300万美元(含 300 万美元)以上的大额外币存款利率;300 万美元以下的小额外币存款利率仍由人民银行统一管理。2002 年 3 月,人民银行统一了中、外资金融机构外币利率管理政策,实现中外资金融机构在外币利率政策上的公平待遇。2003 年 7 月,放开了英镑、瑞士法郎和加拿大元的外币小额存款利率管理,由商业银行自主确定。2003 年 11 月,对美元、日元、港币、欧元小额存款利率实行上限管理,商业银行可根据国际金融市场利率变化,在不超过上限的前提下自主确定。

2004 年 1 月 1 日,人民银行再次扩大金融机构贷款利率浮动区间。商业银行、城市信用社贷款利率浮动区间扩大到 0.9～1.7 倍,农村信用社贷款利率浮动区间扩大到 0.9～2 倍,贷款利率浮动区间不再根据企业所有制性质、规模大小分别制定。扩大商业银行自主定价权,提高贷款利率市场化程度,企业贷款利率最高上浮幅度扩大到 70%,下浮幅度保持 10%不变。在扩大金融机构人民币贷款利率浮动区间的同时,推出放开人民币各项贷款的计、结息方式和 5 年期以上贷款利率的上限等其他配套措施。在企业债、金融债、商业票据方面以及货币市场交易中全部实行市场定价,对价格不再设任何限制。随着各种票据、公司类债券的发展,特别是 OTC 市场和二级市场交易不断扩大使价格更为市场化,很多企业,特别是质量比较好的企业,可以选择发行票据和企业债来进行融资,其价格已经完全不受贷款基准利率的限制了。

2007 年 1 月,上海银行间同业拆借利率(SHIBOR)正式运行,市场基准利率体系建设和培育工作逐步展开。SHIBOR 是由信用等级较高的 16 家商业银行自主报出的人民币同业拆借利率。每个交易日对社会公布的 SHIBOR 品种包括隔夜至 1 年共八个关键品种。SHIBOR 基准性地位逐步提高,已成为我国金融市场上重要的指标性利率,在浮动利率债券以及衍生产品方面发挥了定价基准的作用,并且为拆借及回购交易、票据、短期融资(券)等产品提供了重要的定价参考。同时,以培育 SHIBOR 为突破口逐步推进我国金融机构定价机制建设。金融机构初步建立了总利润目标统领的利率定价架构,建立健全了市场化产品定价机制、贷款定价管理机制、内部转移定价管理机制,逐步开发了支持利率定价机制建设的管理信息系统,风险定价水平不断提高。

我国利率市场化改革稳步推进,特别是货币市场利率放开的进度比较快,利率市场化改革取得阶段性成果。一是逐步实现货币市场利率品种的市场化,包括银行同业拆借利率、债券回购利率、票据市场转贴现利率、国债与政策性金融债券的发行利率和二级市场利率等。二是不断简化存贷款利率管理。通过放开或取消管制,提高了商业银行管理利率的自主性。三是先后三次扩大对中小企业贷款的利率浮动幅度,增强了银行贷款的风险管理能力,缓解了中小企业贷款难问题。四是放开了对外币利率的管理。五是中资银行法人对中资保险公司法人试行大额定期存款业务,利率由双方协商确定。

2008年3月国务院总理在两会《政府工作报告》中明确总结到我国"利率市场化改革迈出实质性步伐"。然而,相对于中国经济改革和对外开放的整体步伐而言,利率市场化改革还没有完全到位,还没有完全从"由市场供求来决定"的角度去考虑;在利率水平的价格决定机制中缺乏对风险补偿的考虑,还没有建立风险升水的概念。2011年的《政府工作报告》中强调"实施稳健的货币政策。保持合理的社会融资规模,广义货币增长目标为16%。健全宏观审慎政策框架,综合运用价格和数量工具,提高货币政策有效性。"2012年6月,进一步扩大了利率浮动区间。存款利率浮动区间的上限调整为基准利率的1.1倍;贷款利率浮动区间的下限调整为基准利率的0.8倍。

(三)稳步推进利率市场化改革,不断完善利率调控体系

利率市场化改革应以维护宏观稳定、增强市场化利率作用为宗旨,以完善中央银行宏观调控能力和健全金融机构定价机制为基础,不断创造条件有序推进。

1. 简化利率种类,优化利率结构

贷款利率可按期限简化为短期贷款利率和中长期贷款利率两大类,存款利率种类也可按期限和存款额进行划分,以减少现行种类和档次,形成新的利率结构。除少量有贴息来源的政策性贷款外,要全面清理现行优惠利率。不断扩大金融机构的利率定价自主权,完善利率管理,并通过中央银行的间接调控,引导利率进一步发挥优化金融资源配置和调控宏观经济运行的作用。

2. 理顺利率传导机制

健全利率传导机制是正确贯彻利率政策,发挥利率作用的必要前提。首先,中央银行应具有独立制定利率政策的地位及有效的操作工具和操作能力,制定出相应的法律规范保证利率政策的贯彻实施。其次,加快专业银行商业化的进程,使利率政策能有效地对专业银行和其他金融机构发挥应有的作用,及时按照中央银行利率变动情况进行调整。再次,彻底改变企业资金供给制。建立新型银企关系,强化企业的利益约束,使中央银行的利率政策通过利率政策工具、专业银行及其他金融机构较快地传导到国民经济的各个角落并产生积极的影响。

3. 形成导向性的基准利率

基准利率的最大功能是充当货币当局实施货币政策的传导器,或者说能成为联结中央银行货币政策指标与金融市场变量的纽带。不断完善货币市场制度,把SHIBOR培育成我国的基准利率。首先,要健全信用评级体系,它是基准利率形成的基础。同时,要提高金融机构、企业等微观经济主体对基准利率的反应程度,增

强其利率敏感性。此外,还要提高拆借市场的流动性和报价银行的报价能力,增强拆借交易品种的可交易性和活跃程度。

4. 逐步放开利率

在我国开放利率的大体顺序如下,但可以有适当交叉。①金融市场利率市场化。金融市场利率市场化包括货币市场利率市场化和证券市场的利率市场化。②商业银行贷款利率市场化。在创新银行间市场企业短期融资融券工具基础上,实现企业以债券方式直接筹资的利率市场化。③存款利率市场化。存款利率市场化是利率改革的核心。因存款利率的放开与市场竞争份额直接相关,且外在约束因素又最少。存款利率适当浮动有利于商业银行根据市场供求变动随时调整其经营,从而使储蓄存款能有稳定的增长,并使社会资金的供求能够达到动态的平衡。

5. 逐步建立有效的基准收益率曲线

利率市场化改革的推进,很重要的作用将是下一步有助于形成有效的基准收益率曲线。目前基准收益率曲线存在的问题是期限品种结构不够健全和收益率的市场化决定程度不够高。逐步建立有效的基准收益率曲线,为金融机构及各个金融市场运作提供有效的利率基准。

6. 逐步完善央行利率体系,探索利率调控方式转变

为适应利率市场化改革需要,人民银行逐步加强公开市场操作对商业银行日常流动性的调控,中央银行对金融市场利率的调节作用大幅增强。利率调控由过去单一依靠存贷款利率调整转向存贷款基准利率调整与引导市场利率并重:一方面根据宏观经济、金融运行形势,调整金融机构存贷款基准利率;另一方面,通过公开市场操作、准备金率及再贷款、再贴现等政策工具对商业银行流动性进行调节,引导货币市场利率走势,间接影响存贷款利率。

总之,利率市场化改革的方法并不存在定式,而且利率市场化的政策安排总是在实践中逐步完善和优化的。由于利率市场化所需要的条件与利率市场化是互为一体的,所以我国在加快利率市场化进程的过程中不能忽视为利率市场化改革创造有利条件。

本章主要名词

直接金融　货币层次　货币流通规律　菲利浦斯曲线　信用　银行信用　消费信用　利率

复习思考题

1. 如何理解金融的含义?
2. 信用形式及信用工具有哪些?
3. 试述通货膨胀的含义、成因及对经济的影响。
4. 试述通货紧缩的含义及对经济的影响。
5. 比较直接融资与间接融资。
6. 如何推进中国利率市场化的改革?

第九章 金融机构体系

内容提要与学习要求

本章主要介绍金融机构体系的含义与构成、我国金融机构体系的建立与发展以及中央银行、商业银行、政策性银行的基本知识。通过学习,要求了解金融机构的产生,我国金融机构体系的建立和发展情况,我国目前主要的金融机构以及中央银行的改革情况;掌握金融机构的构成,中央银行的性质与职能,商业银行的性质、职能与组织形式,政策性银行的特征。

第一节 金融机构体系概述

一、金融机构体系的含义与产生

金融机构体系是指一国所有从事金融活动的组织按照一定的结构形成的有机整体及其相互之间的关系。银行是主要的金融机构,它又包括多种类型,如中央银行、商业银行、政策性银行等。另外还有一些非银行性金融机构,如保险公司、财务公司、证券公司等。它们之间相互联系,既有分工又有协作,从而形成一个有机整体。

历史上最早的金融机构是货币兑换业,随着商品流通范围的扩大,各国、各地区使用的铸币的规格、成色、重量、材料等发生了差异。为了顺利进行交易,从商人中分离出一部分人专门从事铸币兑换业务,他们即货币兑换商。经常往来于各地的商人为了避免长途携带货币和保管货币的困难与风险,将货币委托货币兑换商保管,并委托其代理支付和汇兑业务,这样,货币兑换业就演变成货币经营业;随着货币经营业的发展,货币经营者手中逐渐积攒了大量的货币,其中一部分并不需要立即支付,出现了暂时的闲置,他们为了获得更多的收入,便将这些货币贷放给需要资金的人使用,以获取利息,于是货币经营业转变成早期的银行。

早期的银行属于高利贷性质,这一状况不能适应资本主义生产发展的需要,因为过高的利息使职能资本家无利可图。于是,现代银行在资本主义生产方式的基础上建立起来。现代银行主要通过两条途径产生:一是早期银行逐渐适应新的条件,降低贷款利率而转变为现代银行;二是根据资本主义原则组织的股份制银行。最早的股份制银行是 1694 年创办的英格兰银行,它一开始就把贷款利率定在 4.5%~6%之间,而当时的高利贷利率高达 20%~30%,所以英格兰银行的建立标志着资本主义银行制度的确立和高利贷在信用领域的垄断地位被打破。

银行在发展过程中,为了适应自身赖以生存的基础并为其服务,分工愈来愈细,于是出现按服务对象,即服务性质划分的各种专业金融机构,包括专业银行和非银行金融机构,这些金融机构共同构成一国的金融机构体系。

二、金融机构体系的构成

世界各国的金融机构体系,由于政治和经济条件的差异,在机构设置和组成方式上不尽相同,但概括起来都包括银行性金融机构和非银行性金融机构两大类。

(一)银行性金融机构

1. 中央银行

中央银行是代表国家对金融活动进行监督管理,制定和执行货币政策的金融机构。它拥有一个国家的货币发行权,并通过它的业务活动决定其他银行的信用规模。所以中央银行在一国金融机构体系中占据领导核心地位。

2. 商业银行

商业银行是具体办理各种存贷款和结算等业务,以利润为其主要经营目标的银行。它与其他金融机构的区别在于:只有商业银行才能接受活期存款,是惟一能创造和收缩流通手段和支付手段的金融机构,因此又被称为存款货币银行。商业银行在其日常业务活动中,可通过转账结算的方式将其发放的贷款转化为新的存款,从而增加社会货币供给量。商业银行在一国金融机构体系中占主体地位。

3. 专业银行

专业银行是集中经营指定范围内的业务,提供专门性及特定金融服务的银行。专业银行的产生和发展,是社会分工在金融领域的具体体现。根据其设立的目的不同,又可分为政策性专业银行和商业性专业银行。习惯上将前者称为政策性银行,后者称为专业银行。

(1)政策性专业银行。政策性专业银行是政府出于特定目的设立,或由政府施以较大干预,以完成政府的特定任务,满足整个国家社会经济发展需要而设立的专业银行。它一般不与商业性金融机构竞争,也不以利润为其基本经营目标,而是致力于实现社会经济的宏观效益目标,尤其是中长期效益目标,如开发银行、农业银行、进出口银行等。

(2) 商业性专业银行。商业性专业银行是以盈利为目的,从事专门性金融业务的银行,如储蓄银行、投资银行、抵押银行。

储蓄银行是专门办理居民储蓄业务的银行。其资金来源主要是居民储蓄存款;其资金运用主要包括投资政府债券、公司股票及债券,发放抵押贷款,对个人提供分期付款的消费信贷等,剩余资金转存商业银行生息。将社会上分散的、小额的货币集中起来,转化为巨额的社会资本,推动社会经济的发展是储蓄银行特有的功能和作用。

投资银行是专门经营对工商企业投资和长期信贷业务的银行。其资金来源主要通过发行股票和债券来筹集,也可接受大额定期存款或从其他银行获取贷款,一般不吸收存款。其主要业务是购买工商企业的股票和债券,对其进行直接投资;为工商企业代办发行和包销证券;对工商企业发放中长期贷款;参与企业并购;提供投资咨询服务。

抵押银行又称不动产抵押银行,是专门经营以土地、房屋等不动产为抵押的长期贷款银行。其资金来源主要依靠发行不动产抵押债券,同时也吸收少量存款;其资金运用主要是以土地和城市房屋等不动产为抵押品的长期贷款。此外,抵押银行往往也接受有价证券及黄金作为贷款的抵押品。

(二) 非银行性金融机构

与各类银行相比,非银行金融机构业务范围小,专业性强,规模与实力也稍显逊色。但非银行性金融机构是一国金融机构中非常重要的组成部分,它的发展状况是衡量一国金融机构体系是否成熟的重要标志之一。它具体包括证券公司、保险公司、信托投资公司、信用合作社等。

1. 证券公司

证券公司是专门从事各种有价证券经营及相关业务的金融机构。证券公司不仅是证券市场上最重要的中介机构,也是证券市场的主要参与者。它承担着证券代理发行、证券自营买卖、证券代理买卖、资产管理及证券投资咨询等重要职能。世界各国对证券经营机构的划分和称呼不尽相同,美国称投资银行,英国则称商人银行。虽然这些机构也称"银行",但它们与一般的商业银行不同,不能办理可开支票的存款业务,也不能发放工商业贷款。以德国为代表的一些国家实行银行与证券业混业经营,没有专门的证券经营机构;日本等一些国家和我国一样,把专营证券业务的金融机构称为证券公司。

我国证券公司按业务范围可划分为综合类证券公司和经纪类证券公司。前者既能从事经纪业务,也能从事自营业务,后者只能从事经纪业务。

2. 保险公司

保险公司是一种专门经营保险业务的经济组织,对发生意外灾害和事故的投保人予以经济补偿,是一种以经济补偿为特征的特殊融资机构。保险公司的主要经营活动包括财产、人身、责任、信用等方面的保险与再保险业务。保险公司的资金来源是从投保人那里收取的保险费集中起来建立的保险基金及其投资收益;其资金运用除支付赔偿款外,还用于投资政府公债、公司债券和股票、不动产抵押贷款、保单贷款等。保险公司已成为当代各国金融机构体系的重要组成部分。

3. 信托投资公司

信托投资公司是以受托人的身份经营、收受、经理或运用信托资金或财产的金融机构。其信托业务主要包括信托存款、信托贷款、养老金信托、有价证券信托、债权信托、公益事业信托等。除信托业务外,信托投资公司还兼营其他服务性业务,如财产保管、不动产买卖、发行有价证券募集资金、税款的代收代付等。信托投资公司在经营信托业务的过程中,表现出来的突出特点是其投资性。

4. 信用合作社

信用合作社是由社员自愿集资结合而成的互助合作性金融机构,在发达的市场经济国家普遍存在。它的宗旨是促进社员储蓄,并以简便的手续和较低的利率向社员提供优惠贷款。其资金来源主要是社员交纳的股金,其次是存款、公积金和借入资金。其资金运用主要是为社员提供短期生产贷款和消费贷款。

信用合作社与股份制银行不同,其经营目标主要不是盈利,而是为社员服务;其管理方式实行"一人一票",社员不论入股多少,具有同等权力;其盈利主要不是用于股东分红,而是用于积累,以增进社员福利。在我国信用合作社包括农村信用合作社和城市信用合作社。

第二节 我国金融机构体系的建立和发展

一、旧中国的金融机构体系

在我国,现代金融机构的发展比西方发达国家晚。直到1845年我国才出现了第一家现代银行——英国东方银行在中国香港设立的分支机构。1897年,中国人自己创办的第一家银行——中国通商银行在上海成立,这是一家民族资本银行。

1927年后,国民党政府为了巩固其政治统治,加强对经济的控制,于1928年建立中央银行,接着通过"官股"掺入控制中国银行和交通银行,又于1935年成立中国农民银行。此外国民党政府还陆续增设邮政储金汇业局、中央信托局和中央合作金库,从而形成了旧中国官僚买办金融机构体系,简称为"四行、二局、一库"。

与国民党统治区金融机构体系相对应的是解放区的金融机构体系。由于在农村建立了革命根据地,并且在经济上要加以巩固,相应地就建立起革命根据地银行。它们除发行货币外,还对根据地的农民发放贷款,这对发展农业生产和抵制高利贷起了很大作用。

二、新中国金融机构体系的建立

新中国金融机构体系是在合并革命根据地银行,组建中国人民银行的基础上逐渐建立起来的。其建立的途径有:

(一)合并革命根据地银行,组建中国人民银行

1948年解放战争转入战略性进攻阶段,各个老解放区连成一片,对根据地银行也提出了联合要求。经过充分酝酿准备,于1948年12月1日在合并原华北银行、北海银行、西北农民银行的基础上组建了中国人民银行。中国人民银行的成立,标志着新中国金融机构体系的建立。

(二)没收官僚资本银行,改造民族资本银行

新中国成立后,根据国家总政策的要求,对原国民党统治区的银行采取区别对待的政策:对官僚资本银行实行没收政策,由中国人民银行接管;对民族资本银行实行赎买和利用、限制和改造相结合的政策,一方面允许其继续正当经营,另一方面对其进行严格的监管,并逐步通过公私合营等形式,于1952年12月成立了全国统一的公私合营银行,从而完成了对民族资本银行的社会主义改造。

(三)取消外国在华银行的特权

鸦片战争以后,帝国主义纷纷来华开设银行。它们凭借其政治上和经济上的特权在我国发行货币,操纵金银外汇行市,形成业务经营上的垄断地位,成为帝国主义对旧中国进行经济侵略的工具。新中国成立后,为了保证国家经济上的独立自主,维护国家政治主权,取消了外国在华银行的特权。特权被取消后,仍准其在遵守中国政府法令,接受中国人民银行监管的条件下继续经营,对它们的合法经营和合法权益,给予法律保护。但特权被取消后,外国在华银行无法获得垄断利润,业务也日趋减少,新中国成立后不久,便纷纷撤离中国。

（四）其他金融机构的建立和发展，包括建立和发展农村信用合作社与成立中国人民保险公司

早在第二次国内革命战争时期，革命根据地就建立了农村信用社。新中国成立后，农村信用合作社得到了迅猛的发展。到1955年，全国基本上达到了乡乡有信用社。它的普遍建立，使得我国金融体系能够延伸到广大农村的每个角落，为农村经济发展服务。中国人民保险公司是我国专门经营国内外保险业务的非银行金融机构，成立于1949年10月20日，先后开办了城市财产保险、农业保险、人身保险等险种。

三、我国金融机构体系的发展

我国金融机构体系自建立至今，大致经过了四个发展阶段。

（一）新中国成立至1978年的单一国家银行的金融机构体系

这种金融机构体系是在建国后为集中力量进行大规模社会主义建设，借鉴苏联高度集中的计划管理模式建立起来的。这种金融机构体系的突出特点是：

(1) 金融机构单一。全国只有中国人民银行一家银行，它既是发行货币、管理全国金融事业的国家机关，又是办理各种信用、结算业务的经济组织。

(2) 实行统存统贷的高度集中的资金管理体制。中国人民银行各级分支机构吸收的存款全部上缴总行，所需信贷资金由总行层层下达指标。

(3) 实行统收统支的利润分配制度。各级银行的各项收入上缴总行，各项支出由总行核批下拨。

这种高度集中的金融机构体系与当时的计划经济管理体制相适应。它有利于国家集中资金，保证重点建设的资金需要；但不利于调动各级银行机构的积极性。

（二）1979年～1982年的多元混合型金融机构体系

十一届三中全会以后，我国经济体制进行了一系列改革。在金融机构体系上表现为：1979年中国银行、中国农业银行先后从中国人民银行中分设出来；1980年中国人民建设银行从财政部独立出来，承担基本建设投资"拨改贷"工作。另外，1979年成立了中国国际信托投资公司，1980年恢复了中国人民保险公司的国内保险业务。这样，我国从单一国家银行的金融机构体系逐渐发展为多元混合型金融机构体系。在这种金融机构体系下，各家银行从事自己的业务工作，专业分工比较明确。中国人民银行既经营信贷业务，又行使中央银行的宏观管理职能，这种"一

身二任"的做法不利于中国人民银行发挥中央银行的职责,不利于对金融全局的调控和管理。

(三)1983年~1993年的以中央银行为领导,专业银行为主体,多种金融机构并存和分工协作的金融机构体系

为加强银行分设后的金融宏观调控,完善已有的金融机构,1983年9月,国务院决定中国人民银行专门行使中央银行的职能,领导和管理全国的金融事业,为国家宏观决策服务,并于1984年1月1日,专设中国工商银行,承担原来由中国人民银行办理的工商信贷和城镇居民储蓄业务。1986年针对四大专业银行在各自的业务领域垄断的局面,国务院决定重组交通银行,进行综合性商业银行的试验。随后陆续成立了一些区域性商业银行和非银行性金融机构。

(四)1994年以来的以中央银行为领导,国有商业银行为主体,政策性金融与商业性金融相分离,多种金融机构并存与分工协作的金融机构体系

为了适应建立社会主义市场经济体制的需要,更好地发挥金融在国民经济宏观调控和优化资源配置的作用,国务院决定从1994年起改革金融体制。在金融机构的设置方面具体表现为:将原先由各专业银行经营的政策性业务分离出来,由新成立的三家政策性银行(国家开发银行、中国进出口银行、中国农业发展银行)办理;原来的四大专业银行逐渐向国有商业银行转化,并以此为基础,建立起我国的商业银行体系。目前,我国已形成了以国有商业银行为主体,其他金融机构并存,功能齐全,形式多样,分工协作,互为补充的多层次金融体系。

为了进一步开拓和完善金融市场,1990年12月和1991年7月上海和深圳两个证券交易所相继建立,之后,经营证券业的证券机构和基金组织不断增加。1992年8月,国务院决定成立中国证券监督管理委员会(即证监会),将证券业的监管职能从中国人民银行分离出来。1998年,国务院决定成立中国保险监督管理委员会(即保监会),将保险业的监管职能从中国人民银行中分离出来。2003年,十届人大一次会议决定,成立中国银行监督管理委员会(即银监会),统一监督管理银行、金融资产管理公司、信托投资公司及其他存款类金融机构,从而建立了由银监会、证监会和保监会分工明确、互相协调的金融分工监管体制。

1994年后我国的金融机构体系可用图9-1表示。

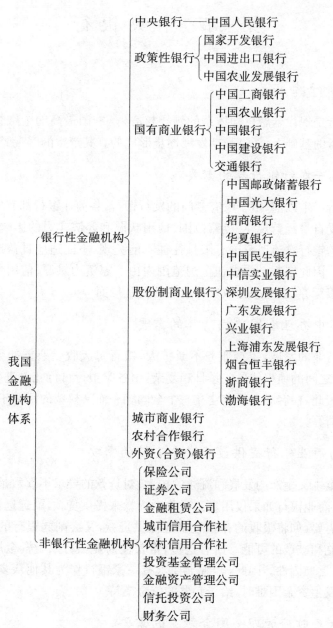

图 9-1　1994 年后我国金融机构体系构成图

第三节 中央银行

一、中央银行的产生

中央银行是现代金融机构体系的领导核心,是一国最高的金融管理机构。它是在商业银行的基础上,经过长期发展逐步形成的。其产生的客观经济条件有:

(一) 统一发行银行券的需要

中央银行产生以前,由于没有专门的发行银行,各商业银行都有发行银行券的权力。由于受自身经营规模、经营范围、信用状况和经济实力的影响,这些小的商业银行发行的银行券流通范围有限且往往不能兑现,不能适应日益扩大的生产和流通的需要。因此客观上要求在全国范围内由一家资力雄厚、信用卓著的大银行来集中发行银行券,以克服分散发行造成的混乱局面。

(二) 集中办理全国票据清算的需要

随着银行业的发展,银行业务不断扩大,银行每天收受票据的数量也逐渐增多,各个银行之间的债权债务关系日趋复杂,由各家银行自行轧差进行当日清结已发生困难。因此,在客观上要求建立一个全国统一而又权威的清算中心,集中办理全国的票据清算。

(三) 为商业银行提供最后资金支持的需要

随着资本主义生产的发展和流通的扩大,对贷款的要求不仅数量增多了,而且期限延长了,商业银行如果仅用自己吸收的存款来提供贷款,就远远不能满足社会经济发展的需要,如将吸收的存款过多地提供贷款,又会削弱银行的清偿能力,使银行发生挤兑和破产的可能。所有这些,常常使商业银行限于资金周转困难的窘境,使银行缺乏稳固性。因此,客观上要求有一家银行作为其他众多银行的靠山,在商业银行发生资金困难时,给予必要的资金支持。

(四) 代表政府管理全国金融业的需要

由于银行业的竞争日趋激烈,银行经营的稳定性受到威胁,而竞争中银行的破产、倒闭将会给经济带来巨大的震荡。因此,客观上需要有一个代表政府意志的、超然于所有金融企业之上的专门机构对金融业进行管理、监督和协调,以保证金融业有序地发展和规范化经营。

正是为了适应上述需要,中央银行才得以产生。中央银行的产生有一个过程,最早的中央银行是在1844年英国国会通过《比尔条例》,确定英格兰银行垄断英国银行券的发行权后产生的。

二、中央银行的类型

由于世界各国各地区的社会制度、政治体制、经济发展水平以及金融业发展程度等各不相同,因而中央银行制度也有差异。目前世界各国各地区的中央银行类型大致有:

(一) 单一中央银行制

单一中央银行制是指国家或地区单独建立中央银行机构,全面、专门行使中央银行职能并领导管理全国或全地区金融事业的制度。它又分为一元的中央银行制和二元的中央银行制。一元的中央银行制是指在国内或地区内只设一家统一的中央银行,机构设置一般采用总分行制。世界上大多数国家如英国、法国、日本和我国都采用此制度。二元的中央银行制是指在国内设立中央和地方两级相对独立的中央银行机构,分别行使金融管理权。采用这种结构的国家,一般都实行联邦政治体制,如美国、德国等国家。

(二) 复合中央银行制

复合中央银行制是指在一个国家或地区没有单独设立中央银行,而是由一家大银行既行使中央银行职责,又经营一般银行业务的银行体制。我国在1984年以前以及前苏联和东欧等国,实行的是这种体制。现在已较少有国家采用此种制度。

(三) 跨国中央银行制

跨国中央银行制是指由参加某一货币联盟的所有成员国联合组成中央银行的体制。跨国中央银行是参加货币联盟的所有国家共同的中央银行,它发行共同的货币,为成员国制定共同遵守的金融政策,协调各成员国的经济发展。采用这种中央银行制度的有西非货币联盟、中非货币联盟所设的中央银行以及欧洲货币联盟中央银行。

(四) 准中央银行制

准中央银行制是指在一些国家或地区,并无通常意义上的中央银行,只设置类似中央银行的机构,或由政府授权某个或几个商业银行,部分行使中央银行职能的制度。新加坡的中央银行制度属于此种类型。新加坡的货币发行机构是货币局,金融管理局履行银行管理、收缴存款准备金等职能。

三、中央银行的性质和职能

(一) 中央银行的性质

中央银行的性质是由其在国民经济活动中的特殊地位所决定的。中央银行是一国金融制度中最高的管理当局,是政府在金融领域内的代理人。它居于一国的货币、信用和金融机构的枢纽与中心地位,制定和执行一国的货币政策,监督和管理一国的金融事业。因此,中央银行是国家管理金融的职能机关。

中央银行与商业银行有很大的不同,其业务活动的主要特征是:①不以营利为目的。中央银行业务活动的目的是为了实现社会经济的某些目标,如促进经济增长、稳定物价等;②不经营一般银行的业务;③处于超然地位,为实现国家政策服务。

(二) 中央银行的职能

中央银行的职能是中央银行性质的具体表现。其基本职能有:

1. 中央银行是发行的银行

在现代金融机构体系中,中央银行首先是发行的银行,即中央银行依法独占货币发行权,成为全国惟一的货币发行机构。这一方面可以为中央银行调控金融和经济提供资金来源,为中央银行调控金融和经济提供资金力量;另一方面,国家可通过这种职能获得货币发行的利益。

2. 中央银行是银行的银行

中央银行一般不同工商企业和个人发生直接的信用关系,只与商业银行和其他金融机构发生业务往来。这一职能具体表现在:①集中管理商业银行的存款准备金;②充当商业银行等金融机构的最后贷款人;③作为全国票据的清算中心,集中办理各金融机构间的票据清算;④监督和管理全国的金融机构,防止各金融机构在经营过程中的不法行为。

3. 中央银行是政府的银行

中央银行是政府管理金融业的职能部门。它代理国库,为国家提供各种金融服务,代表国家制定和执行货币金融政策,代表政府参与国际金融活动。

四、我国的中央银行

中国人民银行是我国的中央银行,是在国务院直接领导下负责管理全国金融事业的国家机关。它成立于1948年,在1984年以前,中国人民银行既行使中央银行职能,又对企业单位和居民个人办理存、贷款等业务。1983年9月,国务院决定中国人民银行专门行使中央银行职能,同时成立中国工商银行,办理有关具体金融业务。1993年12月,《国务院关于金融体制改革的决定》进一步明确中国人民银行的主要职能是制定和实施货币政策,保持货币的稳定;对金融机构实行严格的监管,维护金融机构体系安全、有效地运行。

1995年3月18日,第八届全国人民代表大会第三次会议通过了《中华人民共和国中国人民银行法》(以下简称《中国人民银行法》),至此,中国人民银行作为中央银行以法律的形式被确定下来。2003年12月27日,全国人大常委会对《中国人民银行法》进行了修订,人民银行监管金融机构的职能转交给新成立的银监会,人民银行主要负责实施货币政策、维护金融稳定和提供金融服务,并增加了反洗钱和管理信贷征信业两项职能。

(一)中国人民银行的性质和地位

中国人民银行是我国的中央银行。中国人民银行在国务院领导下,制定和执行货币政策,防范和化解金融风险,维护金融稳定。

根据《中国人民银行法》的规定,中国人民银行在国务院领导下,依法独立履行职责,不受地方政府和各级政府部门的干预。中国人民银行相对于国务院其他部委和地方政府具有明显的独立性。财政不得向中国人民银行透支;中国人民银行不得直接认购政府债券,不得向各级政府贷款,不得包销政府债券。中国人民银行分支行是总行派出机构,它执行全国统一的货币政策,其职责的履行也不受地方政府干预。

(二)中国人民银行的职责

修订后的《中国人民银行法》将中国人民银行的职责调整为制定和执行货币政策、维护金融稳定和提供金融服务三个方面,具体职责有以下十三项:

(1)发布和履行与其职责有关的命令和规章;
(2)依法制定和执行货币政策;
(3)发行人民币,管理人民币流通;
(4)监督管理银行间同业拆借市场和银行间债券市场;
(5)实施外汇管理,监督管理银行间外汇市场;
(6)监督管理黄金市场;
(7)持有、管理、经营国家外汇储备、黄金储备;
(8)代理国库;
(9)维护支付、清算系统的正常运行;

(10) 指导、部署金融业反洗钱工作,负责反洗钱的资金监测;
(11) 负责金融业的统计、调查、分析和预测;
(12) 作为国家的中央银行,从事有关的国际金融活动;
(13) 国务院规定的其他职责。

第四节 商业银行

一、商业银行的性质

在商品经济条件下,工农业生产部门创造的价值,必须通过流通部门来实现。流通领域在实现商品价值时,不仅要有商业从事商品购销活动,而且也要有银行从事资金融通、转账结算等金融业务。商业银行与其他工商业相比,虽然分工不同,但其经营活动均以营利为目标,都要受平均利润率的支配。所以,从商业银行在社会再生产过程中的地位和所具备的特征看,它是企业。但商业银行的经营对象不是普通商品,而是货币或货币资本这种特殊的商品;其经营方式亦非普通的商品买卖,而是货币资本有条件的暂时让渡。因此,商业银行是经营货币资本的特殊企业。

二、商业银行的职能

商业银行的职能是由其性质决定的,主要有以下几个方面:

(一)信用中介

这是商业银行最基本的职能。商业银行一方面通过吸收存款的方式,动员和集中社会各方面暂时闲置的货币资金;另一方面以贷款方式把这些资金投向社会经济各部门,形成生产要素,从而把借贷双方巧妙地联系起来,成为借贷双方的中介人,发挥着信用中介的职能。

(二)支付中介

银行在办理与货币收付有关的服务性业务时,执行支付中介职能,如根据客户的委托办理货币的收付、结算、汇兑和保管等业务,这时银行成为客户的"账房"和"出纳"。商业银行的支付中介职能,不仅节约了社会流通费用,还加速了资本周转,从而促进生产和流通顺利进行。

(三)信用创造

这一职能是在信用中介和支付中介的基础上产生的。它是指商业银行通过吸收活期存款、发放贷款以及从事投资业务衍生出更多存款货币,从而扩大社会货币供给量。商业银行通过信用创造职能,能超出自有资本和吸收资金的总额而扩大信用,满足社会再生产对流通手段和支付手段的需要,节约社会流通费用。

(四)金融服务

这一职能是商业银行发展到现代银行阶段的产物。商业银行利用其联系面广、信息灵通快捷的优势,借助于电子银行业务的发展,在传统的资产业务以外,不断开拓业务领域,开办了一系列的服务性业务,从而使商业银行具有了金融服务职能,如代收代支、咨询、资信调查、充当投资顾问等。

上述商业银行的四个职能中,信用中介是最基本的职能,支付中介职能是由商业银行的前身——货币经营业转化而来的,其他两个职能则是在信用中介和支付中介的基础上派生出来的。这些职能显示了商业银行在国民经济中的重要作用,成为联结国民经济活动的"纽带"和整个国民经济活动的"神经中枢"。

三、商业银行的类型

按商业银行的业务经营范围划分,西方商业银行在发展过程中经历了两种类型:职能分工型和全能型。

职能分工型商业银行是指实行这种类型金融体制国家的商业银行,其主要的经营业务被限制在短期工商信贷范围内,一般不允许经营长期证券业务、信托业务等,如20世纪30年代资本主义大危机后的美国、英国、日本等国家的商业银行。

全能型商业银行又称综合型商业银行,实行这种类型金融体制国家的商业银行可以经营一切金融业务,包括各种期限和种类的存贷款,各种证券买卖以及信托、支付清算等业务,如德国、奥地利和瑞士的商业银行。

自20世纪70年代以来,随着金融创新的迅猛发展,商业银行的业务经营日趋向全能型方向发展。原因在于:金融业务竞争日趋激烈,商业银行面对其他金融机构的挑战,不得不广泛开展其他业务以加强自己的竞争能力。另外,商业银行的负债业务结构不断向长期、稳定的方向发展,银行也逐渐从事长期信贷和长期投资的活动。在此形势发展之下,实行职能分工型商业银行的国家也逐步放宽对商业银行业务分工的限制。

四、商业银行的组织形式

商业银行的组织形式是指商业银行在社会经济生活中的存在形式。由于各国的政治经济情况不同,各国商业银行的组织形式也有所不同。归纳起来,有如下几种形式:

(一)单一银行制

单一银行制也称单元制,是指银行业务只由一个独立的银行机构经营而不设分支机构的组织形式。单一银行制有利于限制银行业的集中和垄断,但中小银行抵御风险的能力相对较弱。单一银行制的典型代表是美国,但随着经济的发展,地区经济联系的加强,加上金融业竞争的加剧,金融管制的放松,美国已不完全实行单一银行制。

(二)总分行制

总分行制也称分支制,是指银行在大城市设立总行,然后根据需要在本市及国内外各地设立不同级别的分支机构,形成庞大银行网络的组织形式。在这种形式下,分支行的业务和内部事务统一遵照总行的指示办理。目前,我国和世界上大多数国家的商业银行均采用这种形式。它的优点在于:能广泛吸收社会闲散资金,实现大规模经营;能在众多的分支行间调度资金,提高资金的使用效率;有利于分散信贷风险,确保银行经营的稳健性以及便于中央银行的监管。缺点是容易形成垄断。

(三)集团银行制

集团银行制也称持股公司制,是指由某一集团成立股权公司,再由该公司收购两家以上的若干银行,这些银行在法律上仍然保持独立性,但业务经营都由同一股权公司所控制。由于集团银行制回避了开设分支机构的限制问题,所以在美国得到了较好的发展。集团银行制有两种类型:一是由非银行的大企业通过控制银行的大部分股权而组建起来的,二是大银行通过控制小银行的大部分股权而组建起来。

(四)连锁银行制

连锁银行制是指两家以上商业银行受控于同一人或同一集团,但不以股权公司的形式出现的组织形式。这种组织形式下的成员银行,在法律上是独立的,但实际上所有权由一人或一个集团控制。它与集团银行制的区别在于不需要成立控股公司,因此它对银行的控制不如集团银行制强。

五、我国主要的商业银行

我国的商业银行,按所有制性质划分,有国家控股商业银行、股份制商业银行和合作性质的商业银行,其中以国家控股商业银行为主体;从业务经营范围看,由于我国目前实行金融分业经营、分业管理的政策,我国现有商业银行偏向于职能分工型;从组织形式上看,我国的商业银行实行的是分支行制。我国目前主要的商业银行有:

(一) 中国工商银行

中国工商银行成立于1984年1月1日,以经营城市工商信贷和城镇居民储蓄业务为主,兼营其他金融业务,在业务上受中国人民银行指导。经过多年发展,中国工商银行进一步拓展了业务范围,成为我国一家以经办城市金融业务为主的多功能的国有商业银行。目前,中国工商银行的资产负债规模居我国各商业银行之首。中国工商银行总行设在北京,在全国各地设有分支机构。2006年10月中国工商银行在上海和中国香港同步上市。

(二) 中国银行

中国银行是我国现有银行中历史最悠久的银行,其前身是1905年由清政府户部奏请成立的户部银行,1908年改为大清银行。1912年更名为中国银行,成为当时的中央银行。1949年10月被人民政府接管,成为中国人民银行的国外业务管理局。1979年3月,中国银行从中国人民银行中独立出来,成为专门经营外汇业务的专业银行。经过多年发展,中国银行已成为以经营外汇业务为主的全方位经营各种商业银行业务的商业银行。中国银行总行设在北京,在国内大中城市和世界主要国际金融中心设有分支机构。2006年6月中国银行在中国香港成功上市,并于当年7月在上海证券交易所上市。

(三) 中国农业银行

中国农业银行成立于1949年2月,其后随着国家对农业政策的变更,多次撤销又恢复,并最终于1979年2月恢复,成为我国专门经营农村金融业务的专业银行。经过多年的发展,其业务范围不断扩展,已发展成为以办理农村金融业务为主的多功能的国有商业银行。中国农业银行总行设在北京,在全国各地设有分支机构。中国农业银行于2010年7月在上海和中国香港分别上市。

(四) 中国建设银行

中国建设银行原名中国人民建设银行,成立于1954年10月1日。成立时隶属财政部,办理全国基本建设投资的拨款工作。1980年从财政部独立出来,主要办理基本建设投资"拨改贷"业务。1996年更名为中国建设银行。现在它已发展成为以经营中长期信贷业务为主,同时经营多种金融业务的国有商业银行。中国建设银行总行设在北京,在全国各地设有分支机构。中国建设银行于2005年10月在中国香港成功上市,并于2007年9月在上海证券交易所上市。

(五)交通银行

交通银行建于1908年,是我国早期的银行之一。国民党统治时期成为四大官僚资本银行之一。新中国成立后,交通银行被人民政府接管。1958年,除中国香港分行继续营业外,交通银行的国内机构一律并入当时的中国人民银行和中国人民建设银行。1986年7月,国务院批准重新组建交通银行,并于1987年4月1日正式对外营业。其总管理处设在上海,分支机构主要设在经济中心城市。重新组建的交通银行以发行股票的方式筹集它所需要的经营资本,是一家以公股为主,地方政府、企事业单位及个人参股为辅的股份制全国性商业银行。它改变了以往四大专业银行业务严格分工的模式,广泛开展多种金融业务。在内部管理制度方面,实行董事会领导下的总经理负责制,董事会是最高决策机构。交通银行于2005年6月在中国香港成功上市,并于2007年5月在上海证券交易所上市。

第五节 政策性银行

一、政策性银行的概念及特征

政策性银行是指由政府设立,以贯彻国家产业政策、区域发展政策为目的,不以营利为目标的金融机构。政策性银行与商业银行相比,有相同的地方,如对贷款要严格审查,贷款要还本付息等,但也有其自身的特征。

(1) 经营的目的是为了实现政府的政策目标。政策性银行作为隶属于政府的金融机构,其业务活动严格执行政府的意图,更多地考虑国家的整体利益、社会效益,而不以营利为主要经营目标。因此,如果出现了亏损,一般由财政弥补,但不能把政策性银行的资金当做财政资金来使用。作为金融机构,它也要在经营中实行独立核算、自主经营和自负盈亏,力争保本微利。

(2) 资金来源主要是政府财政拨款和发行政策性金融债券。另外,还向政府借款以及向国内其他金融机构和国际金融机构借款,而不面向公众吸收存款。

(3) 资金运用以发放中长期贷款为主,贷款利率一般低于同期限的商业银行贷款利率。

(4) 政策性银行有自己特定的服务领域,其名称往往与其特定服务领域相适应,而不与商业银行竞争。

二、政策性银行的种类

目前,按照业务范围划分,各国的政策性银行有如下几种:

(一)开发银行

开发银行是专门为政府经济开发和发展提供中长期投资性贷款的银行。设立开发银行,是世界上许多国家特别是发展中国家通行的做法。国家在经济建设过程中,一些长期开发性投资,如基础设施和重点项目的建设,需要的投资金额大、时间长,且投资回收慢,商业银行一般不愿或无力承担,而这些投资又是国家长期经济发展所必需的。因此,便由政府设立开发银行来承担此类业务。

(二)农业银行

农业银行是指经营农业以及与农业有关的信贷业务,贯彻政府支持农业发展政策的银行。这是许多以农业为基础的国家普遍设立的银行。农业是个收益低、风险高的产业,农业信贷风险大,利润低,一般商业银行不愿承担此类业务,但农业是国民经济的基础,因此,便由政府设立农业银行来承担此类业务。

(三)进出口银行

进出口银行是指专门为本国商品进出口提供信贷及其相关服务,以推动国家进出口贸易发展的银行。一般说来,各国政府创立进出口银行是为了促进本国商品的出口,协助出口商对国外买主提供分期或延期支付方便,并通过优惠信贷来增强本国商品的出口竞争能力。另外,进出口银行也经办政府的对外投资和援助项目。

三、我国的政策性银行

为了适应社会主义市场经济体制的需要,实现政策性金融与商业性金融的分离,1994年我国先后组建了三家政策性银行,即国家开发银行、中国进出口银行和中国农业发展银行。

(一)国家开发银行

国家开发银行正式成立于1994年3月,注册资本金为500亿元人民币,从国家财政逐年划拨的经营性建设基金和经营基金回收资金中安排。它是我国成立的第一家,也是最大的一家政策性银行。

国家开发银行的主要业务有:①管理和运用国家核拨的预算内经营性建设基金和贴息资金,②发行金融债券和财政担保建设债券,③办理有关的外国政府和国际金融机构贷款的转贷,④经国家批准在国外发行债券,⑤向国家基础设施、基础产业和支柱产业的大中型基本建设和技术改造等政策性项目及其配套工程发放政策性贷款,⑥办理建设项目贷款条件的评审、咨询和担保等业务。

国家开发银行的总部设在北京,经批准可在国内外设置必要的办事机构。其在业务上接受中国人民银行的指导和监督。

2007年1月召开的全国金融工作会议明确,国家开发银行将在三家政策性银行中率先进行改革,按照建立现代金融企业制度的要求,全面推行商业化运作,自主经营、自担风险、自负盈亏,主要从事中长期业务。随后,国务院成立了国家开发银行改革工作小组,由中国人民银行牵头,财政部、银监会、商务部、国务院法制办等部门参与起草改革方案。2008年2月,国家开发银行改革方案获得国务院批准,国家开发银行将由政策性银行转型为商业银行,实施股份制改造,建立健全公司治理结构,并在条件成熟时择机上市。2008年12月11日,国家开发银行整体改制为国家开发银行股份有限公司。

(二)中国进出口银行

中国进出口银行正式成立于1994年7月,注册资本金为33.8亿元人民币,由国家财政全额拨给。

中国进出口银行的主要业务有:①为机电产品和成套设备等资本性货物的出口提供出口信贷业务;②办理与机电产品和成套设备出口有关的政府贷款、混合贷款、出口信贷的转贷;③组织或参加国际、国内银团贷款;④办理出口信用保险、出口信贷担保和进出口保险业务;⑤发行金融债券;⑥提供进出口业务咨询和项目的评审,为对外经济技术合作和贸易提供服务。

中国进出口银行总行设在北京,不设营业性分支机构,但根据业务需要和发展情况,在一些业务量比较集中的城市设立办事处或代表处。其在业务上接受中国人民银行的指导和监督。

(三)中国农业发展银行

中国农业发展银行正式成立于1994年11月,注册资本金为200亿元人民币,其中一部分从中国农业银行、中国工商银行原有信贷基金中划转,其余部分由财政部拨付。

中国农业发展银行的主要业务有:①办理粮食、棉花、油料、猪肉等主要农副产品的国家专项储备贷款;②办理粮、棉、油、肉等农副产品的收购贷款及粮油调销、批发贷款;③办理国务院确定的扶贫贴息贷款、老少边穷地区发展经济贷款、农业综合开发贷款以及其他财政贴息的农业方面贷款;④办理国家确定的小型农、林、牧、水利基本建设和技术改造贷款;⑤办理中央和省级政府的财政支农资金的代理

拨付;⑥发行金融债券,在境外筹资。

中国农业发展银行总行设在北京,在机构设置上有别于其他两家政策性银行,在全国设有分支机构。其在业务上接受中国人民银行的监督和管理。

本章主要名词

金融机构体系 中央银行 单一中央银行制 商业银行 总分行制 政策性银行

复习思考题

1. 金融机构体系是怎样构成的?
2. 我国金融机构体系的建立和发展情况怎样?
3. 中央银行是怎样产生的?它有哪些类型?它具有什么职能?
4. 商业银行的职能有哪些?它有哪些组织形式?
5. 政策性银行具有什么特征?它有哪些具体类型?

第十章　金融市场

内容提要与学习要求

本章主要介绍金融市场的基础知识，并着重介绍几种具体的市场类型，即货币市场、资本市场、外汇市场与黄金市场。通过本章的学习，要求了解金融市场的概况，掌握金融市场的概念与构成要素、货币市场与资本市场的主要内容，了解外汇市场和黄金市场的基本内容。

第一节　金融市场概述

一、金融市场的含义

金融市场通常是指以金融资产为交易对象而形成的供求关系及其机制的总和。它包括以下三层含义：第一，金融市场是进行金融资产交易的场所。这个场所既可以是有形的，也可以是无形的。有形的场所一般有固定的地点和交易设施，最典型的就是证券交易所。而交易者分散在不同地点或采用电信网络进行交易的市场则为无形市场，如场外交易市场和全球外汇市场。第二，金融市场反映了金融资产的供应者和需求者之间的供求关系，揭示了资金的集中和传递过程。第三，金融市场包含金融资产交易过程中所产生的各种运行机制，其中最主要的是价格机制。

金融市场有广义和狭义之分。广义的金融市场泛指资金供求双方运用各种金融工具，通过各种形式进行的全部金融性交易活动，包括金融机构与客户之间、各金融机构之间的金融活动，如存款、贷款、票据抵押与贴现、信托、租赁、保险、有价证券买卖、黄金外汇交易等。狭义的金融市场则一般限定在以有价证券为金融工具的交易活动、金融机构间的同业拆借、黄金外汇的交易活动等范围内。通常所说的金融市场主要是指后者。

二、金融市场的构成要素

金融市场的构成要素很多,概括起来主要有以下五个方面。

(一)金融市场的主体

金融市场的主体即参与者,是指参与金融市场交易活动的任何单位和个人。现代金融市场的参与者包括社会经济生活的各个部门,具体有:个人、企业、政府机构和金融机构。金融市场的参与者必须是能够独立做出决策,并承担利益和风险的经济主体。从它们与资金的关系来看可分为两类:资金供给者和资金需求者。

(二)金融市场的客体

金融市场的客体就是指金融市场的交易对象,也就是通常所说的金融工具和金融商品。金融工具是以书面形式发行和流通,借以证明相关当事人权利和义务的合法凭证。金融交易是一种有偿转让资金的活动,为了可靠地确定货币资金交易双方的权利和义务,金融交易需要借助于金融工具进行。从性质上来看,金融工具包括债权债务凭证(如债券、票据)和所有权凭证(如股票)。金融工具的种类繁多,各具特色,能够分别满足资金供求双方的不同需要,由此形成了金融市场的各类子市场。

(三)金融市场的媒介

金融市场的媒介是指从事交易或促使交易完成的机构和个人。金融市场媒介与金融市场主体一样,都是金融市场的参与者,因而在金融市场上的某些作用是相同的,但两者之间又有着重要区别。首先,金融市场媒介参与金融市场活动,但并非真正意义上的货币资金的供给者或需求者,而是要赚取佣金,以金融市场中介活动为业。其次,就原始动机而言,金融市场媒介在市场上是以投机者而非投资者的身份进行金融交易的。金融市场的媒介包括各类金融机构,如商业银行、投资银行、证券公司、保险公司、财务公司和信托公司等。

(四)金融市场的价格

金融市场上各种交易都是在一定的价格下实现的,但金融市场的交易价格不同于一般商品市场的交易价格,商品的交易价格反映交易对象的全部价值。而金融市场的交易对象是货币资金,交易所实现的一般是货币资金使用权的转移,因此交易价格反映的是在一定时期内转让货币资金使用权的报酬。由于本金不变,货币资金使用权的价格表现为利率。

(五) 金融市场的组织形式和交易方式

金融市场的组织形式有场内交易和场外交易两种。场内交易是指在固定场所有组织、有制度、集中进行交易的形式,如在证券交易所内交易。场外交易是指没有固定场所的分散的交易,如柜台交易、通过电信手段进行的交易等。金融市场的交易方式有现货交易、期货交易、信用交易和期权交易等。

三、金融市场的分类

金融市场是一个大系统,包括许多相互独立紧密联系的市场。依据不同的划分标准可将金融市场分成不同种类。

(一) 按交易工具的期限划分,可分为货币市场和资本市场

货币市场是指交易的金融工具期限在1年或1年以内的短期资金市场。因其偿还期短、流动性强、风险小,与货币差别不大,故称为货币市场,如同业拆借市场、票据市场、贴现市场等,其功能在于满足交易者的资金流动性需要。资本市场是指交易的金融工具期限在1年以上的长期资金市场。其偿还期长、流动性弱、风险大,被当做固定资产投资的资本来运用,故称为资本市场,如长期债券市场、股票市场。

(二) 按交易的交割时间划分,可分为现货市场与衍生市场

现货市场是指成交后当天或1~3天内进行交割的市场。衍生市场是指成交后不立即进行交割,而是按双方合约规定的时间进行交割的市场。

(三) 按金融工具交易的程序划分,可分为发行市场和流通市场

发行市场也称初级市场或一级市场,是金融工具初次买卖的市场。流通市场也称次级市场或二级市场,是已发行的金融工具转让买卖的市场。

(四) 按交易对象划分,可分为票据市场、证券市场(股票市场、债券市场)、衍生工具市场、外汇市场与黄金市场等

(五) 按交易的地理范围划分,可分为国内金融市场和国际金融市场

国内金融市场的交易主体仅限于本国居民,交易活动受本国法规和制度的约束,金融交易直接引起国内资源的重新配置,改变本国国民收入的分配状况。国际金融市场的交易涉及多个国家,双方当事人是不同国家和地区的自然人与法人,市场活动很少受市场所在国金融当局的限制,交易的后果一般会引起国际间资本的

流动,影响相关国家的国际收支。

四、金融市场的功能

从经济系统运行的整体看,金融市场具备以下几种宏观经济功能:

(一) 聚敛功能

金融市场的聚敛功能是指金融市场引导众多分散的小额资金汇聚成为可以投入社会再生产的资金集合的功能。在这里,金融市场起着资金"蓄水池"的作用。金融市场之所以具有资金的聚敛功能,一是由于金融市场创造了金融资产良好的流动性,满足了资金供求双方不同期限、收益和风险的要求;二是金融市场上多样化的融资工具为资金的供应者提供了合适的投资手段。

(二) 配置功能

金融市场的配置功能表现在三个方面:一是资源的配置,二是财富的再分配,三是风险的再分配。

在金融市场上,资金总是流向最有发展潜力,能够为投资者带来最大利益的部门和企业,从而使资源从低效部门转移到高效部门,实现稀缺资源的合理配置和有效利用。在经济金融化的时代里,金融资产成为社会财富的重要存在形式,金融资产价格的波动,改变了社会财富的存量分布,实现了社会财富的再分配。而金融市场的参与者根据自身对风险的态度选择不同的金融工具,风险厌恶者通过出让金融工具的方式将风险转嫁给风险的偏好者,实现风险的再分配。

(三) 调节功能

金融市场的调节功能一方面体现在为政府的宏观经济政策提供传导途径,另一方面体现在对金融市场参与者自我完善的促进上。金融市场的存在为政府实施宏观调控创造了条件,存款准备率、再贴现率和公开市场操作等货币政策工具的实施都必须以金融市场的良好发育作为前提。而投资者为了自身的利益必须谨慎地选择投资对象,筹资者只有通过科学管理,保持良好的发展势头,才能在金融市场上筹集到资金,这实际上是金融市场对国民经济活动的自发性调节。

(四) 反映功能

金融市场历来被称为国民经济的"晴雨表",这实际上指的就是金融市场的反映功能。金融市场的反映功能表现在:市场上证券价格的波动反映着上市公司的经营管理状况及发展前景,货币供应量的变化反映着宏观经济运行的状况。

第二节 货币市场

一、货币市场的含义与特点

货币市场是指以期限在1年或1年以内的金融工具为媒介进行短期资金融通的市场。货币市场的主要功能是保持资金的流动性,以便随时将金融工具转换为现实的货币。货币市场上的金融工具主要有国库券、商业票据、可转让大额存单以及商业银行的超额准备金等。

与资本市场相比,货币市场有以下三个特点:

(1) 融资期限短。最短的融资期限只有半天,最长的不超过1年,大多为3~6个月。

(2) 融资的目的是为解决短期资金周转的需要。货币市场的资金供给主要是资金所有者的暂时闲置资金,资金需求一般用于满足流动资金的临时不足。

(3) 交易的金融工具具有较强的货币性。该市场交易活动所使用的金融工具期限短,具有高度的流动性,风险较小,可随时在市场上转换成现金,接近于货币,故被称为货币市场。

二、同业拆借市场

同业拆借市场是指各类金融机构之间为解决短期资金的余缺而相互调剂融资的市场。同业拆借的目的在于调剂头寸和临时性资金余缺,当资金不足时,从资金多余的银行临时借入款项,称为拆入;而资金多余的银行向资金不足的银行贷出款项时,称为拆出。同业拆借市场交易量大,交易频繁,能敏感地反映资金供求关系,影响货币市场利率,因此,它是货币市场体系的重要组成部分。

同业拆借市场的特点是:

(1) 拆借的期限较短。期限按日计算,通常为1~2天,多则1~2周,一般不超过1个月,最短的只有半日,如日本的"半日拆",从上午票据交换清算后到当日营业结束为限。

(2) 融资的目的主要是调剂头寸的余缺。银行等金融机构在每个营业日结束后,由于存款、放款、汇出、汇入的变化,可能形成资金的多余或短缺,短缺的不能保证第二天的正常营业,多余的要支付存款人利息,因此,有必要进行临时性资金的调剂和拆借。

(3) 拆借双方都是金融机构。非金融机构(如工商企业、政府部门及个人)不

（4）拆借利率由交易双方协商自定，能灵敏地反映市场资金供求状况。由于拆借利率是由金融机构通过讨价还价确定的，因此，其市场化程度高，是金融市场利率变化的"晴雨表"。

（5）拆借市场为无形市场，主要通过电信手段成交。拆借市场的交易主要是采取电话洽谈的方式进行，没有固定的场所，故为无形市场。

我国的同业拆借市场是在1985年我国的信贷资金管理制度开始实行"统一计划，划分资金，实贷实存，相互融通"的新体制后开始出现的。这种新的信贷资金管理制度允许和鼓励银行之间相互融通资金，直接促进了同业拆借市场的兴起。1986年上半年，全国各地零星的拆借活动开始出现，下半年发展更快，逐步形成了不同层次、不同规模的拆借市场。1996年1月3日，全国统一的同业拆借市场网络系统开通运行，标志着全国统一的拆借市场的正式建立。同年6月，中国人民银行宣布放开其利率上限管制，拆借利率市场化。1999年，中国人民银行批准保险公司、证券投资基金管理公司、证券公司进入银行间同业拆借市场，我国同业拆借市场的参与者实现多元化。2007年7月9日，中国人民银行发布《同业拆借管理办法》，自2007年8月6日起实施，全面规范同业拆借市场管理。

三、票据市场

（一）商业票据市场

商业票据是大公司为筹措资金，以贴现方式出售给投资者的一种短期无担保承诺凭证。由于商业票据没有担保，仅以信用为保证，因此有资格和能力发行商业票据的一般都是规模巨大、信誉卓著的大公司，具体包括银行控股公司、大企业的子公司和经纪人。其投资者主要是商业银行、保险公司、非金融企业、投资公司、地方政府、养老基金组织等。

商业票据的发行方式有直接发行和间接发行两种。直接发行是发行者通过自己的销售力量直接将票据销售给投资者，发行者一般为信誉卓著的大公司。间接发行是发行者委托商业票据交易商发行，发行者一般为非金融企业。

商业票据的二级市场不发达，这是因为：①商业票据的期限较短，购买者一般都计划持有到期；②商业票据的交易商和直接发行者在到期前，可对急需资金的投资者贴现；③商业票据具有高度异质性。

我国目前尚无此种意义的商业票据市场，这是我国企业规模和金融市场成熟程度所决定的。

（二）银行承兑汇票市场

银行承兑汇票是商业汇票的一种，是银行作为承兑人，在票面上办过承兑手续的商业汇票。它是货币市场上的一种重要交易工具。经银行承兑后的商业汇票，银行是第一付款人，而出票人只是第二付款人。

银行承兑汇票在货币市场上可以以贴现方式获得现款，银行也可以通过转贴现或再贴现方式将未到期的、以贴现方式贴进的银行承兑汇票拿到市场上出售，于是出现了专门经营银行承兑汇票的专业市场。

银行承兑汇票是一种非常优良的短期金融工具。对于借款人来说，利用银行承兑汇票借款比传统银行贷款的成本要低。传统银行贷款除了要支付一定的利息外，借款者还必须在银行保持一定比例金额的存款，构成非利息成本。对于银行来说，银行可利用银行承兑汇票来增加其经营效益，扩大其信用能力，且银行通过出售银行承兑汇票取得的资金不必缴纳存款准备金。

我国的银行承兑汇票市场发展大致以1996年《票据法》的推行为界，分为两个阶段：前一阶段发端于1982年，该年上海市率先开展票据承兑贴现业务；此后市场发展迅速，于1986~1988年达到较大的规模，但也出现了众多问题，如资金流向不合理、票据行为不规范等，市场比较混乱。后一阶段以《票据法》的推行为标志，该法为这一市场的规范发展勾画出基本的框架。但在实践上，鉴于我国企业的先天性缺陷以及前一阶段的教训，中央银行对发展这一市场采取谨慎的态度，因此市场发展比其他市场缓慢得多。

四、大额可转让定期存单市场

大额可转让定期存单，简称大额存单，是银行发行的记载一定存款金额、期限、利率，并可以流通转让的定期存款凭证。它由美国花旗银行于1961年首创。

与其他存款相比，大额存单的主要特点有：①期限短，一般都在一年以内，多为3~9个月。②面额固定，起点高。③利率比同期限的定期存款高，有固定利率，也有浮动利率。④不记名，可流通转让，但不能提前支取。

大额存单的发行方式有两种：一是批发式发行，即银行集中发行一批存单，发行时将存单的发行数量、时间、利率、面额等予以公布，由投资者选购；二是零售式发行，即银行根据客户的要求，随时出售合乎客户要求的存单，存单的面额、期限、利率等由银行与客户协商后确定。

大额存单的发行价格有按票面价格出售，到期支付本金和利息；也有贴现发行，以低于票面价格出售，到期按票面兑付。投资者购买大额存单，在存单到期前急需现金，可将存单在二级市场转让出去。转让价格的高低取决于存单利率与市场利率、持有存单的期限和本金等因素。

我国的可转让大额定期存单的发行始于 1986 年,最初由中国银行和交通银行发行。1989 年以后,其他银行也相继发行大额可转让定期存单。限于我国金融市场的发展水平和经济实际,我国的可转让大额存单市场并不活跃。因为没有建立流通市场,1998 年各商业银行基本停办。

五、短期政府债券市场

短期政府债券是政府部门以债务人身份承担到期偿付本金和利息责任的期限在一年以内的债务凭证。从广义上看,政府债券不仅包括国家财政部门所发行的债券,还包括了地方政府及政府代理机构所发行的证券。狭义的短期政府债券则仅指国库券。一般来说,短期政府债券市场主要指国库券市场。

与其他货币市场金融工具相比,国库券具有一些较明显的投资特征:①违约风险小,因为其债务人是国家;②流动性强,这主要是因为它是一种在高组织性、高效率的竞争市场上交易的短期同质工具;③面额小;④收入免税。国家为鼓励投资者购买国库券,对投资国库券所获得的收益免交相关的所得税,从而使在名义利率相同的情况下,国库券的实际收益更高。

国库券一般采用折价发行,即低于票面价格发行。发行方式为公募投标方式,即投资者通过公开竞价方式购买国库券。

国库券是货币市场上最活跃、流动性最强的短期证券。它在流通时也是按贴现方式进行,其流通价格为:

$$流通价格 = 面值 \times (1 - 年贴现率 \times 未到期天数/365)$$

此价格为理论价格,在实际流通中,还要受供求关系等因素的影响。在很多国家,国库券市场不仅成为投资者的理想场所,而且也成为政府调节财政收支和中央银行进行公开市场操作以调节货币供应量的重要场所。

我国政府于 1994 年首次发行期限短于 1 年的国库券,至 1996 年短期国债发行额为 649 亿元。1997 年因种种原因停止了短期国债的发行。因此在我国目前的货币市场体系中,短期政府债券市场缺失。

六、回购协议市场

回购协议是指在出售证券的同时,和证券购买商签订协议,约定在一定期限后,按原价或约定价格购回所卖证券,从而获得及时可用资金的一种协议。通过回购协议进行短期资金融通的市场即回购市场。回购协议融资从形式上看,是一种证券买卖行为,从本质上说,是一种质押贷款,其质押品为所卖证券。

回购协议市场没有集中的有形场所,交易以电信方式成交,大多数交易在资金供应方和资金需求方之间直接进行。但也有少数交易通过市场专营商进行,这些专营商大多为政府证券交易商。回购协议的资金供应方主要包括资金雄厚的非银行金融机构、地方政府、大企业、外国银行等,中央银行也通过回购协议实施公开市场操作。资金需求者主要是商业银行和政府证券交易商。

回购协议项下起质押品作用的主要是政府债券。由于按约定价格购回所卖证券,不受市场行情的影响,因此一般不会发生资本损失的风险。回购协议的利率主要取决于质押品的质地、回购期限的长短、交割的条件以及货币市场其他子市场的利率水平。

我国回购市场是在20世纪90年代证券市场大发展的背景下发展起来的。1991年,全国证券交易自动报价系统成立,7月,该系统宣布国债回购业务开始试行。此后四五年间,市场发展迅速,交易量急剧扩大,但由于发展的不规范和市场的不完善,也出现了许多问题,导致市场风险积累。从1995年下半年开始,中央银行开始对这一市场进行清理,将该市场的发展引向一个比较规范合理的轨道上。1998年,成立银行间债券回购交易市场,而非金融机构只能在交易所进行债券回购交易。

第三节 资本市场

一、资本市场的含义与特点

资本市场是指以期限在1年以上的金融工具为媒介进行长期资金融通的市场。资本市场的主要功能是引导长期储蓄转化为长期投资。全面地看,资本市场包括两大部分:一是银行中长期存贷市场,二是有价证券市场。但由于在世界各主要国家长期资本市场的两大部分中,证券市场最为重要,且从世界金融市场发展的趋势看,长期融资证券化已成为一种潮流,因此一般将资本市场视同证券市场。资本市场上的金融工具主要是股票、长期债券和投资基金。

资本市场的特点有:

(1) 融资期限长。至少在1年以上,最长可达数十年,股票则没有偿还期限。

(2) 融资的主要目的是解决长期投资性资金的需要。新筹措的长期资金主要用于补充固定资本,扩大生产能力,如开办新企业,更新改造或扩充厂房设备,投资国家长期建设性项目等。

(3) 资金交易量大,以满足长期投资项目的需要。

(4) 交易的金融工具收益高,但流动性差,有较大的风险。

资本市场若按金融工具的种类划分可分为股票市场、债券市场和投资基金市场,按交易的程序可分为发行市场和流通市场。本节将按第一种分类介绍其具体内容。

二、股票市场

股票市场是指股票发行和转让流通的市场,包括股票发行市场和流通市场。

(一)股票发行市场

股票的发行市场是通过发行新的股票筹集资本的市场,它一方面为资金的需求者提供融资渠道,另一方面为资金的供应者创造投资机会。由于发行股票是股票市场一切活动的起点,所以发行市场又称为一级市场或初级市场。

1. 发行市场的主体

发行市场的主体由股票发行者、股票承销商和股票投资者组成。发行者是资金的需求者,投资者是资金的供应者。在公募发行时,为了保证股票发售成功,发行者往往要借助于具有专门知识与技能和发行经验的承销商的帮助,由承销商负责办理股票的销售业务,并承担一定的发行风险。

2. 股票的发行方式

根据不同的分类方法,可以将股票的发行方式分为不同的种类。

(1)根据发行的对象不同,可分为公募发行和私募发行

公募发行是发行者委托金融中介机构作为承销商,面向社会广泛的、不特定的投资者公开出售有价证券。以公募方式发行有价证券,发行者必须向证券管理机构办理发行注册手续,并在发行说明书中如实披露有关的资料,以便投资者了解发行者的信用等状况,作出投资决策。如果发行者对重要事实作了不正确的说明或有欺诈行为,则必须承担法律责任。公募发行的证券在发行期结束后,即可上市流通。由于是面对众多的投资者,发售工作量大且有难度,因此发行者一般要委托承销商代理发行与销售证券。

私募发行是发行者只面向少数特定的投资者发售证券的方式。私募发行对象有机构投资者,如金融机构或与发行者有密切业务往来关系的公司;也有个人投资者,如内部职工。采用私募发行方式,发行者不必向证券管理机构办理发行注册手续,可以节省发行时间和注册费用。其发行的证券,一般不允许流通转让,多由发行者自己办理发行手续,自担风险,但也节约了发行费用。

公募发行与私募发行各有利弊,私募发行的手续简便,筹资迅速,费用较低,但流动性差,且要向投资者提供较优厚的报酬,也易受到投资人的干扰。公募发行的利弊则刚好相反。

(2) 根据推销出售股票的方式不同,可分为直接发行和间接发行

直接发行是指股份公司自己承担股票发行的一切事务和发行风险,直接向认购者推销出售股票的方式。这种风险方式只适合于有既定发行对象或发行风险小、手续简便的股票,一般私募发行采取这种方式。

间接发行是指发行者委托证券发行中介机构出售股票的方式。发行者委托发行机构发行与销售证券的方式有三种:第一是代销,由发行者委托承销商代为向社会销售证券,在发行期内承销商尽力推销,期满后如有未销售完的证券,则退还给发行者,承销商不承担任何发行风险。第二是助销,由承销商按照协议规定的条件,在约定的期限内面向社会销售证券,销售期满,未售出的余额由承销商负责认购,承销商按规定的时间向发行者支付全部证券款项。这种方式承销商承担了部分风险。第三是包销,由承销商先将全部证券认购下来,并向发行者支付证券款项,然后按照市场条件转售出去。这种方式承销商要承担全部发行风险。上述三种方式,承销商承担的风险依次递增,所获取的承销手续费也依次递增。

3. 股票的发行价格

根据股票的发行价格与面值的关系,可将股票的发行价格分为:

(1) 平价发行,即直接以面值作为发行价格。由于股票的市价往往高于面值,因此以面值为发行价格能够使投资者得到因价格差异而带来的收益。

(2) 折价发行,即按低于面值的价格发行。发行者为了吸引投资者,尽快获得其所需的资金,有时会以低于面值的价格发行。一般较少采用。

(3) 溢价发行,即按高于面值的价格发行。经营业绩良好的发行者可通过溢价发行获得额外的发行收益。

(二) 股票流通市场

股票流通市场是已经发行的股票进行转让、流通的市场,包括场内交易和场外交易两部分。由于它是建立在发行市场基础上的,因此又称为二级市场或次级市场。相比而言,股票流通市场的结构和交易活动比发行市场更为复杂,其作用和影响也更大。

1. 流通市场的交易方式

(1) 现货交易。它是股票买卖双方在成交后的当天或两三个营业日内进行交割的交易方式。这是股票流通市场上最传统的交易方式,其显著特点是实物交易,即卖方交出证券,买方交付现款,钱货两清。

(2) 期货交易。它是股票买卖双方在成交后的某一约定时间,按协议中规定的价格、数量进行交割的交易方式。

这种交易的显著特点是:第一,成交和交割不同步,协议规定的价格与交割时

的现货价格往往不一致;第二,交割时可以按照清算方式交割差额;第三,交易中既有一般投资者,也有投机者。

(3) 期权交易。它是股票买卖双方按约定的价格在约定的时间就是否买进或卖出股票而达成的契约交易。

在这个过程中,买卖双方买卖的并不是股票本身,而是一种买卖股票的权利,这种权利,能保证期权购买者到期按约定的价格和数量实现买进或卖出行为,也允许期权购买者放弃行使这个权利,任其作废。期权购买者行不行使权利,取决于当时的市场状况,如果行使权力可以为买方带来好处,就行使;否则就放弃,损失的只是期权费。

根据期权买者的权利划分,期权有两种:买入期权和卖出期权。如果投资者预测未来股票价格会上涨,则购进买入期权;反之,则购进卖出期权。

(4) 信用交易。又称保证金交易,是指投资者购买股票时只支付一部分价款作为保证金,差额部分由经纪人垫付的股票交易方式。

经纪人垫付的资金,投资者要为其支付利息,能向经纪人借多少资金,由规定的保证金比率决定。经纪人以代投资者所购股票作抵押,向银行以短期拆借的方式借款,其利率低于为投资者垫款的利率。因此,采用信用交易,经纪人可取得佣金和利差的双重收入,当投资者不能如期偿还垫款时,经纪人有权出售这些抵押股票。信用交易为投资者提供了用小本钱做大生意的机会,具有很强的投机性。看涨的投机叫"保证金买长",看跌的投机叫"保证金卖短"。

2. 股票流通市场的结构

股票的流通市场主要由场内交易市场和场外交易市场构成。场内交易是指在证券交易所内进行的有组织的交易;场外交易是指在证券交易所以外进行的交易,它包括柜台市场、第三市场和第四市场。

(1) 证券交易所。证券交易所是依据国家有关法律,经证券管理部门批准设立的证券集中竞价交易的有形场所。证券交易所是独立的法人实体,它本身不参与股票买卖,只提供交易场所和服务,如提供发行者经营状况的资料,公布有关市场的成交数量、金额等,同时它也兼有管理证券交易的职能。

证券交易所的组织形式分为公司制和会员制。公司制证券交易所是以股份有限公司的形式组成的,以营利为目的的法人团体,其最高权力机构是股东大会。会员制证券交易所是由取得交易所会员资格的证券商组成的,不以营利为目的的法人团体,交易所的会员必须是出资的证券经纪人或证券商,只有会员才能参加证券交易,其最高权力机构是会员大会。我国的上海证券交易所、深圳证券交易所都属于会员制。

(2) 柜台市场。也称店头市场,是证券商之间、证券商与客户之间通过证券商所设的专门柜台进行股票买卖的市场。它是传统的场外交易市场。

与证券交易所相比,柜台市场具有以下特点:第一,交易对象大多是未上市的股票。因此交易对象不必经过严格的评定。第二,没有固定的交易场所。没有大型交易所设置的营业厅,而是在柜台或通过电信设施完成交易。第三,交易价格由交易双方通过协商决定,不是通过竞争产生。因此,同一时间的同种股票在不同柜台上成交的价格不一定相同。第四,投资者可直接进入柜台市场进行交易,交易的股票也没有起点和单位限制。柜台市场的参与者不必是经过批准的证券商或经纪人,没有规定最低交易额,交易数量也不一定是整数。

(3) 第三市场。第三市场是指原来在证券交易所上市的股票,移到场外进行交易而形成的市场。这个市场的交易主体主要是一些机构投资者,如银行的信托部、保险公司等。由于在证券交易所内的交易费用较高,而机构投资者买卖的股票数量又很大,于是由非证券交易所会员在场外充当了这些大宗股票交易的中间人,直接与买方或卖方进行交易,交易价格由双方协商而定,由此形成了第三市场。这一市场的好处是节省巨额的佣金、费用,降低了交易成本。

(4) 第四市场。第四市场是指各机构投资者或大户投资者之间不通过经纪人,利用电脑网络直接进行大宗股票交易而形成的市场。信息技术的发展促进了第四市场的发展,在交易活动中,交易双方将信息输入电脑终端,通过网络寻找客户,协商买卖价格,使成交十分迅速。这种交易可以最大限度地降低交易费用,它的发展一方面给证券交易所和其他场外交易市场带来了巨大的竞争压力,促使这些市场降低佣金、改进服务;另一方面也对股票市场的管理提出了挑战。

三、债券市场

债券市场是发行和买卖债券的场所。

(一) 债券发行市场的要素

债券发行市场由债券发行市场主体、债券市场工具和债券发行市场的组织形式构成,称为债券发行市场的三大要素。

1. 债券发行市场主体

按照债券发行市场主体在债券发行市场扮演的角色不同,可以把它分为发行者、投资者、中介机构和管理者四类。发行者是资金的需求者,是债务人,可以是以发行债券形式筹措资金的企业、政府和金融机构。投资者是资金的供应者,是债权人,可以是个人、企业、金融机构和政府机构。中介机构在债券发行市场上负责办理从发行开始到发行完毕的所有手续和为公开信息披露而制定有关文件,包括承销商、财务代理人、担保人、会计师等。管理者主要负责监督管理债券的发行、承销以及买卖等经营行为,以维护证券市场的正常秩序。

2. 债券市场工具

债券市场工具也即债券本身,随着债券市场的不断扩大,筹集手段与技术水平的不断发展,债券市场工具也日趋多样化。按照不同的划分方式,可把债券市场工具划分为不同的种类。

3. 债券发行市场的组织形式

它包括有形市场和无形市场两种形式。有形市场是指承销人向投资者在柜台上销售债券的方式,无形市场是指不通过固定的柜台或确定的场所发行债券的方式。

(二) 债券的发行条件

债券的发行条件是指债券发行者在以债券形式筹集资金时必须考虑的有关因素,包括发行金额、票面金额、期限、偿还方式、票面利率、付息方式等内容。如果筹资者对这些因素考虑不周全,就会影响发行的效果,降低发行收入,增大筹资成本。

(三) 债券的还本付息

债券的还本方式主要有分期偿还、一次性偿还和提前偿还(赎回)等几种。发行人和认购人根据自己的财务收支状况、债务结构和市场行情等因素综合分析后,在几种方式间进行选择。计息的方式分为单利、复利、贴现计息三种。发行人选用计息方式的原则是降低筹资成本的同时有利于吸引投资人。

四、投资基金市场

(一) 投资基金的概念

投资基金是一种利益共享、风险共担的集合证券投资方式,即通过发行基金单位集中投资者的资金,由基金托管人托管,基金管理人管理和运用资金,从事股票、债券等金融工具的投资,并将投资收益按基金投资者的投资比例进行分配的一种间接投资方式。

(二) 投资基金的种类

根据不同标准可将投资基金划分为不同的种类。

1. 按基金单位可否赎回划分,分为开放式基金和封闭式基金

开放式基金的基金单位总数可随时增减,投资者可按基金的报价在基金管理人指定的营业场所申购或赎回基金;封闭式基金事先确定发行总额,在封闭期内基金单位总数不变,发行结束后可以上市交易,投资者可通过证券商买卖基金单位。

2. 按基金的组织形式划分,可分为契约型基金和公司型基金

契约型基金是由委托人、受托人和受益人三方订立基金契约,由基金管理人根据契约运用基金财产,由受托人负责保管信托财产,而投资成果则由投资者享有的一种基金;公司型基金是按照《公司法》组建的投资基金,投资者购买公司股份成为股东,由股东大会选出董事、监事,再由董事、监事投票委托专门的销售公司来销售。

3. 按基金的投资收益目标划分,可分为成长型基金、收入型基金和平衡型基金

成长型基金是指把追求资本的长期成长作为其投资目的的投资基金,其投资对象以股票为主;收入型基金是指以能为投资者带来高水平的当期收入为目的的投资基金,其投资对象以债券为主;平衡型基金是指以支付当期收入和追求资本的长期成长为目的的投资基金,其资金分散投资于股票和债券。

(三)投资基金的发行和募集

投资基金的设立在获得主管部门批准后,便进入募集发行阶段,即向特定投资者或社会公众宣传介绍基金的情况,通过基金承销机构或基金自身向投资者销售受益凭证或基金公司股份,募集资金。只有在募集资金达到法规对投资基金的要求后,募集的资金才能用来进行投资。

基金的发行和股票的发行一样,有着多种形式。除了按照发行对象不同可以分为私募发行和公募发行以外,还可以按照基金发行销售的渠道分为直接发行和间接发行。

(四)投资基金的流通

投资基金发行期限结束后,经过一段封闭期的运行,即可流通。封闭式基金的流通与股票、债券类似,可通过自营商或经纪人在证券交易所随行就市、自由转让。其交易价格受单位基金资产净值、基金市场供求关系、股票市场走势和封闭期长短等因素影响。开放式基金的流通在投资者和基金管理公司之间进行,到各基金专门开设的柜台买卖。其交易价格为单位基金资产净值加上或减去交易手续费。

第四节 外汇市场与黄金市场

一、外汇市场

(一)外汇市场的含义

外汇市场是进行外汇买卖的场所。它既包括本国货币与外国货币之间的买

卖,也包括不同的外国货币之间的买卖。

外汇市场有广义和狭义之分。广义的外汇市场是指银行同业之间的外汇买卖和银行与客户间外汇买卖活动的总称,其中前者称为外汇批发市场,后者称为外汇零售市场;狭义的外汇市场仅指银行同业之间的外汇买卖活动,即外汇批发市场。

目前,除欧洲大陆的某些国家的外汇市场具有固定的交易场所外,其他国家的外汇市场均无固定场所,而是利用现代通信手段进行交易。随着现代科技的发展,外汇市场实际上已形成了横跨全球的世界性市场,世界各大金融中心的外汇市场通过电子通信手段,互相连接成了一个统一的外汇交易网络,且已消除了时差上的限制,不同地区的外汇买卖在24小时内可连续进行。

(二)外汇市场的主要功能

1. 调剂外汇资金的余缺

一家银行或一个客户,甚至一个国家的外汇收支,在绝大多数情况下是不平衡的,因而就必须进行外汇资金的融通,外汇市场为外汇的买卖和调剂提供了有利条件。

2. 避免汇率风险

有些客户或银行,由于有远期外汇的收支活动,为避免远期汇率变动而蒙受损失,可通过外汇市场进行远期外汇买卖,从而避免汇率风险。

3. 有利于中央银行进行稳定汇率的操作

由于外汇资金的大量流入或流出,易造成本国货币汇价的暴涨或暴跌,这就需要中央银行进行干预。中央银行通过在外汇市场上进行公开业务的操作,使汇价趋于稳定。

(三)外汇市场的参与者

1. 外汇银行

外汇银行是经过中央银行批准可以经营外汇业务的商业银行或其他金融机构,商业银行是外汇市场最重要的参与者。商业银行参与外汇买卖的主要目的,一是代客买卖,尽可能为客户提供全面服务;二是自营买卖,以调剂外汇头寸或获得外汇买卖差价。

2. 外汇经纪人

外汇经纪人是在外汇市场上专门为交易双方买卖外汇的中间人,他们为客户的买卖接洽撮合,从中赚取佣金。参加外汇交易的经纪人必须经中央银行批准。

3. 客户

客户是外汇市场上各种外汇的供应者和需求者,主要包括进出口商、外债本息偿还者、国际旅游者、外汇投机商等。他们一般通过商业银行和外汇经纪人进行外汇交易。

4. 中央银行

中央银行买卖外汇主要出于宏观经济目标动机,通过买卖外汇来干预外汇市场,稳定本国货币汇率。

(四)外汇交易方式

1. 即期外汇交易

这种交易方式又称现汇交易,是指外汇买卖双方以当时外汇市场的价格成交,并在成交后的两个营业日内进行交割的外汇交易。它是外汇市场上最常见、最普遍的交易方式。

2. 远期外汇交易

这种交易方式又称期汇交易,是指外汇买卖双方先签订合同,规定买卖外汇的数量、汇率和未来交割外汇的时间,到了规定的交割日期买卖双方再按合同规定办理货币收付的外汇交易。远期交易的期限有1个月、3个月、6个月和1年等几种,其中3个月最为普遍,很少超过1年。

之所以产生远期交易,是因为在进出口贸易中通常采用远期结算,在此期间汇率的波动,容易给进出口商带来风险。为了避免和减轻这种风险,就产生了远期交易方式。但另一方面远期外汇交易也给投机者利用汇率波动的时间差获利提供了可能,通过做外汇"多头"和"空头"的投机交易,牟取汇率变动的差额。

远期外汇交易使用远期外汇汇率。它是在即期汇率的基础上用加减升水和贴水的方式来计算的。如果远期汇率高于即期汇率,高出的差额就称为升水;如果远期汇率低于即期汇率,低出的差额就称为贴水;如果两汇率相等,就称为平价。

3. 套汇交易

这种交易方式是指利用不同地点、不同货币在汇率上的差异进行贱买贵卖,从中套取差价利润的一种外汇交易。由于空间的分割,不同的外汇市场对影响汇率诸因素的反应速度和反应程度不完全一样,因而在不同的外汇市场上,同种货币的汇率有时可能出现较大差异,这就为异地套汇提供了条件。

4. 套利交易

这种交易方式是指利用不同国家或地区短期利率的差异,将资金由利率较低的国家或地区转移投放到利率较高的国家或地区,以赚取利率差额的一种外汇交易。由于进行这种交易要承担将来汇率变动的风险,因此,在套利时,一般还须做一笔远期外汇买卖来规避汇率波动的风险。

5. 掉期交易

这种交易方式又称时间套汇,是指同时买进和卖出相同金额的某种外汇,但买与卖的交割期限不同的一种外汇交易。进行掉期交易的目的也在于避免汇率变动的风险。

二、黄金市场

黄金市场是买卖双方集中进行黄金买卖的交易中心。它提供即期和远期交易,允许交易商进行实物交易或者期权期货交易,以投机或套期保值。它是各国完整的金融市场体系的重要组成部分。随着货币制度的发展,黄金已逐渐丧失了交易媒介和价值衡量尺度的货币职能,但仍在国际贸易、国际间债权债务清算以及国际储备等方面保持着一定的货币特征。

(一) 黄金市场的分类

1. 按照黄金市场所起的作用和规模划分,可分为主导性市场和区域性市场

主导性黄金市场是指国际性的集中的黄金交易市场,其价格水平和交易量对其他市场都有很大影响,最重要的有伦敦、苏黎世、纽约、芝加哥和中国香港的黄金市场。区域性市场是指交易规模有限且集中在某地区,而且对其他市场影响不大的市场,主要满足本国本地区或邻近国家和地区的需要,其辐射力和影响力都相对有限,如东京、巴黎、法兰克福黄金市场等。

2. 按照交易类型和交易方式划分,可分为现货交易市场和期货交易市场

黄金现货交易基本上是即期交易,在成交后即交割或者在两天内交割。交易标的主要是金条、金锭和金币,伦敦和苏黎世是目前世界上最大的黄金现货交易市场。黄金期货交易的主要目的是套期保值,是现货交易的补充,成交后不立即交割,而由交易双方先签订合同,交付押金,在预定的日期再进行交割。其主要优点在于以少量的资金就可以掌握大量的期货,具有杠杆作用。期货合约可于任一营业日变现,具有流动性;也可随时买进和结算,具有较大弹性。纽约、芝加哥和中国香港是世界上最主要的黄金期货市场。

3. 按有无固定场所划分,可分为无形黄金市场和有形黄金市场

无形黄金市场主要指没有专门交易场所的黄金交易市场,如主要通过金商之间的联系网络形成的伦敦黄金市场;以银行为主买卖黄金的苏黎世黄金市场。有形黄金市场主要指在某个固定的地方进行交易的黄金交易市场,这其中又可以分为有专门独立的黄金交易场所的黄金市场和设在商品交易所之内的黄金市场,前者如中国香港金银业贸易场、新加坡黄金交易所等;后者如设在纽约商品交易所(COMEX)内的纽约黄金市场,设在芝加哥商品交易所(IMM)内的芝加哥黄金市场。

4. 按交易管制程度划分,可分为自由交易市场和限制交易市场

自由交易市场是指黄金可以自由输出和输入,而且居民和非居民都可以自由买卖的黄金市场,如苏黎世黄金市场。限制交易市场是指黄金输出和输入受到管制,只允许非居民而不允许居民自由买卖黄金的市场,这主要指实行外汇管制国家的黄金市场,如1979年10月英国撤销全部外汇管制之前的伦敦黄金市场。

(二) 黄金市场的参与者

国际黄金市场的参与者,可分为银行、对冲基金等金融机构、各个法人机构、私人投资者以及在黄金期货交易中有很大作用的经纪公司。

1. 银行

又可以分为两类,一种是仅仅为客户代理买卖和结算,本身并不参加黄金买卖的,以苏黎世的三大银行为代表,他们充当生产者和投资者之间的经纪人,在市场上起到中介作用。另一种是做自营业务的,如在新加坡黄金交易所(UOB)里,就有多家自营商会员是银行。

2. 对冲基金

一些规模庞大的对冲基金利用与各国政治、工商和金融界千丝万缕的联系,往往较先捕捉到经济基本面的变化,利用管理的庞大资金进行买空和卖空,从而加速黄金市场价格的变化,以从中渔利。

3. 各种法人机构和个人投资者

这里既包括专门出售黄金的公司,如各大金矿、黄金生产商、黄金制品商、首饰行以及私人购金收藏者等,也包括专门从事黄金买卖的投资公司、个人投资者等。

4. 经纪公司

是专门从事代理非交易所会员进行黄金交易,并收取佣金的经纪组织。在纽约、芝加哥、中国香港等黄金市场里,有很多经纪公司,他们本身并不拥有黄金,只是派出场内代表在交易厅里为客户代理黄金买卖,收取客户的佣金。

(三) 我国黄金市场的改革发展

我国的黄金市场在21世纪前基本上不存在,因为黄金的生产和分配由国家统一掌握,实行严格的统购统配体制。2001年8月1日,国家放开黄金首饰统一定价,黄金业开放从消费终端率先打破缺口;2001年11月1日,经营黄金制品由审批制改为核准制,黄金产品开始向一般商品靠拢;2002年10月,上海黄金交易所开业,从而结束了延续五十多年的黄金统购统配历史。同时,商业银行积极参与交易并成为市场主体,实金需求得到满足。2003年11月18日,中国银行上海市分行首家推出个人实盘黄金买卖业务。在政策方面,2003年3月,中国人民银行正式取消了有关黄金行业的26项行政审批项目。黄金市场的一系列限制被打破后,已经有多家中资和外资公司介入到中国的黄金加工、批发和零售业。中国黄金管理体

制改革逐步深入,中国黄金集团公司挂牌,国内黄金行业的龙头行业——中金黄金、山东黄金相继获准上市,福建紫金获准在中国香港上市,成为中国股市中的首批"黄金概念股",标志着黄金投融资体制实现了市场化。2007年9月11日,中国证监会批复同意上海期货交易所上市黄金期货。这被看做我国黄金市场化由商品领域推进到金融领域的里程碑事件。黄金期货的推出,无论是从市场的交易者、管理制度,还是从相关市场间的互动机制来看,对黄金市场都是一个再造和拓展的过程。

本章主要名词

金融市场　同业拆借市场　商业票据　回购协议　公募发行方式　期货交易　期权交易　证券交易所

复习思考题

1. 什么是金融市场?其构成要素有哪些?
2. 金融市场有哪些具体的种类?
3. 什么是货币市场?它有什么特点?
4. 货币市场有哪些具体的子市场?同业拆借市场的特点是什么?
5. 什么是资本市场?它有什么特点?
6. 股票流通市场的组织方式和交易方式分别有哪些?
7. 什么是外汇市场?外汇市场有哪些交易方式?

第十一章 金融业务(上)

内容提要与学习要求

金融业务一般分为四大领域,即银行业务、证券业务、保险业务和信托业务。本章主要介绍商业银行业务,包括商业银行的负债业务、资产业务和中间业务。通过学习,要求了解商业银行经营管理的基本理论,重点掌握商业银行的基本业务、商业银行融通资金的基本方法和途径,掌握票据结算和非票据结算的各种方式和业务操作程序,增强为企业提供筹融资服务的基本技能。

第一节 商业银行的经营管理

商业银行是指依法设立的吸收公众存款、发放贷款、办理结算等业务的企业法人。商业银行的职能和作用,是通过其业务经营活动得到体现的。

一、商业银行业务的内容

根据我国的《商业银行法》,商业银行可以经营下列部分或者全部业务:①吸收公众存款,②发放短期、中期和长期贷款,③办理国内外结算,④办理票据贴现,⑤发行金融债券,⑥代理发行、代理兑付、承销政府债券,⑦买卖政府债券、金融债券,⑧从事同业拆借,⑨买卖、代理买卖外汇,⑩从事银行卡业务,⑪提供信用证服务及担保,⑫代理收付款项及代理保险业务,⑬提供保管箱服务,⑭经国务院银行业监督管理机构批准的其他业务。

商业银行经中国人民银行批准,可以经营结汇、售汇业务。

上述业务,可以分为负债业务、资产业务和中间业务三大类,将在本章以下各节详细介绍。

二、商业银行经营管理的原则

根据《商业银行法》的要求,商业银行业务经营具有自主经营、自担风险、自负盈亏、自我约束的特点,因此,商业银行必须以安全性、流动性、效益性为经营原则。商业银行开展业务,还应当遵守公平竞争的原则,不得从事不正当竞争,并以其全部法人财产独立承担民事责任。

(一) 安全性原则

安全性原则指商业银行在经营活动中要避免经营风险,保证资金安全。由于商业银行资金来源主要是客户存款和借入款,加之客户的信用状况及经济生活中的不确定因素,商业银行在业务经营过程中,存在风险是客观实际,这就要求商业银行坚持安全性原则,力求避免或减少各种风险造成的损失。

(二) 流动性原则

流动性原则指商业银行在经营活动中能够随时应付客户提存,并且能满足客户必要合理的贷款要求。由于商业银行以吸收的各种存款为主要负债,而存款是以到期或随时提取为前提的;另外,从自身利益出发,商业银行必须保持与客户良好的合作关系,对客户正常合理的贷款需求必须予以满足,这就决定了商业银行在经营活动中必须贯彻流动性原则。为此,商业银行在业务经营中,一方面力求使资产具有较高的流动性,另一方面则力求负债结构合理并保持较多的融资渠道和较强的融资能力。

(三) 效益性原则

效益性原则指商业银行的经营活动要实现自身营利和社会利益的统一。一方面,商业银行的自身性质决定了其经营目标就是追求营利,这是它改进服务、开拓业务和改善经营管理的内在动力,同时也是商业银行自身不断获得发展的保证。另一方面,由于商业银行业务活动涉及社会再生产各个方面,在国民经济活动中处于资金运动的中枢地位,这就要求商业银行在经营中必须兼顾社会利益。从根本上来讲,商业银行的自身利益与社会利益是一致的,但有时会产生矛盾,这就要求商业银行按照国民经济全局发展的需要,自觉贯彻中央银行的宏观金融决策,力求实现自身利益与社会利益的统一。

上述商业银行的经营原则,安全性与流动性是一致的,但这两者又与效益性存在一定的矛盾,如何使三者处于最佳组合,正是银行家们追求的目标。

三、商业银行经营管理的理论

究竟商业银行经营管理如何实现安全性、流动性和效益性的统一,是随着各个历史时期经营条件和人们认识的变化而变化的。西方商业银行的经营管理等理论经历了资产管理、负债管理、资产负债管理和中间业务管理等理论的演变过程。

(一) 资产管理理论

资产管理,是指在负债结构一定时,通过调整资产的各种组合以获得所需的流动性,并减少和分散风险,使银行资产的安全性、流动性和效益性得到充分兼顾。资产管理的主要特点是商业银行只有在不断增加存款的情况下,才能相应增加贷款或投资;如果存款没有增加,而客户的借款需求增加,银行要满足客户的要求,就只有变卖有价证券等资产,即银行只有通过调整和改变资产的组合来适应新情况,而负债结构则保持原状。资产管理是商业银行传统的管理方法。在20世纪60年代以前,银行的资金来源主要是存款。对于银行而言,存款的主动权在客户手中,自己起不了决定性影响;而对资金运用,银行则相对操纵着主动权。因此,商业银行就把业务经营过程中兼顾"三性"的重心放在了资产管理方面。

在资产管理中,资产流动性的管理占有特别重要的地位。随着经济环境的变化,银行经营业务的发展,商业银行对资产流动性的认识也有所变化。相应地,资产管理理论历经了商业贷款理论、转移理论和预期收入理论三个不同的发展阶段。商业贷款理论认为,短期的商业性贷款具有自偿性,因此,商业银行欲实现资产的流动性,只能发放商业性贷款。转移理论(也称可转换理论)认为,商业银行为了应付提存需保持流动性,可以持有易出售的证券资产,在需要时可以通过出售证券而实现流动性。至于预期收入理论,则认为只要某笔资产的未来收入有保障,而不论其期限长短,或出售难易,其流动性都是可以实现的。

(二) 负债管理理论

负债管理理论是在20世纪60年代金融创新过程中发展起来的一种指导商业银行兼顾"三性"的经营管理理论。这种理论认为,资产管理不是惟一解决流动性的办法,通过负债管理,也可以实现业务经营过程中的流动性,即商业银行可以积极地通过各种负债方式,如发行大额可转让定期存款单、发行债券、银行控股公司出售商业票据、各种借款等,以应付各种新的资金需要,而无需对资产组合进行不断的调整。这种理论一改过去的方针,主动调整负债结构,强调借入资金来满足提取存款和增加放款的需要,保持资金清偿能力和流动性,并获取最大利润。这种理论还认为,负债管理比资产管理有效,即商业银行通过负债管理,可以将资产安排于收益较高的项目以增加盈利,而无需经常保有大量高流动性资产而使自己的盈利水平下降。

负债管理理论的核心思想是,负债不是既定的,而是可以由银行加以扩张的,银行是可以控制资金来源的。它要求银行经营重点从资产方面转向负债方面,千方百计去扩大负债的能力。负债管理理论首先出现的是购买理论。购买理论的主要内容是：银行购买资金的主要目的是增强流动性，而资金的供应者是十分广泛的，抬高资金价格是实现购买行为的主要手段；面对日益庞大的贷款需求，通过购买负债，摆脱存款数额对银行的限制。到了20世纪80年代，出现了一种新的负债理论——销售理论。销售理论的主题是推销金融产品，它的显著不同之处在于，它不再单纯着眼于资金，而是立足于服务，创造形形色色的金融产品，为范围广泛的客户提供多样化的服务。银行是金融产品的制造企业，银行负债管理的中心任务是推销这些产品，从中既获得所需的资金，又获得应有的报酬。

（三）资产负债管理理论

无论是资产管理还是负债管理，实际上都只是侧重一个方面来对待银行的"三性"，于是很难避免重此轻彼或重彼轻此现象的发生。比如资产管理过于偏重安全性和流动性，往往以牺牲盈利性为代价，这不足以鼓励银行家的积极进取；而负债理论过分强调依赖外部筹款，则增大了商业银行的经营风险，不利于其稳健经营。因此，人们日益认识到，一个能将"三性"有效结合的管理，应该是对资产和负债并重的管理，这就是资产负债管理。

资产负债管理，就是指商业银行在业务经营过程中，应对资产和负债进行全面综合考虑，要从资产负债的结合上保证银行经营"三性"的实现，不能偏重于任何一方。这是进入20世纪70年代中期以后，指导商业银行经营的管理理论。至于资产负债管理的具体方法，则有资产负债比例管理、资产负债风险管理等。

1. 资产负债比例管理

资产负债比例管理是指通过确定一定的比例关系，约束商业银行的资产业务和负债业务活动，以达到商业银行业务经营安全性、流动性和效益性均衡的目的。根据我国《商业银行法》的有关规定，商业银行在业务经营过程中，应当遵守下列资产负债比例管理的规定：①资本充足率不得低于8%，其中核心资本不得低于4%；②贷款余额与存款余额的比例不得超过75%；③流动性资产余额与流动性负债余额的比例不得低于25%；④对同一借款人的贷款余额与商业银行资本金余额的比例不得超过10%；⑤中国人民银行对资产负债比例管理的其他规定。

自1998年1月1日起，中国人民银行取消对商业银行信贷规模的指令性控制，我国商业银行进入没有限额控制的资产负债比例管理的阶段。现阶段资产负债比例管理的基本内容可概括为：在对商业银行贷款增加量的管理方面，取消指令性计划，改为指导性计划，在逐步推行资产负债比例管理和风险管理的基础上，实行"计划指导、自求平衡、比例管理、间接调控"。

在新体制下商业银行的经营策略应转向以下四个方面：一是立足于自求资金

平衡,二是建立以利润为核心的经营机制,三是建立和健全银行内部的风险管理制度,四是自觉坚持社会性原则。

2. 资产负债风险管理

商业银行资产负债风险管理的目的在于强化风险意识,加强风险防范,化解经营风险,实行稳健经营。风险管理的内容,主要包括风险识别、风险分析与评估、风险控制和风险决策等,这四个部分依次是风险管理的四个阶段。

(1) 风险识别。这是指在商业银行周围纷繁复杂的宏微观环境和内部经营条件中识别出可能给商业银行带来意外损失或者额外收益的风险因素。这是风险管理的第一步,也是最重要的一步。

(2) 风险分析与评估。风险分析是指深入、全面地分析导致风险因素的各种原因,如影响市场行情的宏观货币政策、交易者心理预期、影响借款户还款能力的产业状况、经营方式、股利分配等。风险评估指管理者具体预测风险可能对银行造成损失或得到收益的大小,从而尽可能地定量确定银行受险程度。

(3) 风险控制。这是指在风险发生之前或已经发生时,采取一定的方法和手段,以减少风险损失、增加风险收益所进行的经济活动。它包括风险回避、风险抑制、风险分散、风险转移、风险保险与补偿。

(4) 风险决策。这是指在综合考虑风险和盈利的前提下,银行经营者根据其风险偏好选择风险承担的决策过程。风险决策一般由银行风险管理者、业务经营者或更高层决策人员做出,其决策结果构成银行的风险承担,是风险控制的基础。风险的分析与评估则是风险决策的主要信息依据。经济生活时时处处涉及风险,因此银行经营者必须在隐含不同风险的各种方案中,选择其一。

目前,国际银行安全标准主要由1988年通过的《巴塞尔协议》、1995年通过的《补充协议》和1997年9月通过的《巴塞尔委员会有效银行监管的核心原则》共同组成。

(四) 中间业务管理理论

时至今日,商业银行主流管理思想仍是资产负债联合管理。20世纪80年代初,金融外部环境趋向于放松管制,银行业的竞争空前激烈,同时货币政策相对偏紧,通胀率下降,这些都抑制了银行利率的提高和银行经营规模的扩大,迫使商业银行寻找新的经营思路以摆脱困境。在这种情况下,兴起了资产负债表外业务管理理论,即中间业务管理理论。

这种理论思想认为,银行是生产金融产品、提供金融服务的机构,同时也从事提供信息服务的经营活动,因而一切同信息服务有关的领域,银行都应当介入,除了资产负债表内所反映的业务外,银行还应开展表外业务,开拓银行业务新的经营领域。

表外业务是以表内业务为基础的业务延伸,其物质条件是银行所拥有的广泛的客户、庞大的分支机构网络、所掌握的社会经济活动信息、直接拥有或保持联系的专家队伍、先进的计算机系统等。

传统的中间性业务已有信托、保管、代理保险、汇兑结算、兑换等。而新开拓的以信息处理为核心的表外业务日益显示其重要性,这些业务有投资咨询与信托(包括筹资和投资方面),为客户进行调查、谋划、定价、承购承销、项目可行性分析和评估等。其中,贸易调查与介绍,是为客户提供贸易对手的资信调查,为贸易双方牵线搭桥,提供市场环境信息,提供贸易融资信用担保等;消费引导与服务,主要为客户安排设计重大消费计划、提供财务透支和劳务服务。其他还有利用银行的计算机中心系统为客户提供电脑服务等。

表外业务管理思想着力于新业务领域的开拓,甚至将原属表内的业务转为表外业务,例如商业性贷款转让,即银行在一笔贷款签约后,立即把贷款全部或部分地"出售"给第三者。这样,银行虽然要负责首笔贷款的资信调查,本息收付,监督最终债务人履行合同,但不需为这笔贷款提供全部或部分资金。银行可以从最终债务人所付给的较高利息和银行付给贷款买进者的相对较低的利息之间赚取一笔利差。总之,银行可以利用其借贷能力和信息优势来获取利润,这反映了银行经营的新动向。

第二节 商业银行负债业务

负债业务是商业银行最主要的资金来源,是商业银行经营活动的基础。商业银行的全部资金来源包括自有资本和负债两部分。商业银行的创立,首先必须要一定数量的资本,即原始的资金来源,也称自有资本。与一般工商企业不同的是,商业银行的自有资本在其全部资金来源中只占很小的比例。负债的规模大体决定了商业银行开展资产业务、获得利润的能力,因此负债业务是商业银行最基本、最主要的业务。商业银行的负债包括存款和借入负债,是商业银行业务营运的起点和基础。

一、商业银行自有资本

(一)商业银行自有资本构成

商业银行自有资本是指投资者为实现一定经济目的而投入商业银行的货币资

金和保留在商业银行中的收益。自有资本代表投资者对商业银行的所有权。我国商业银行的自有资本由核心资本和附属资本两部分构成。

1. 核心资本

核心资本又称一级资本,包括四部分:实收资本、资本公积金、盈余公积金、未分配利润。

实收资本是商业银行设立时按股票面值筹措的资金,按其来源不同分为国家资本金、法人资本金、个人资本金和外商资本金等。资本公积金是指商业银行在筹措和运用资本金过程中所产生的收益,包括资本溢价差额、接受捐赠财产和法定资产重估增值等,资本溢价是指商业银行在发行股票时溢价发行,投资者实际缴付的出资额超过其认缴资本金的差额。盈余公积金是指商业银行按照规定从税后利润中提取的积累资金,包括法定盈余公积金、任意盈余公积金、法定公益金,盈余公积金属商业银行全体股东共同利益。未分配利润是商业银行按规定分配利润后的余额,可以留待下一年分配给投资者,也可以留待亏损年度补亏。

《巴塞尔协议》规定,商业银行的核心资本至少占全部资本的 50%。

2. 附属资本

附属资本又称二级资本,我国商业银行的附属资本包括资本准备金、贷款呆账准备金、贷款坏账准备金和投资损失准备金以及累计折旧等。

资本准备金是银行为了应付资本的减少而保持的储备;贷款呆账准备金、坏账准备金,投资损失准备金是银行为了应付贷款的呆账损失、坏账损失,证券价格的下跌而保持的储备。以上几项准备金都是银行为了应付意外事件而按一定比例从税前利润中提取形成的。它保留在银行账户上作为银行资本的补充,在一定程度上起着与资本金相同的作用。它的好处一是在银行税前利润中提取,可以免交所得税;二是提取准备金是以未分配方式来增加银行的资本,基本上没有什么筹资成本。

累计折旧是按照一定比例定期从收益中提取形成,用于固定资产更新改造支出。它保留在银行账户上作为银行资本的补充,在一定程度上起着与股本相同的作用。

(二) 商业银行自有资本的功能

1. 经营功能

该功能首先为其购置房屋、设备及其他营业所需设施提供资金,为正常开展业务提供必要的物质条件。其次,在银行资金短缺、负债经营困难的情况下,银行资本可以缓解资金压力,稳定经营成本。

2. 保护功能

该功能有两层含义:一是承担日常经营的信贷风险,二是在银行破产清算时对存款者权益起保护作用。商业银行的资金来源大部分(80%以上)来自存款,由于银行受内外因素的影响,银行的资金运用不可避免地存在着风险。如果一家银行自有资本比较充足,可弥补资产亏损并维持银行对债权人的偿债能力,存款户对银行的信心就不会受挫,就不会出现挤兑现象,银行仍可稳健经营。反之,当一家银行资金实力不能保证对所有存款履行还本付息的义务时,存款人根据"时间优先原则",即谁先来提款,银行就先为谁付款的原则,就可能出现挤兑现象。当银行资产遭受损失时,先用银行收益进行抵补,如果不够,银行就要动用资本进行抵补,作为承担损失的缓冲器。

3. 管理功能

该功能是指金融管理部门通过对商业银行资本做出一些规定或提出一些要求来实现对商业银行的监控,各国一般都对各种业务活动规定有不同的资本比率,如资本充足率、最低资本额、资产业务资本比率等。金融管理部门通过执行这些规定,对银行业务活动进行约束,运用这些比率进行检查和调节,实现监控。

二、存款负债

商业银行存款负债是其最主要的资金来源,主要包括活期存款、定期存款和储蓄存款三大部分。

(一)活期存款

活期存款也称支票存款,是指可以签发支票并根据需要提款的存款。活期存款主要用于交易和支付,通过银行进行结算。由于它的流动性较大,存取款和转账频繁,银行的服务成本也较高,因此商业银行只向客户免费或低费提供服务,一般不支付或较少支付利息。美国在 Q 条例废除之前,不允许商业银行为活期存款支付利息。

我国一般只有企事业单位才在商业银行开有活期存款账户,可以开支票。日常生活中所谓的"活期"实际指的是居民不定期储蓄存款。而在国外,企业、个人、政府机构、金融机构本身都能开立活期存款账户。

经营活期存款可以为银行带来好处。虽然活期存款流动频繁,但还是会形成一定量的较为稳定的余额,成为商业银行低成本的资金来源。事实上,当支票用于向开户银行提款的时候,它只是作为一种信用凭证发挥职能;但当支票被用来履行支付义务时(包括开户人向第三方开支票支付,以及任何支票持有人向另一方背书转让),支票已经充当流通手段和支付手段发挥作用。也就是说,支票被当做货币使用,因此活期存款成为货币数量的重要组成部分。更重要的是,支票多被用于转账而非提现,因此商业银行可以周转使用,进行信用扩张,创造派生存款,商业银行因而得以对货币供应量产生影响。

（二）定期存款

定期存款是指具有确定的到期期限，到期才能支取的存款，也属非交易用存款。由于期限确定，定期存款是商业银行较为稳定的资金来源，银行也对此支付较高的利息以补偿储户的流动性损失。储户不能随时支取，若提前支取，银行有权罚息。可以看出，和活期存款相反，定期存款的优点是盈利性强，弱点是流动性差，并且一般情况下利率固定。

（三）储蓄存款

储蓄存款是指居民个人将其货币收入中的待用、节余部分存入银行所形成的存款。对商业银行来说，储蓄存款是银行的主要负债业务。对存款人来说，存款是其选择的金融资产之一。储蓄存款是一种非交易用的存款，一般使用存折，不能签发支票。商业银行储蓄存款包括活期储蓄存款、定期储蓄存款和外币储蓄存款等。

1. 活期储蓄存款

活期储蓄存款是一种不规定期限可以随时存取的存款。其特点是：随时可存，随时可取；存取金额和存取次数均不受限制。随着计算机、电子网络技术的发展，银行为了方便储户，一方面推出通存通兑服务，另一方面推出了储蓄卡，储户可以在各地的自动取款机（ATM）上自助存取款项。活期储蓄存款除了活期存折储蓄外，还有活期支票储蓄、储蓄旅行支票、信用卡储蓄、定活两便储蓄等。

2. 定期储蓄存款

定期储蓄存款是储户与银行约定存款期限的一种存款。它是银行储蓄的主要形式之一，包括整存整取、存本取息、零存整取、大额可转让定期存单、华侨人民币定期储蓄等。

3. 外币储蓄存款

外币储蓄存款（丙种存款）是吸收外国货币或汇款存入本国银行的储蓄业务。我国境内的居民也可参加这种储蓄。

商业银行储蓄存款应坚持"存款自愿、取款自由、存款有息、为储户保密"的原则。

三、借入负债

商业银行尽管可以主动争取存款资金来源，然而存款水平毕竟不能直接控制，仍然会有波动。因此，商业银行还必须开展非存款性负债业务，通过借入资金以应付提款的需要,弥补法定准备金的暂时不足,或是作为永久性的资金来源。借入资金是商业银行负债业务之一,它在满足商业银行流动性需要和增加信贷资金来源等方面有着极为重要的意义。商业银行借入资金主要包括中央银行借款、同业拆借、发行金融债券等。

(一) 中央银行借款

我国商业银行向中央银行借款主要有直接贷款和再贴现两种形式。

1. 直接贷款

中央银行是银行的银行,负有最后贷款人的职责。商业银行在资金营运过程中由于资金周转短缺,可以根据需要使用自有的适当的证券、票据作为抵押向中央银行取得贷款。

2. 再贴现

再贴现是商业银行以贴现所获得的未到期票据向中央银行转让而取得资金融通的行为。商业银行由于向客户办理票据贴现而引起资金不足,可以未到期的票据向中央银行申请再贴现取得资金。再贴现的金额,按贴现票据的票面金额扣除再贴现利息计算,贴现期限从再贴现之日起至票据到期日止,一般应掌握在 6 个月内。

一般来说,再贴现是最终贴现,票据经再贴现后由中央银行持有,不再流通,票据到期,由中央银行向申请再贴现银行收回票面金额。再贴现业务既是中央银行对商业银行的一项授信业务,同时也是中央银行进行宏观调控、推行货币政策的重要手段。

(二) 同业借款

同业借款是商业银行之间或商业银行与其他金融机构之间相互进行的临时性资金融通。同业借款的形式主要有同业拆借、转贴现和转抵押。

1. 同业拆借

同业拆借是银行之间的短期借贷行为。按银行法规定,各商业银行必须向中央银行交纳一定比例的存款准备金,同时保持一定量的库存现金以应付提款要求。如果某家银行在中央银行的存款超过了法定准备金的要求,而另一家银行在中央银行的存款降到法定准备金以下,此时准备金不足的银行就会向准备金盈余的银行借款,以达到法定准备金的要求。这种借款通过中央银行进行,拆出银行通知央行将相应的款项从自己的账户转到拆入银行的账户,央行据此借记拆出行账户,贷记拆入行账户。

由于同业拆借主要用于解决银行本身临时性资金周转的需要,因此一般是短期拆借,大多数为隔夜拆借。同业拆借的利率由市场供求决定,一般较低,它影响货币市场上的利率水平。

2. 转贴现与转抵押

转贴现与转抵押也是商业银行在遇到资金临时短缺、周转困难时筹集资金的途径之一。其中,转贴现是指商业银行将其贴现收进的未到期票据,再向其他商业银行或贴现机构进行贴现以融通资金的行为;转抵押则是商业银行把自己对客户的抵押贷款再转让给其他银行以融通资金的行为。这两种方式的过多使用会使社会公众对其形成经营不稳的印象,使银行承担一定风险,因此必须有限制地、合理地运用。

(三)回购协议

回购协议是指交易双方按协议由卖方将一定数额的证券临时售与买方,并承诺在某一期限后按预定的价格从对方再次将该证券如数购回的一种短期资金融通行为。

回购协议的期限从一天到数月不等,期限为一天的又称隔夜回购。商业银行与证券交易商是回购协议的主要资金需求者,公司和政府机构则是最大的资金供应者。回购协议可以以多种方式进行,但最常见的有两种:一是证券的卖出与回购采用相同的价格,协议到期时以约定的收益率在本金以外再支付费用;另一种方式是购回证券的价格高于卖出时的价格,其差额就是合理收益。

回购协议可以被用来增加收益。例如某银行需要短期融资,虽手中持有长期证券,但由于利率上升,使得出售证券换取资金将遭受相当的本金损失,为了提高对这种长期证券投资的收益,可以将其作为回购协议的担保,这样就可以增加该银行的净利息收入。

(四)国际金融市场借款

商业银行除了在国内货币市场取得借款以外,还常常从国际金融市场借款来弥补资金的不足。目前最具规模、最具影响的国际金融市场是欧洲美元市场,商业银行的国外借款主要来自这个市场。

欧洲美元是指存放在美国境外各银行的美元存款,或者是这些银行借到的美元贷款。对于美国的银行而言,从美国之外借入欧洲美元,可以不用保留法定准备金,并且也不用受 Q 条例的限制,这样就在扩大银行负债的同时,提高了资金盈利能力。因此,欧洲美元市场发展非常迅速。欧洲美元借款可以是隔夜交易,也可以长达几年。欧洲美元利率由市场决定,一般高于相同期限的美国政府债券利率。

(五) 金融债券

金融债券是商业银行为筹集信贷资金而向社会举债的债务凭证。按照《商业银行法》规定,商业银行发行金融债券,必须依照法律、行政法规的规定报经中央银行批准。商业银行发行金融债券筹措的资金主要用于发放特种贷款,例如,满足一些经济效益高的企业的资金需要,满足在建项目的"扫尾"工程的资金需要等。商业银行通过发行金融债券,遵循"高来高去"的原则,以高成本筹集资金,以较高利率发放贷款。

四、其他负债

(一) 结算资金占用

结算资金是指商业银行在办理结算业务过程中暂时可利用的资金。商业银行在办理转账结算业务时,实行先收后付的原则,即先由付款单位将应付的资金交存银行,然后银行再将资金转划给收款单位。由于付款单位和收款单位往往不在一地,或虽在本地但不在同一银行开户,银行收到付款单位的款项,或从付款单位存款账户划出的资金,必须经过联行划转或经过票据交换中心才能进入收款单位的账户。因此,银行从收到款项到划出款项,再到进入收款单位的账户,就有一段间隔时间,在这一间隔时间里,结算资金就停留在银行或在途。商业银行每天都办理大量转账结算业务,也就相应地经常占用一定数量结算在途资金,从而构成商业银行的负债(资金来源)业务之一。

(二) 其他应付款项

其他应付款主要指应交未交税金、应上缴的银行收益等。从上缴利润来看,商业银行按每季收取贷款利息来计算收益,一般是第二年初将上年银行纯利润上划给总行,上缴国家财政。这样,盈利已实现而未上缴时,也构成商业银行的负债,成为其信贷资金的来源。

第三节 商业银行资产业务

商业银行的资产业务是指商业银行如何运用资金的业务,也是商业银行主要的利润来源。它是商业银行业务中最核心、最重要的业务,通过资产业务的开展,银行不仅获得了自身生存和发展的根本条件,而且对国民经济产生举足轻重的影响。商业银行资产业务主要包括现金资产、固定资产、贷款和证券投资四项。

一、现金资产

现金资产是指商业银行随时可以用来应付各种需要变现支付现金的资产。商业银行在经营过程中,不能将吸收的存款全部用于发放贷款,因为客户的存款有可能随时提取,如果银行由于将存款全部贷出去而不能保证支付,必然影响商业银行的信誉,严重影响存款的来源,甚至出现挤兑存款的现象,这势必影响商业银行的安全和金融的稳定。因此,商业银行必须按规定保留一定数量随时可以变现的现金资产,以保证存款的支付和同业清算。商业银行的现金资产一般包括库存现金、中央银行存款、存放同业款项、托收中的现金等。

(一)库存现金

库存现金是商业银行办理资金收付业务的备用金。库存现金主要用于存款客户取现和商业银行日常开支。商业银行库存现金的多少与生产和流通的季节性波动、社会支付制度和结算制度、银行离市中心距离以及商业银行业务电子自动化程度等因素有关。

(二)中央银行存款

商业银行的中央银行存款包括两个方面,一是一般性存款,二是法定存款准备金。

1. 一般性存款

一般性存款也称备付金存款,是指商业银行为满足客户提取存款的需要而存放在中央银行并随时可以提取的活期存款,即商业银行为了适应资金营运的需要,保证存款支付和资金清算,而在中央银行开立的存款账户。一般性存款的另一作用,是用来调剂库存现金的余缺。若某商业银行在中央银行保持一定的存款,当银行库存现金不足时,便可随时从中央银行提取。

2. 法定存款准备金

它是指商业银行根据吸收各项存款的余额,按规定的存款准备金率计算并向中央银行缴存的准备金。法定存款准备金制度具有调控货币供应量、保证商业银行存款支付和其他资金清偿的作用。

(三)存放同业款项

商业银行为了便于同业之间收付有关款项(如委托收付款项),往往在其他商业银行开立活期存款账户。由于同业间开立的存款账户都属于活期性质,随时可以支用,因而,存放同业款项被视为现金资产。

(四)托收中的现金

托收中的现金是银行通过对方银行向外地付款单位或个人收取的票据款项。它在托收未达之前是一笔被占用的资金,收妥后成为存放同业款项。这部分款项只是在途占用,时间比较短,因而也被视为现金资产。

二、固定资产

固定资产是指商业银行拥有的房地产和设备,这是商业银行开展各项业务的物质基础和保障。这部分开支应由银行的自有资金来支付。从一些银行的资产负债表来看,固定资产占全部资产的0.5%~2%不等,而且每年要摊提折旧。因此,新开业的银行,固定资产的账面余额可能大一些;历史悠久的银行,账面固定资产余额可能会小一些。

三、商业银行贷款

贷款也称为放款,是指商业银行根据必须偿还的信用原则,将所吸收的资金按照一定的利率提供给客户使用的一种资产业务。贷款作为商业银行最重要的资产业务,是商业银行利润的主要来源。贷款的规模和结构,对商业银行的安全性、流动性、盈利性以及对银行经营的成败具有关键性作用。

(一)商业银行贷款种类

商业银行的贷款按不同标准可划分为不同的种类。

1. 按期限可以划分为短期贷款、中期贷款和长期贷款

短期贷款即贷款期限在1年以内的贷款;中期贷款即贷款期限在1年以上(含1年)5年以下的贷款;长期贷款即贷款期限在5年以上(含5年)的贷款。

2. 按贷款对象可以划分为工商业贷款、不动产贷款、消费贷款及其他贷款

工商业贷款是商业银行的主要贷款,占贷款总额的三分之一以上。不动产贷款是指以土地、建筑物、土地使用权、营建中的楼宇等不动产作抵押从银行取得的贷款,它是一种典型的长期贷款。消费贷款是指商业银行以消费者个人为贷款对象而发放的贷款。

3. 按保障性可以划分为信用贷款、担保贷款和票据贴现

(1)信用贷款是指商业银行以借款人的信誉而发放的贷款。其特征是借款人无需提供抵押品或者由第三人担保,仅凭借款人的信誉就能取得银行贷款。对于商业银行来说,信用贷款是一种风险最大、还款最没有保障的贷款方式。因此,只有经商业银行审查、评估,确认借款人资信良好,确能按期偿还贷款的,才能取得信用贷款。

(2)担保贷款有三种方式:①保证贷款。保证贷款是指商业银行按《中华人民共和国担保法》(以下简称《担保法》)规定的保证方式以第三人承诺,在借款人不能偿还贷款时按约定承担一般保证责任或者连带责任为前提而发放的贷款。一般保证是指商业银行与保证人在保证合同中约定,当借款人不能偿还借款时由保证人承担偿还责任的担保行为;连带责任保证是指借款人在借款期限届满没有偿还借款时,商业银行作为债权人有权要求借款人偿还借款,也有权要求保证人在保证范围内承担偿还责任的担保行为。②抵押贷款。抵押贷款是指商业银行按《担保法》规定的抵押方式以借款人或第三人的财产作为抵押物而发放的贷款。根据《担保法》规定,抵押贷款的借款人或第三人提供的抵押物并不转移占用权,而只将该抵押物作为贷款担保。借款人不按期偿还借款时,商业银行有权依法将抵押物折价或拍卖、变卖,并从价款中优先受偿贷款本息。③质押贷款。质押贷款是指商业银行按《担保法》规定的质押方式以借款人或第三人的动产或权利作为质押物而发放的贷款。根据《担保法》规定,质押贷款的借款人或第三人将其动产或权利移交商业银行占有,以该动产或权利作为贷款担保,当借款人不按期偿还借款时,商业银行有权依法将质押动产或权利折价或拍卖、变卖、兑现,并从价款中优先受偿贷款本息。

(3)票据贴现是指持票人将未到期票据交商业银行请求贴现,商业银行按票据到期金额扣除一定贴现利息以后,以现款付给客户,或转入其活期存款账户。这实际上是贷款的一种方式,银行买进票据,等于通过贴现间接地给票据的付款人发放了一笔贷款。贴现是工商企业流动性周转的重要途径,对于银行而言,也是一种风险较低的资产业务,因此在商业银行的资产业务中占有重要地位。

(二)商业银行贷款一般程序

贷款程序通常划分为贷前推销、调查及信用分析,贷时的评估、审查及发放,贷后监督检查及收回本息三个阶段。

1. 贷款申请

借款人必须填写包括借款用途、偿还能力、还款方式等内容的借款申请书,并向银行提供有关证明材料。

2. 对借款人的信用等级评估

商业银行应根据借款人的领导人素质、经济实力、资金结构、经济效益和发展前景等因素,评定借款人的信用等级(包括 AAA 级、AA 级、A 级、BBB 级、BB 级)。信用等级高的企业,优先取得贷款;信用等级低的企业,应当限制贷款。借款人信用评级可由商业银行独立评审,内部掌握,也可由社会合法评审机构评审。

3. 贷款调查

商业银行接到借款人申请后,必须对借款人的信用等级以及借款的合法性、安全性、盈利性等情况进行调查,核实抵押物、质押物、保证人情况,测定贷款的风险度。

4. 贷款审批

商业银行在调查的基础上,必须按照审贷分离、分级审批的贷款管理制度进行贷款审批。审查人员应当对调查人员提供的情况进行核实、评定,复测贷款风险度,提出贷款意见,按规定权限报有关审批人员批准。

5. 签订借款合同

商业银行所有贷款都必须与借款人签订借款合同,以法律形式确定借贷双方的权利和义务关系。借款合同的内容一般包括:贷款种类、贷款用途、金额、利率、还款期限、还款方式、违约责任和双方认为需要约定的其他事项等。

保证贷款必须由保证人与银行签订保证合同或保证人在借款合同上写明担保条款,并签名盖章。抵押贷款、质押贷款必须由抵押人、出质人与银行签订抵押合同、质押合同,并依法办理登记。

6. 贷款发放

商业银行与借款人签订借款合同后,必须按照合同规定按期发放贷款,否则,应按规定向借款人偿付违约金。

7. 贷后检查

贷款发放后,商业银行必须对借款人履行借款合同情况和借款人的资信情况进行追踪调查和检查。

8. 贷款归还

借款人必须按照借款合同规定按时足额归还商业银行贷款本息,否则,必须承担违约责任,并加付利息。

四、商业银行的证券投资业务

(一)商业银行投资的对象

一般来说,投资活动包括两个方面:一是实业投资,即开办企业经济实体,如工厂、公司等;二是证券投资,即投资于股票、债券等。根据我国《商业银行法》规定,商业银行的投资业务只能是债券中的政府债券和金融债券,而其他投资活动是被禁止的。但从长期发展前景看,我国商业银行从事证券业务的范围将会逐渐扩大,银行业和证券业也有可能出现由分而合的趋势。商业银行证券投资是指商业银行为了实现一定目的而运用资金购买证券的经营行为。

（二）商业银行投资证券的目的

1. 获取收益

获取证券投资收益是商业银行投资的主要目的。商业银行从事证券投资活动，会使资金得以充分利用，避免资金闲置，以获取最大利润；同时，在借款需求发生变化的情况下，通过证券投资业务灵活运用资金，也可利用资金的时间差增加收益。商业银行证券投资业务的收益主要来自利息收入。利息收入是指商业银行购买一定有价证券后，依证券确定的利率获得的收入。

2. 分散风险

商业银行在经营中面临着信用、市场、利率、通货膨胀等多种风险。降低风险的重要途径之一，就是使资产分散化、多样化，即不把资金运用在一种或者少数几种资产上，而是尽可能地运用到多种资产上。商业银行开展证券投资业务有利于资产分散、降低风险。

3. 保持流动性

商业银行进行经营的资金主要来源于其负债中的客户存款，银行所投资的证券在公开市场上容易出售获得现金，以便满足客户提取存款的需要。而银行的大部分资产，一般不具备随时转让的性质，只有证券投资可以随时在市场上买卖转让，保持较高的流动性。

第四节　商业银行中间业务

商业银行的中间业务是银行不需动用自己的资金，而利用银行设置的机构网点、技术手段和信息网络，代理客户承办收付和委托事项，收取手续费的业务。在分业经营格局下，这些业务主要有结算业务、租赁业务和金融咨询业务。

一、结算业务

（一）结算概念

结算是指银行通过一定结算方式结清企业、单位和个人之间因商品交易、劳务供应等所发生的债权、债务和资金清算的行为。它分为票据结算和非票据结算。银行代客户办理资金的结算业务，一方面通过收取手续费获利；另一方面银行从接受款项到支付款项之间存在时间差，这对于银行来说相当于一笔无息资金来源。

办理结算的基本原则是：诚实信用，履约付款；谁的钱进谁的账，由谁支配；银行不垫款。

（二）票据结算

1. 银行汇票结算

银行汇票是汇款人（开户单位或个人）将款项交存开户（或当地）银行，由银行签发银行汇票给汇款人持往外地办理转账或支取现金的票据。银行汇票可分为转账银行汇票和现金银行汇票。银行汇票具有票随人到、见票即付、使用灵活的特点。单位或个人，无论其是否在银行开立存款账户，需要支付异地的各种款项时，均可使用银行汇票。

2. 商业汇票结算

商业汇票是出票人签发的，委托付款人在指定日期无条件支付确定的金额给收款人或者持票人的票据。商业汇票的付款人为承兑人，按承兑人不同，商业汇票分为商业承兑汇票和银行承兑汇票。在银行开立存款账户的法人以及其他组织之间，具有真实的交易关系或债权债务关系时，均可使用商业汇票。

3. 银行本票结算

银行本票是银行签发的，承诺自己在见票时无条件支付确定的金额给收款人或者持票人的票据。在实际操作中，一般由申请人将款项交存银行，由银行签发银行本票给申请人办理转账或支取现金。目前，我国的银行本票有两种：一是定额银行本票，二是不定额银行本票。银行本票具有保证付款、信用可靠、应用广泛、方便灵活的特点，根据《支付结算办法》，单位或者个人在同一票据交换区域需要支付各种款项时，均可使用银行本票。

4. 支票结算

支票是出票人签发的，委托办理支票存款业务的银行在见票时无条件支付确定的金额给收款人或持票人的票据。目前我国普遍使用的支票有三种：一是普通支票，二是现金支票，三是转账支票。单位和个人在同一票据交换区域的各种款项结算，均可使用支票。支票具有通用性强、使用量大、讲究信用、见票即付、使用面广、手续简便、在途时间短、进账快等特点。

（三）非票据结算

1. 汇兑结算

汇兑是汇款人委托银行将款项汇给外地收款人的结算方式。它适用于异地间单位和个人的各种款项的结算，没有起点金额和有效期限的限制。在汇兑结算中一般涉及四个当事人，即汇款人、收款人、汇出银行和汇入银行。

汇兑结算,按凭证传递方式的不同,可分为信汇、电汇和票汇三种。信汇,一般由汇出银行邮寄汇兑结算凭证,划转款项,汇入银行凭其兑付汇款;电汇,则以拍发电报方式通知汇入银行兑付;票汇,由银行签发汇票,交由汇款单位或汇款人持往汇入地银行,办理转账结算或支取现金。汇入银行对开立账户的收款人的款项,应直接转入收款人账户。未在银行开立账户的收款人,凭信汇、电汇取款通知向汇入银行支取款项。汇入银行对于收款人拒绝接收的汇款,应立即办理退汇;汇入银行对于发出取款通知,经过两个月仍无法交付的汇款,可主动办理退汇。

2. 托收承付结算

托收承付是根据购销合同由收款人发货后委托银行向异地付款人收取款项,由付款人向银行承认付款的结算方式。

托收是指销货单位根据经济合同发货后,填写托收凭证连同发货运单一并提交开户银行,委托收取货款。承付则是指购货单位接到托收凭证等有关单证或验收货物后,向银行表示承认付款,银行据以划转货款。如果购货单位无理拖延拒付,银行有权课以罚金。

3. 委托收款结算

委托收款是收款人向银行提供收款的依据,委托银行向付款人收取款项的结算方式。它适用于同城或异地间的商品交易、劳务供应以及其他款项的结算。

收款单位委托银行收取款项时,填制委托收款结算凭证,连同有关单证,提交开户银行。并由其寄给付款单位开户银行,转交付款单位,通知其筹措资金付款,付款期限为三天。付款单位在三天期限内未向银行提出异议,银行即视同同意付款,在付款期满的次日上午,主动从付款单位账户付出款项,划给收款单位开户银行,打入收款单位账户。如果付款人拒绝付款,应出具理由书,银行则将拒付理由书连同原托收凭证退还给收款人,银行不负责审查拒付理由。

二、租赁业务

租赁是出租人以收取租金为条件,在一定期限内将某项财产交付承租人使用的经济行为。它由财产所有者(出租人)按合同规定将财产出租给使用者(承租人)使用,按期收取租金,承租人只有使用权,所有权仍归出租人。

租赁是一种古老的经济行为。在封建社会,农民向地主租用土地,交纳租金,就是传统的租赁。现代租赁业则是20世纪50年代在美国形成的。它发展了传统的租赁行为,经营的对象主要是生产工具,并集中于生产流通领域各环节所需的机器设备、厂房设施、运输工具和耐用消费品。

现代租赁业务按其性质可分为融资性租赁、经营性租赁和服务性租赁三大类。融资性租赁又称金融租赁,是由出租人出资购买承租人选定的设备,并按协议将设备出租给承租人使用。经营性租赁又称管理型租赁,其承租人只在一定期间内获得某种物件的使用权;租期结束后,租赁物件仍要退回出租人。这类租赁物件多为通用设备。服务性租赁兼有融资性租赁和经营性租赁的特征,它是在融资性租赁的基础上附加各种服务项目(如租赁设备的保养、维修、配件供应以及培训技术人员等)的一种租赁。银行经营的租赁业务主要是融资性租赁。

(一)融资租赁的形式

根据出租和承租双方的情况及需要,融资租赁可分为以下几种形式:

1. 自营租赁

这也称直接租赁,这是融资性租赁的典型形式,是指银行按承租企业的要求购进其选择的设备,签订租赁合同,租给承租企业使用的租赁形式。

2. 委托租赁

这是指有多余、闲置设备的单位(出租人)委托银行代为寻找承租人,将多余闲置的设备出租的租赁形式。

3. 转租赁

它是指银行同时兼具承租人和出租人双重身份的一种租赁形式。当承租人向银行提出申请时,银行由于资金不足等原因,可先作为承租人向国内外租赁公司或厂家租进用户所需的设备,然后再转租给承租人使用。

4. 回租租赁

这又称售出与回租,当企业急需筹集资金用于新的设备投资时,可以先将自己拥有的设备卖给银行,再作为承租人向银行租回而继续使用,以取得资金另添设备。回租租赁实际上是一种紧急融资方式。

5. 杠杆租赁

这又称平衡租赁,这种租赁形式往往是当银行(出租人)无力单独承担资金密集型项目(如飞机、船舶、勘探和开采设备等)的巨额投资时,以待购设备作为贷款的抵押,以转让收取租金的权利作为贷款的额外保证,从其他银行、信托公司等金融机构获得购买设备的 60%～80% 的贷款,由银行(出租人)自筹解决 20%～40%。这种租赁形式在法律上至少要涉及三个方面的关系人,即出租银行、承租人和贷款银行等,手续比较复杂、烦琐。实质上,这是一种抵押贷款的租赁形式。

(二)融资租赁业务的程序

1. 租赁准备阶段

当承租人决定进行固定资产投资,在完成新建项目或技改项目的可行性研究,并报经有关机关批准立项后,应做好三方面的选择:第一,选择以购买方式还是以租赁方式来添置设备。在企业缺少资金的情况下,选择租赁比较适当。第二,选择国产设备还是进口设备。如果企业是以提高产品竞争能力为目的,采用先进设备,而国产设备确实还不能替代进口设备时,则以选择进口设备为宜。第三,选择租赁公司和租赁条件。在租赁业务竞争中,承租人一般采用招标方式对出租人的经营能力、经营范围、资信情况、租赁条件、租赁期限、租金高低等方面进行全面了解、比较,以选择最好的租赁公司和最为优惠的租赁条件。

2. 委托租赁阶段

承租企业选定租赁后,即向该租赁公司提出办理租赁业务的申请,提交租赁委托书有关资料,出租人审核同意受理后,双方正式建立委托关系。

3. 设备选择、询价和谈判阶段

承租人要根据自己的需要,自选一个信誉好、产品质量优良、售价低廉和售后服务周到的供货商作为购进和引进设备的对象,选定租赁设备。出租人要根据承租人的要求向供货厂商询价,为便于承租人争取物美价廉的先进技术设备,出租人往往要向多家厂商询价,进行比较,做出最有利的选择。通过询价确定所购的设备后,就要组织技术交流、技术谈判和商务谈判。通过谈判,弄清所购设备的技术,经承租人确认,就可以签订购货合同。

4. 签订合同和引进设备阶段

办理融资租赁业务一般要签订两个合同,一是购货合同,二是租赁合同,这是租赁程序的中心环节。出租人与厂商签订购买技术设备的购货合同,也可要求承租人在购货合同上联合签字。同时出租人与承租人签订租赁合同。购货合同与租赁合同是租赁业务不可分割的、具有法律效力的两个主要文件。一旦合同签妥,就立即办理设备引进和付款手续。

5. 交付租金阶段

从起租日开始,承租人就要按租赁合同规定,分期向出租人交付租金。租赁期满后,按租赁合同规定的处理方式处理租赁物件。该退回的办理手续;需要续租的重新签订租赁合同;如规定由承租人留购的设备,承租人应在租赁期满日对出租人支付规定的设备留购价款,由出租人开具付清租金及留购价款、转让设备产权的证明,原来的租赁设备即归承租人所有。至此,租赁合同终止,租赁业务结束。

三、金融咨询

金融咨询是金融专家或专门金融机构利用自己的知识、技术、信息和经验,运用科学方法和先进手段进行调查、分析和预测,客观公正地为客户提供一种或多种可供选择的优化方案,是有偿的智能服务。它是一门应用性的软科学。

金融咨询业务主要包括以下几种:

（一）评审类信息咨询

这类咨询主要包括企业信用等级评估和验证企业注册资金两种。

1. 企业信用等级评估

凡在工商行政管理局登记注册、经营管理情况良好、经济效益较高的企业，均可成为信用评估的对象。为了全面反映企业信用状况，应从企业的资金信用、经济效益、经济管理能力、企业发展前景或经营状况等四个方面确定具体的评估标准和分值。为企业发行公司债券评估信用等级时则须从企业素质、发债目的、财务质量和偿债能力四个方面进行评估和打分。

2. 验证企业注册资金

为向工商行政管理部门准确提供新老企业注册资金的真实性和合法性，银行信息咨询部门可办理验证企业注册资金业务。咨询部门可对新办企业、事业单位、个体工商业申请登记注册资金进行验证，也可在老企业、事业单位确认和变更注册资金时进行验证。同时，咨询部门应对注册资金的真实性和资金来源的合法性进行认真验证。

（二）委托中介类信息咨询

这类咨询主要包括资信咨询和融资咨询。

1. 资信咨询

开办此项业务，主要是为了满足商品购销双方在交易中及时了解对方信用、支付能力和交货情况的迫切要求。其业务范围包括：先货后款资信咨询、先款后货资信咨询和签订合同等其他资信咨询。按资信承担的经济责任可分为一般资信咨询和风险性咨询。

2. 融资咨询

主要咨询内容是：企业资信调查和项目概况审查，市场和规模分析，技术选择评价和方案设计，财务预测和成本效益分析，评价报告的编制。

（三）综合类信息咨询

综合类信息咨询业务主要包括管理咨询和经济信息咨询。

1. 管理咨询

企业管理咨询是由专门人员根据企业的要求，应用科学方式，经过调查研究，对企业经营管理过程中存在的问题进行定性和定量分析，提出切合实际的改善企业管理状况的建议，并在实施中进行指导活动。这是一种以提高企业管理素质和经济效益为目的的创造性劳动和服务性工作，其内容可分为综合管理咨询和专门管理咨询。

2. 经济信息咨询

为了发挥银行联系面广、信息灵敏、数据准确的优势，充分利用银行众多的信息网络和丰富的信息资源，使之及时准确地向社会各方面提供金融和其他经济信息，更好地为经济建设服务，许多银行都接受常年信息咨询客户，办理信息咨询业务。常年信息咨询的内容包括综合金融信息、宏观经济信息和行业产品信息等。

本章主要名词

资产负债管理理论　负债业务　回购协议　资产业务　中间业务　融资租赁

复习思考题

1. 商业银行经营管理的原则是什么？
2. 商业银行的经营管理理论经历了怎样的演变？现在经营管理理论的主流思想是什么？
3. 何谓商业银行的负债业务？负债业务主要包括哪些？
4. 商业银行的资产业务包括哪些？
5. 商业银行进行证券投资的对象主要有哪些？这对商业银行有何好处？
6. 何谓商业银行的中间业务？中间业务的开展对商业银行有何重要意义？

第十二章　金融业务(下)

内容提要与学习要求

本章主要介绍了证券基本知识和证券公司的主要业务；保险合同的特点、内容、保险理赔的基本方式以及我国当前开办的主要险种；同时在系统回顾信托的产生和发展历程后，阐明了信托的含义、分类和内容。通过学习，要求重点掌握非银行金融机构(证券公司、保险公司、信托公司)的基本知识和业务规程，并能在实践中加以应用。

第一节　证券业务

一、证券的含义及分类

证券是各类财产所有权或债权凭证的通称，是用来证明证券持有人有权取得相应权益的凭证。股票、债券、基金证券、票据、提单、保险单、存款单等都是证券。凡根据一国政府有关法规发行的证券都具有法律效力。

证券首先是一种信用凭证或金融工具，是商品经济和信用经济发展的产物。如债券就是一种信用凭证，是发行主体为筹措资金而向投资者出具的承诺到期还本付息的债权债务凭证。股票就是股份有限公司发行的用以证明股东的身份和权益，并据以获得股息和红利的凭证。基金证券则是同时具有股票和债券某些特征的证券。投资基金本身就是资金集合的一种形式，是将分散的资金集中起来，委托专门的投资机构从事能保证投资人收益的组合投资，基金券持有人则对基金拥有财产所有权、收益分配权和剩余财产分配权。

证券按其性质不同，可分为凭证证券和有价证券。凭证证券又称无价证券，是指本身不能使持有人或第三者取得一定收入的证券。有价证券是指标有票面金额，证明持有人有权按期取得一定收入，并可自由转让和买卖的所有权或债权凭证。人们通常所说的证券,指的就是有价证券。有价证券是虚拟资本的一种形式,是筹措资金的重要手段。广义的有价证券包括商品证券、货币证券和资本证券。商品证券是证明持有人对特定商品的所有权和各种请求权。商品证券总是与特定的商品相联系,该商品既是商品证券的权益标的,更是该商品证券得以存在的基础。如提货单、货运单、仓库栈单等。货币证券是指能使持有人或第三者取得货币索取权的有价凭证。货币证券具有一般等价物的特征,能代替货币作为流通手段和支付手段。如金银券、汇票、本票、支票等。资本证券是证明金融活动的凭证,代表了持有人对特定资本的所有权和收益权。资本证券和商品证券、货币证券的最大区别在于,资本证券能为持有人带来收益,而商品证券、货币证券只是特定商品或货币的代表,不具有收益特征。常见的资本证券有股票、债券、基金证券等。证券具有虚拟性、权利性、收益性、流通性和风险性。狭义的有价证券就是指资本证券,本章所讨论的证券都是指资本证券。

二、证券投资及其特点

(一)证券投资的含义

在现代社会中,投资活动无处不在。投资分为实物投资和证券投资。证券的标准化和流动性特征,使得证券投资比实物投资更加便捷与灵活。证券投资是目前发达国家最主要和最基本的投资方式,是动员和再分配资金的重要渠道。证券投资可使社会上的闲散资金转化为投资资金,也可使一部分待用资金和信贷资金加入投资活动,对促进社会资金合理流动,促进经济增长有重要作用。

证券投资即有价证券投资,指投资者(个人或法人)将资金投向于股票、债券等各种有价证券,通过买卖来获取收益的一种投资行为。

(二)证券投资的特点

与其他投资方式相比,证券投资具有如下特点:
(1)证券投资具有高度的"市场力",即流通变现的能力。
(2)证券投资是对预期会带来收益的有价证券的风险投资。
(3)投资和投机是证券投资活动中不可缺少的两种行为,二者在一定条件下可以相互转化。
(4)二级市场的证券投资不会增加社会资本总量,而是在持有者之间进行再分配。

三、证券公司的主要业务

证券业务主要是通过证券公司来做,而证券公司按业务范围又可划分为综合类证券公司和经纪类证券公司,经纪类证券公司的业务范围有限,主要从事经纪业务和自营业务,而综合类证券公司的业务范围则很广泛。

(一)承销业务

1. 证券承销的含义及程序

证券承销是指证券公司代理证券发行人发行证券的行为,它是综合类证券公司的一项重要业务。其承销步骤构成为:①证券公司就证券发行的种类、时间、条件等对发行公司提出建议。证券公司不仅要向证券发行人提出最佳的发行条件,同时还应向发行人揭示该发行条件的利弊、风险状况和市场预测等。②当证券发行人确定证券的种类和发行的条件并且报请证券管理机关批准之后,证券公司将与之签订证券承销协议,明确双方的权利、义务及责任。证券公司的承销方式分为包销和代销两种。证券包销是指证券公司将发行人的证券按照协议全部购入,然后卖出,或者在承销期结束时将售后剩余证券全部自行购入的承销方式。代销则是指证券公司代发行人发售证券,在发行期结束后,将未售出的证券全部退还给发行人或包销人的承销方式。在包销的情况下,承销机构要承担全部发行风险,发行人可以及时、足额地获取所需资金,但发行人支付给承销机构的发行费用也较高。因此,它适用于发行金额大、急需用款、效益和信誉都非常好的发行人。在代销情况下,承销机构不承担发行风险,发行人支付给承销机构的发行费用相对较低。因此,在证券质量一般、不具备竞争能力、且承销商认为包销风险较大或者发行人对自己的证券在预定期限内售完很有把握时,一般采用此种方式。另外,如果发行证券的数量与金额较大,一家证券公司难以承担承销责任,则需若干家证券公司组成承销团。在承销团中,一家证券公司担任主承销商,其余的证券公司担任副主承销商或分销商。③证券公司着手进行证券的销售工作。通过证券承销,证券经营机构在帮助发行人筹措所需资金的同时,自身也获得了应得的报酬。

2. 承销业务管理

承销业务管理是指证券公司对开展为客户提供战略咨询、企业并购、代理发行有价证券以及辅导、保荐企业上市等业务过程、业务统计和业绩评价等工作进行的管理。证券公司通过制定发展目标、规范业务流程、强化项目审核等方式,通过不断完善企业质量评价体系、促进金融服务创新和完善证券配售网络等管理手段,实现证券公司的发展战略。承销业务是综合类证券公司的主要业务,因此,规范承销业务流程、控制承销风险是承销业务管理的核心。

(二)经纪业务

1. 证券经纪业务的含义及原则

证券经纪业务又称代理买卖证券业务,是指证券公司接受客户委托代客户买卖有价证券的行为。证券经纪业务是证券公司最基本的一项业务。证券公司作为中介人，代为办理证券买卖，它只是根据委托人对证券品种、价格和交易数量的委托办理证券交易。客户委托证券公司代理买卖证券，大致有办理股东账户、开户、委托、交割四步。

在代理买卖业务中，证券公司应遵循的原则有：①代理原则：指证券公司不能受理按有关法规规定不能参与证券交易的人的委托，也不能受理全权选择证券种类、全权决定买卖数量、买卖价格、买卖方向等的委托。在整个代理过程中，证券公司只承担代理的责任，对于证券买卖后所形成的盈利与损失，无权参与分享，也无需承担责任。②效率原则：指证券公司在进行经纪业务时注重效率。证券市场上的行情瞬息万变，往往分秒之差就会给委托客户带来不必要的损失，因此，证券公司接到客户委托后，应尽快按规定程序，将委托事项以一定方式向交易所进行申报。③"三公"原则：指证券公司在开展证券经纪业务时要做到资料、委托价格、成交情况的公开，操作程序、交易结果的公平、公正。

2. 经纪业务管理

经纪业务管理是指证券公司对营业网点和经纪业务人员所开展的运用各种电子服务手段接受客户委托、代理证券买卖、与证券交易所进行清算交割，并提供投资咨询、账户管理等服务过程以及业务统计、业绩评价等方面进行的管理。证券公司通过制定发展目标，加强营业网点的业务、财务、人力资源和其他内部控制管理，规范业务流程，不断调整网点布局，以及加强服务创新等管理手段，实现证券公司的发展战略。

（三）自营业务

1. 证券自营业务的含义

证券自营业务是指证券公司为本公司买卖证券、赚取差价并承担相应风险的行为。证券公司在自营业务中，一方面是证券买入者，以自有资金和自身账户买进证券；另一方面又充当证券卖出者，卖出属于自己所有的证券，并获取价差收益。由于证券市场的高收益性和高风险性，证券公司的自营业务具有一定的投机性，业务风险较大。证券自营活动有利于活跃证券市场、维护交易的连续性。但是，由于证券公司在交易成本、资金实力、获取信息以及交易的便利条件等方面都比普通投资者占有优势，因此，在自营活动中容易存在操纵市场和内幕交易等不正当行为。为此，许多国家都对证券经营机构的自营业务制定法律法规，进行严格管理。

2. 自营业务管理

自营业务管理是指证券公司对自营业务人员所开展的证券投资计划、下单买卖的过程、证券买卖的结果等业务过程和业务统计、业绩评价进行的管理。证券公司通过制定发展目标、加强投资规模与策略的控制、业务授权、规范业务流程并不断加强业务创新等自营业务管理手段,实现证券公司的发展战略。

(四)投资咨询业务

综合类证券公司还可以为客户提供有关资产管理、负债管理、风险管理、流动性管理、投资理财设计、估价等多种咨询服务。有时候,证券经营机构提供的咨询服务包含在证券承销、经纪、基金管理等业务之中。

(五)购并业务

兼并收购是证券公司核心业务之一,它被视为证券公司业务中"财力和智力的高级结合"。证券公司作为公司的购并顾问,要辅助客户物色目标公司、设计购并方案、代表客户接洽目标公司;证券公司也可帮助目标公司设计防卫措施,抵御敌意购并;证券公司还可以帮助购并双方进行价值评估,确定公正价格,帮助安排融资,落实购并所需资金等。

(六)受托投资管理业务

受托投资管理业务是指证券公司根据有关法律、法规和投资委托人的投资意愿,作为受托投资管理人,与委托人签订受托投资管理合同,把委托人委托的资产在证券市场上从事股票、债券等金融工具的组合投资,以实现委托投资收益最大化的行为。在受托资产管理业务中,委托人委托管理的资产必须是货币资金或是在合法的证券托管登记系统中的证券(包括股票、债券和其他有价证券)。受托人应将货币资金形式的受托投资按照客户交易结算资金存管方式进行管理。

我国证券公司从事受托投资管理业务,应当取得中国证券监督管理委员会批准的受托投资管理业务资格。证券公司申请从事受托投资管理业务,必须具备下列条件:经中国证监会批准为综合类证券公司;具有不低于人民币2亿元的净资本;受托投资管理业务人员已经获得《证券业从业人员资格证书》,具有3年以上或自营、或经纪、或承销、或基金、或相关业务从业经历,且无不良记录;经营行为规范,近1年内没有受到行政处罚;有健全的内部风险控制制度;中国证监会规定的其他条件。

证券公司必须设立专门部门或附属机构来管理受托资产,保证受托投资资产和其自有资产及不同委托人的资产相互独立,对不同的受托投资资产分别设立账户、独立核算、分账管理,确保不同委托人之间在名册登记、账户设置、资金划拨、账册记录等方面相互独立。

（七）基金管理业务

证券公司与基金业有着密切关系。证券公司拥有高水平的金融投资专家、迅捷的信息渠道、广泛的金融服务网络，因此在基金管理上有得天独厚的优势。证券公司可以作为基金的发起人发起和建立基金；可以作为基金管理者管理自己发行的基金；可以作为基金的承销人，帮助其他基金发行人向投资者发售基金受益凭证；还可以接受基金发起人的委托作为基金的管理人，帮助管理基金，并据此获得一定的佣金。

此外，证券公司还担负着金融创新、融资融券等业务。

第二节　保 险 业 务

一、保险的含义及特征

（一）保险的含义

在现实生活中，人们不可避免地会遇到各种各样的风险，当然人们也会自觉采取多种方式来对付风险，如回避、分散、防损与减损、自留、转移等。其中转移风险方式是我们最常见的一种，而在众多转移风险的方式中，保险又是最普遍的。那么，什么叫保险呢？保险就是集合社会多数单位和个人，以保险合同方式建立经济关系，通过收取保险费集中建立保险基金，对被保险人因自然灾害或意外事故所造成的经济损失或人身伤亡给予资金补偿，对其丧失工作能力给予物质保障的一种经济活动。

保险的含义有四个核心要点：经济补偿是保险的本质特征；经济补偿的基础是数理预测和合同关系；经济补偿的费用来自于投保人缴纳的保险费所形成的保险基金；经济补偿的结果是风险的转移和损失的共同分担。

（二）保险的特征

1. 经济补偿性

即对自然灾害或意外事故造成的损失给予一定的经济补偿。从起源来看，保险起源于自然灾害和意外事故给人类生存带来的损害的防范。因为人类在生存过程中会遇到难以预料的自然灾害或意外事故而遭受财产损失或人身伤亡时，如不能及时得到经济上的补偿，人们的生产、生活就无法维持和继续下去。正是在这种情况下产生了保险,它就是为自然灾害和意外事故对人类生存造成损失而建立的一种经济补偿制度。

2. 社会互济性

即一人损失,众人分摊。自然灾害和意外事故对人类生存造成的危险既有普遍性,又有偶然性。普遍性是指每一个人都有遭受自然灾害和意外事故的可能;偶然性是指自然灾害和意外事故的发生只是在某一空间的某一时点上,即遭受这种损失的只是某一地点或某一个人。正因为自然灾害和意外事故存在普遍性,因此才有大量的人愿意并要求参加保险,从而聚集众人之财力形成基金,以备对其中任何一个成员可能出现的不测进行补偿。同时又由于自然灾害和意外事故存在着偶然性,一旦当危险发生于某一地点或某一个人时,则可用事先聚集起来的基金进行补偿,这就使危险分散,由更多的人去分担,充分体现了经济上的社会互济性。

3. 法律保障性

即保险是以建立契约(保险合同)方式确立保险人和被保险人之间的经济关系的。保险合同是具有法律效力的,合同双方都要按合同规定享受各自的权利并履行各自的义务,如其中任何一方违背合同,另一方有权诉诸法律进行裁决。

4. 融资性

保险之所以属金融范畴,正是因为它具有融资性。这种融资性一方面体现在保险对于被保险人所进行的经济赔偿上,即经济补偿性;另一方面体现在保险基金的聚集和运用上。保险可聚集大量的保险基金,除用于补偿以外,还可以用于直接投资和间接投资,即购买企业股票、寻找经营伙伴、开办与保险相关的实体或存入银行获取利息收益等。这种融资活动能增加保险效益,促进保险业的经营和发展。

二、保险合同

(一)保险合同的含义

保险合同也称保险契约,是保险人与被保险人在自愿的基础上建立的关于接受与转移危险的法律性协议。它规定被保险人要向保险人交付保险费;保险人在保险标的遭受损失时,按其应承担的保险责任向被保险人赔偿经济损失或给付保险金。它是经济合同的一种。

(二)保险合同的特点

保险合同是经济合同的一种,它除了具有经济合同的一般属性外,还有它自己的特点:

1. 保险合同是保障性的合同

在合同有效期内,保险标的一旦遭遇自然灾害或意外事故发生损失,被保险人就可以得到一份按照实际损失计算的赔偿金。这就使得被保险人通过参加保险,得到较大的保障。

2. 保险合同是双方的合同

保险合同双方当事人必须向对方履行自己应尽义务。双方当事人的义务互为条件,互相制约。只有被保险人履行缴纳保险费的义务,保险人才能补偿或给付;与此相反,只有保险人履行赔偿义务,被保险人才能缴付保险费。双方当事人任何一方不履行义务,都会中断保险活动。

3. 保险合同是诚信的合同

由于保险合同是保障性的合同,因此保险人决定承保的条件,主要以被保险人的申报和保证事项为依据。被保险人的任何欺诈或隐瞒,都有可能导致保险人判断失误和蒙受欺骗。基于此,最大诚信是当事人在订立保险合同时必须遵守的一项原则。

4. 保险合同是附合性的合同

附合性的合同是相对于协商性合同而言的。协商性合同是双方当事人经过协商,在意愿一致的基础上订立的。大多数商业合同都属于协商性合同。附合性的合同是由一方当事人提出合同的主要条款,另一方只能对此做出取与舍的决定。

保险合同属于附合性合同。因为保险合同的条款是由保险一方拟定并制成保险单的,被保险人只能做出投保与不投保的选择,不存在与保险人讨价还价的余地,即无权提出增加或删除某些条款的要求。保险合同的附合性使被保险人处于被动地位,如果遇有合同含义不清楚,发生争执时,法律规定要做出有利于非合同起草人的解释,以维护被保险人的合法权益。

(三) 保险合同的要素

保险合同的要素是指构成保险关系的主要因素或主要条件的规定。如果没有要素,保险合同便不复存在。保险合同有主体、客体和内容三要素构成。

1. 保险合同的主体

保险合同的主体就是保险合同的当事人,是签订保险合同的各方,它可以是自然人,也可以是法人。

(1) 保险合同的当事人

保险合同的当事人有保险人、投保人和被保险人。

保险人,亦称承保人,是指经营保险业务,与投保人订立保险合同,收取保险费,并在保险事故发生后承担赔偿责任或给付保险金的保险公司。

投保人,亦称要保人,是指对保险标的具有可保利益,向保险人申请订立合同,并有支付保险费义务的人。投保人既可以为自己的利益订立保险合同,也可以为他人的利益订立保险合同,如企事业单位为其职工订立财产或人身保险合同。

被保险人,亦称保户,是指其财产或人身受保险合同保障的人,即在保险事故发生后,有权按照合同规定向保险人领取保险金的人。投保人可以同时是被保险人。

(2) 保险合同的关系人

保险合同的关系人有受益人、保险代理人和保险经纪人。

受益人,是根据人身保险合同规定有权领取保险金的人。受益人可能是投保人或被保险人,也可能是第三人。在人身保险中,谁是受益人应由被保险人指定,在被保险人未指定受益人时,他的继承人成为当然的受益人。

保险代理人,是根据保险人的委托,在其授权的范围内代为办理保险业务而赚取佣金(代理手续费)的单位或个人。在发达国家,订立合同和理赔等具体事务,大部分由保险代理人经办。

保险经纪人,是基于投保人的利益,为投保人和保险人订立保险合同提供中介服务,并依法收取佣金的中介机构。在世界保险市场上,保险经纪人占有十分重要的地位,如美国有五千多家保险经纪人公司,主要从事财产、责任和意外险的业务招揽。为发展我国的保险事业,与国际惯例接轨,建立和完善我国保险经纪人制度也势在必行。

2. 保险合同的客体

保险合同的客体是指保险合同中权利、义务所指的对象——保险标的和保险利益。即保险保障的具体目标和权益。它是保险合同不可缺少的要素,没有客体就无法确定主体的权利和义务,保险合同就无从建立。

(1) 保险标的,是指保险合同双方当事人要求或提供保险保障的具体对象。在不同种类的保险中,保险的标的是不同的,它可以是有形的物或人,也可以是无形的利益、责任、信用等,如财产保险的标的是物(具有经济价值的事物体);责任保险的标的是责任(民事损失依法所承担的经济责任);信用保险的标的是信用行为;人身保险的标的是被保险人的生命或身体。

(2) 保险利益,是指投保人或被保险人对保险标的具有法律上承认的利益,即具有符合法律规定并受法律保护的某种权利义务关系。投保人或被保险人对保险标的不具有保险利益的,保险合同无效。如投保人对属于自己的财产具有保险利益,投保人对自己的生命、身体和健康具有保险利益,雇主对于雇员具有保险利益等。

3. 保险的内容

保险合同的内容就是合同双方当事人的权利和义务的具体化。保险合同的内容比较多,除主体、客体外,还有如下主要条款:

(1) 保险责任

保险责任是除外责任的对称,是指保险人对被保险人遭受的灾害损失所承担的补偿或给付责任的具体范围,也是理赔的主要依据,它以条款的形式载明于合同。保险的种类不同,保险的责任范围也不一样。一般来说,保险责任主要是指由于自然灾害和意外事故导致保险标的发生的损失以及保险事故发生后为减少损失或防止危险蔓延而支付的费用等。除外责任指的是保险人不予承担的风险损失,主要有三部分:一是明确列入除外责任之内的;二是保险责任中未列举的或未概括的灾害损失;三是由除外责任列举的事项引起的损失。

(2) 保险金额

保险金额是指保险人在所保财产或人身发生保险事故时负责偿付的最大金额,也是计算保险费的基本依据。在财产保险中,保险金额不得高于投保财产的实际价值。保险金额大于保险财产价值的,叫做超过保险。超过保险如果处于投保人的恶意,保险合同就宣布无效,并且不退还保险费;如出于善意,则只限于超过部分无效。未防止超过保险,在签订保险合同时,应对保险财产进行估价。在人身保险中,保险金额一般根据保险人的实际需要和支付保险费的能力,由合同当事人协商解决。

(3) 保险费

保险费是保险人为承担一定的保险责任向被保险人收取的费用。它是按照保险金额和保险费率的乘积来计算。保险费的支付,按合同规定,一次或分期按年、按季、按月支付。

(4) 保险期限

保险期限是指保险责任自开始至终止的有效时间,也就是保险合同的有效期限。它既是计算保险费的依据,也是保险人履行其赔偿或给付义务的根据。只有在保险期限内发生保险事故,保险人才承担赔偿或给付的责任。保险期限一经确定,如无特殊原因,一般不能随意更改。计算保险期限通常有两种方法:一是按日历年、月计算。如财产保险通常为1年,期满后可以续订新合同;人身保险的存续期间较长,有5年、10年、15年、20年甚至终身等;二是以一事件的始末为存续期间。如货物运输险、运输工程险等以一航程为有效期,建筑、安装工程保险的保险期限,通常是从工程施工日起,到预约验收日为止。

(5) 保险赔偿方式

保险赔偿是指保险人对被保险人因保险事故发生造成的损失给予经济补偿或因保险事件的出现对被保险人或受益人给付保险金的行为。保险赔偿有一定的计算赔偿金额的方式,由于保险种类不同,赔偿方式也不一样。人身保险因其不属于价值赔偿范畴,所以给付的保险金要以保险金额为最高限额。财产保险的赔偿方式主要有三种：

①比例分摊赔偿方式。这种方式是以投保财产的保险金额与出险时实际价值的比例来计算赔偿金额。被保险人如果不是足额投保，其损失就得不到足额的赔偿。其计算公式为：赔偿金额＝损失金额×(保险金额÷实际价值)比例分摊赔偿方式使用的范围比较广泛，目前企业财产保险、机动车辆保险和货物运输保险(定值比例)等均采用这种方式。

②第一危险赔偿方式。这种方式是指先将保险标的的价值分为两个部分，一部分与保险金额相等，视为第一危险，其余超过保险金额的部分视为第二危险。发生保险事故并造成损失的，不论投保人是否足额投保，只要实际损失不超过保险金额，保险人就要按实际损失赔偿；超过保险金额的损失由被保险人自行负责。这种赔偿方式能给被保险人以最大的补偿保障，目前我国人保公司家庭财产保险采用的是这种方式。其计算公式为：赔偿金额＝损失金额(损失金额不得超过保险金额)。

③限额赔偿方式。这种方式是指双方当事人事先约定一个赔偿限额，即当财产损失达到约定的限额时保险人赔偿，否则就不能承担补偿责任。目前这种方式主要用于农作物收获保险，如果保险的农作物遭受自然灾害，其收获量低于正常平均的收获量时，其低于正常平均产量的部分的损失由保险人负责赔偿。

(6) 被保险人的义务

被保险人的义务实际上是对保险人利益的一种保护性条款，主要包括：

①缴纳保险费的义务。这是被保险人最重要的义务。被保险人必须按照约定的时间、地点和方法缴纳保险费。根据险种的不同，被保险人可以采取不同的方式来缴纳保险费。保险费通常以现金缴纳为原则，但经保险人同意，也可以票据或其他形式为之。

②通知义务。主要有两个方面：一是保险事故危险增加的通知义务；一是保险事故发生的通知义务。

③避免损失扩大的义务。在保险事故发生后，被保险人不仅应及时通知保险人，还应当采取各种必要的措施，进行积极的施救，以避免损失的扩大。被保险人因此而支出的费用，保险人应负赔偿责任。

(7) 争议处理

保险合同在执行中经常发生争议，保险活动中的争议比其他任何经济活动中的争议都多，为有章可循，在保险合同中设有关于争议处理的条款。解决争议的办法有友好协商、仲裁机关仲裁和法律解决三种。一般在争议处理上都加上友好解决的字样，确实难以解决时再根据情况采取法律解决。

(四)保险合同的形式

保险合同不同于其他经济合同。由于保险期限长,保险标的种类多、价值大、权利和义务复杂,为了避免在合同执行过程中发生争议,保险合同一律采用书面形式,而不采用口头形式。保险合同主要由投保单和保险单两部分构成,它们共同构成保险合同的整体。投保人利用投保单向保险人提出要约,保险人接到投保人要约后,如无异议,即可以签发保险单的形式予以承诺。

1. 投保单

投保单又称投保书或保险申请书,是被保险人申请保险的要约文件。一般情况下投保单由保险人事先准备好,被保险人要约时按着投保单上所列的项目逐一填写后提交给保险人,供其考虑是否接受承保。投保单有下列主要内容:投保人、被保险人或受益人的名称,保险标的、保险金额和保险期限等。人身保险的投保单还要列明被保险人的年龄、性别、职业、健康状况等。保险人如果接受其投保,就根据投保单填报的情况确定保险种类、保险费率和保险条件等。

2. 保险单

保险单也称保单,是保险人与被保险人签订的正式保险合同,是保险人接受被保险人投保的书面证明,是处理赔案、支付赔款的主要依据,也是被保险人的保险利益遭受损失时,据以向保险人进行索赔的主要依据。因此,保险单上要详尽列明应载的全部内容。包括:投保人或被保险人的名称;保险标的的名称、地址;保险金额、保险期限;保险费缴纳日期;保险人的名称及签章;保险单签订日期;保险条款等。保险人和被保险人的权利、义务及其保证权利、义务实施的规定。

除了投保单和保险单外,还有暂保单、批单、保险凭证、预约保险单和保险证明等,它们也是保险合同不可缺少的组成部分,它们与投保单和保险单具有同等的法律效力。

三、保险种类

(一)保险的分类

1. 按实施形式分类,有强制保险和自愿保险

强制保险又称法定保险,由国家通过立法规定强制实行的保险。例如有些国家对农作物、汽车第三者责任实施强制保险,对国内铁路、轮船、飞机实施旅客意外伤害强制保险;自愿保险又称任意保险,是由投保人和保险人在自愿协商的基础上通过订立合同而产生的保险。国内外的保险业务,大部分采用自愿的形式。因此,自愿保险是保险最普遍的实施形式。

2. 按保险标的分类，有财产保险、责任保险、保证保险和人身保险

财产保险是以被保险人的财产及有关利益为保险标的的保险，主要险种有火灾保险、海上船舶保险、陆上运输货物保险、航空运输货物保险、汽车保险、工程保险和家庭财产保险等；责任保险是以保险人的民事损害赔偿责任为保险标的的保险，主要险种有第三者责任保险、产品责任保险、承运人责任保险、雇主责任保险、职业赔偿责任保险；保证保险；是为有关买卖、信托、租赁、借贷、工程承包、劳务、投资等各种经济合同履行提供保证的一种保险；人身保险是以人的生命和身体为保险标的，并以生存、死亡、疾病、伤残为保险事故的一种保险，主要险种有：意外伤害保险、健康保险、人寿保险等。

3. 按保障的主体分类，有企业保险、个人保险和团体保险

企业保险是以企业为保障主体的保险，如企业财产保险、公众保险、产品保险等；个人保险是以家庭和个人为保障主体的保险，如家庭财产保险；团体保险是以集体名义办理保险投保手续，并使用一份总合同，向团体内的成员所提供的保险，一般用于人身保险，其费率低于个人保险，通常不要求体检。

4. 按承保方式分类，有原保险、再保险、重复保险和共同保险

原保险是保险人直接承保业务，并与投保人签订保险合同，从而建立原始保险关的保险；再保险即"分保"，是两个保险人之间签订合同，一方保险人将自己承保的保险责任，部分地分给另一方保险人承担的一种行为；重复保险是指同一保险标的由两个或两个以上的保险人，在相同的保险期限和保险范围之内一起承保，但保险金额不超过保险标的的价值的一种保险形式；共同保险即"共保"，是指几个保险人共同承保的一笔保险业务或指被保险人与保险人的"共保"。

5. 按所承保的危险种类分类，有单一危险保险和综合保险

单一危险保险指在一份保险合同中承保一种危险的保险，如棉田雹灾保险只对雹灾造成的损失负赔偿责任；综合保险指在一份保险单上承担多种保险，除保单列举的不保危险外，其余的一切危险保险人均予赔偿的一种保险，如我国现行的建筑工程一切险，其承保的责任范围相当广泛，在规定的除外责任外，对其他不可预料的自然灾害和意外事故造成的损失，保险人都承担赔偿责任。

（二）国内保险业务简介

1. 企业财产保险

企业财产保险是国内财产保险的主要险种，它是以企事业单位提供的、以固定资产和流动资产为保险标的的保险。

2. 家庭财产保险

家庭财产保险是以居民自有房屋、住宅、个人家庭生活资料为保险标的的保

险。其保险责任与企业财产保险基本相同。

3. 货物运输保险

货物运输保险是对企事业单位、机关团体以及个人的运输货物，因自然灾害或意外事故如运输工具沉没、坠毁、出轨等遭受的损失，或进行施救而使物资遭受的损失以及所支付的合理费用负责赔偿的保险。

4. 机动车辆保险

机动车辆包括汽车、摩托车、拖拉机以及各种特别车辆，如压路机、起重机等，主要是汽车。机动车辆保险是财产保险的一种。

5. 船舶保险

船舶保险是以航行于我国内江河湖泊以及沿海水域的各种船舶为保险标的的保险。

6. 农业保险

农业保险是以农作物收获量及牲畜为保险标的的保险，一般包括种植业保险和养殖业保险。

7. 人身保险

人身保险的种类很多，国内已经开办的险种有：

（1）简易人身保险是一种小额的生死两全保险，具有保险和储蓄双重作用，最大特点是投保手续简单；

（2）团体人身保险是以团体或单位的职工为保险对象，以被保险人在保险有效期内死亡或残废为保险责任的一种定期人寿保险；

（3）团体人身意外伤害保险是一种单位为投保人、在职职工为被保险人的定期意外伤害保险；

（4）养老金保险原是为了解除城镇集体经济组织职工的后顾之忧，使他们在年老或丧失劳动能力时获得生活保障而开办的一种保险。

（三）涉外保险简介

1. 进出口货物运输保险

进出口货物运输保险承保各种货物在运输过程中因自然灾害或意外事故所遭受的经济损失，它是我国涉外保险业务的一个主要险种。

2. 涉外财产保险

涉外财产保险是外国驻华机构、外商投资企业的房屋、机器设备、货物、家具、衣物行李等，因遭到自然灾害或意外事故而受损，保险人承担经济赔偿责任的保险。

3. 海洋船舶保险

海洋船舶保险承保航行在国际航线上的远洋船舶，保险责任分全损险和综合险。

4. 航空保险
航空保险承保飞行在国际航线上的客机和运输机,它包括机身险、第三者责任险和旅客法定责任险。

5. 汽车保险
汽车保险承保各国驻华使馆、代表处、外资企业和中外合资企业所拥有的汽车,其保险责任有车辆损失险和第三者责任险。

6. 机器损坏保险
机器损坏保险是以机器设备为保险标的的财产保险,承保工厂、矿山等机器及附属设备,由于设计、制造、安装等缺陷和操作、使用不当等过失,以及其他技术原因造成的意外物质损失。

7. 海上石油勘测开发保险
海上石油勘测开发保险是承保海上石油开发过程中各种水上、陆上风险的综合性保险。

8. 工程保险
工程保险也称为技术保险,是以建筑安装工程和施工过程中的物料、机器、机械设备为保险标的的保险,包括建筑工程一切险和安装工程一切险以及附加的第三者责任险。

9. 政治风险保险
政治风险保险又称投资保险,是对外国投资者由于政治原因或订约双方所不能控制的其他原因而造成的损失,负责赔偿的保险。

10. 人身意外保险
人身意外保险承保被保险人在保险期内意外伤残或死亡的赔付责任,根据不同伤害程度,按规定的赔偿金额赔付。

11. 责任保险
为了适应外资企业、中外合资企业和出口商品的需要,开办了雇主责任保险、公众责任保险和产品责任保险。

12. 信用保险
信用保险是保险公司对被保险人(债权人)在与他人签订合同(如销售合同)后收不到应收回的贷款时所遭遇的损失给予经济赔偿的一种保险,主要有出口信用保险和信用放款保险。

第三节 信托业务

一、信托的含义

信托是指财产的拥有者为了一定的目的,委托他所信任的和有经营能力的人,按其要求代为管理或处分财产的信用形式。因此,信托是以信任为基础,委托为前提,财产所有权或使用权转移为条件的一种特殊的信用形式,"受人之托,代人理财"是其基本特征。

信托是一项法律上的财产管理制度。委托人、受托人和受益人构成信托行为的当事人,他们之间在法律上的关系称为信托关系。委托人是资金或财产的所有者,他可以是"自然人",也可以是"法人";受托人是指接受信托并按约定的信托条件,授权对信托资产进行经营管理或处分的人;受益人是指享受信托利益的人,信托利益既包括信托资产本身的利益,也包括由信托资产所孳生的利益。所以,从法律角度看,信托就是委托人、受托人和受益人三方关系人,围绕着信托财产的管理和信托利益的分配而产生的一种财产权利义务。

二、信托业的产生及发展

信托的产生与商品经济发展有着密切的联系。商品经济越发展,社会分工越细,法人之间、个人之间、国内外之间的经济联系就越紧密并趋于复杂,加上某些单位或个人往往又没有条件和能力去处理有关事务。在这种情况下,委托有信用、有能力的专业机构去代办,就有了客观上的需要。信托也就是为了适应这种需要而产生和发展起来的。

我国的现代信托业务是于 20 世纪初由英美等西方国家传入的。1917 年上海商业储蓄银行首先成立了保管部,经营出租保险柜业务。1921 年成立了一批专门信托机构。1935 年成立了官办的中央信托局。新中国成立伊始,中国人民银行上海市分行便于 1949 年 11 月 1 日成立了分行信托部,但 1952 年以后基本停办。随着经济体制的改革,企业有了自由支配的财力,机关事业单位经费包干后也有结余留用款项,各种经济主体之间的融资要求日益强烈。为此从 1980 年开始,我国银行开始办理信托业务。到 20 世纪 90 年代初有 400 家信托投资公司,资产规模约 3500 亿元,从业人员近 2 万人。此后对信托业进行过几次大的整顿,信托投资公司的数量有较大的减少(目前仅 50 多家),经营定位也更加明确。随着市场经济体制的建立,居民私有财产以前所未有的速度增长。伴随着个人财富的增加和金融意识的增强,将财产委托给专家代为管理、投资和运作,由信托机构提供理财服务,有较大的市场。开拓个人信托市场,既可以使信托业在激烈的市场竞争中找准自己的位置,又可以满足广大居民对多种投资工具的需求。加快信托业的发展,使之与银行业、保险业、证券业、租赁业一样,成为我国金融体系中的重要组成部分,无疑是我国金融改革的一项重要业务。目前国际上办理信托业务的机构主要有信托公司、信托银行和商业银行设立的信托部。

三、信托业务的分类

依据不同的标准可以将信托业务划分为不同的类型:

(1) 按照承办信托业务的目的来划分,可分为营利信托和非营利信托;

(2) 按受益对象来划分,把信托业务分为私益信托和公益信托,前者的受益人是与委托人有利益关系的个人或法人,后者则是以公共利益为委托人的目的而设定的信托业务;

(3) 按照信托行为发生的基础来划分,可分为自由信托和法定信托,前者由个人或法人自由设立,后者则由司法机关指定;

(4) 按照信托财产的不同来划分,可分为资金信托、动产信托和不动产信托;

(5) 按照信托业务的地理范围来划分,可分为国际信托和国内信托;

(6) 按照承办信托业务的对象来划分,可分为贸易信托和金融信托,前者是商业物资部门经营代客买卖、运输、保管商品或物资的业务,后者则是指经营金融委托代理业务的信托行为,它以代理他人运用资金、买卖证券、发行债券、股票、管理财产等为主要业务。

四、信托业务的内容

根据规定,我国信托机构目前开办的信托业务主要有:

1. 信托存款

信托存款是指信托机构受客户委托,代为管理或运用不指定对象和用途的存款业务。信托存款的资金主要来自6个方面:①财政部门委托投资或贷款的信托资金;②企业主管部门委托投资或贷款的信托资金;③劳动保险机构的劳保基金;④科研单位的科研基金;⑤各种学会、基金会的基金;⑥居民个人有特定的要求并委托信托机构管理的货币资金。

2. 信托贷款

信托贷款是指信托机构以自有资金和筹集的资金,按贷款条件自行审定贷款对象,发放贷款,并自我承担贷款风险的一种贷款方式。贷款可以是短期的融通资金,也可以是长期性投资贷款,如用于联营投资、地区之间补偿贸易、兴建住房等贷款。

3. 信托投资

信托投资是指机构以投资者的身份,把自有资金或吸收的信托资金,直接投资于某一建设项目或某一企业。一般有两种方式:一种是参与经营方式,称为"股权投资";另一种是合作方式,仅在资金上给予支持,称为"契约式投资"。

4. 财产信托

财产信托亦称动产或不动产信托,是指信托机构接受供货单位委托,将其准备出售或出租的财产提供给指定的需要单位,并监督其按期交付价款或租金的一种信托业务。信托财产包括机器、设备、材料和其他物资,以及厂房、仓库等各种动产或不动产。

5. 委托贷款

委托贷款是指信托机构接受委托人或委托单位的委托贷款基金并按协议对象和用途,代为运用和管理的一种业务。贷款的利率由委托单位与接受单位双方自行商定,信托机构负责办理贷款的审查和发放、监督使用、到期收回和计收利息等事项,并从中收取一定的手续费。

6. 委托投资

委托投资是指根据委托人的要求,将其交存的款项向其所指定的项目进行投资。信托机构按照协议,负责监督投资的工商企业的经营管理和利润分配,并从中收取一定的手续费。

本章主要名词

证券　证券投资　保险　保险合同　保险单　保险标的　财产保险　人身保险　信托　信托投资

复习思考题

1. 证券投资的特点是什么?
2. 证券公司的主要业务有哪些?
3. 保险有哪些基本特征?
4. 保险合同的主要特点是什么?
5. 保险合同的当事人和关系人分别有哪些?
6. 如何理解保险合同的要素?
7. 信托业务是如何分类的?
8. 信托业务的主要内容有哪些?

第十三章 金融监管

内容提要与学习要求

本章简要介绍了金融监管的基本概念、主要内容、手段与方法、金融监管体制及其改革趋势,以及银行监管、证券监管和保险监管的理论与实务知识。通过学习,要求掌握金融监管的基本概念,理解金融监管的必要性、作用和目标,掌握金融监管的主要内容、方法和手段,了解金融监管体制的类型和最新动态,了解银行业监管、证券业监管、保险业监管的有关知识。

第一节 金融监管概述

一、金融监管及其必要性

(一)什么是金融监管

金融监管是金融监督和金融管理的复合词。金融监管有狭义和广义之分。狭义的金融监管是指中央银行或其他金融主管当局依据国家法律法规的授权对金融业,包括金融机构及其在金融市场上的业务活动,实施监督、管制和约束的行为总称。广义的金融监管是指除了狭义的金融监管外,还包括金融机构的内部控制与稽核、行业自律性组织的监督以及社会中介组织的监督等。在金融实践中,狭义的金融监管概念使用较多。本章的讨论也仅限于狭义的金融监管。

金融监管要解决好五个方面的问题:第一,为什么要进行金融监管;第二,谁来进行金融监管;第三,金融监管的对象是谁;第四,金融监管的内容是什么;第五,怎样监管。这五个问题可以概括为5W问题。一般来说,一个有效的金融监管体系必须具备三个最基本的要素,即监管的主体(监管当局)、监管的客体(监管对象)和监管的手段(各种方式、方法、工具)。其中,金融监管的手段将金融监管的主体和客体联结起来。

(二) 金融监管的必要性

金融监管的必要性可以由三种代表性理论来加以说明,它们是社会利益论、金融风险论和投资者利益保护论。

1. 社会利益论

在现代市场经济社会,市场具有不完全性。市场缺陷的存在,有必要让代表社会公众利益的政府在一定程度上介入经济生活,通过管制来纠正或消除市场缺陷,以达到提高社会资源配置效率、降低社会福利损失的目的。社会利益论认为,金融监管的基本出发点首先就是要维护社会公众的利益。而社会公众利益的高度分散化,决定了只能由国家授权的机构来履行这一职能。社会利益论源于20世纪30年代的美国经济危机。经济危机时期,人们迫切要求政府通过监管手段来改善金融市场和金融机构的低效率和不稳定状态,以恢复公众对金融机构和货币体系的信心。

一方面,金融体系具有内在的不稳定性,即以商业银行为主的信贷机构在经历周期性危机或破产时,会将风险通过金融体系传导到整个金融体系,从而带来全面的经济衰退,这也被称为金融体系的负效应。如果不对金融机构进行监管,社会公众的利益就会受到损失。另一方面,金融体系还具有公共产品特性。如果以私人部门为基础构建金融体系,就需要政府通过限制过度竞争的制度安排,包括市场准入限制的金融监管,就可以起到限制金融业过度竞争,稳定金融体系的作用。

2. 金融风险论

在现代经济中,金融业是一个风险较大的领域。由于金融体系的内在不稳定性和金融机构的内在脆弱性,加之信息不对称和经济主体决策的有限理性,金融风险的存在不可避免。金融风险论从关注金融风险的角度,论述了对金融业实施金融监管的必要性。

首先,金融业是一个特殊的高风险行业。与一般企业不同,高负债率是金融业的特点。例如银行业,其资本只占很小的比例,大量的资产业务都要靠负债来支撑。在其经营过程中,利率、汇率、负债结构、借款人偿债能力的变化,使银行业时刻面临着利率风险、汇率风险、流动性风险和信用风险,成为风险集聚的中心。当社会公众对其失去信任而挤提存款时,银行就会发生支付危机,甚至破产。

其次,金融业具有发生支付危机的连锁效应。在市场经济条件下,社会各部门、公众通过金融系统客观上形成了一个债权债务关系链。金融体系某一环节出问题,都极易在整个金融体系中在场连锁反应,进而引发普遍的金融危机。更进一步,一国的金融危机还会影响到其他国家,可能引发区域性甚至世界性的金融动荡。

再次,金融体系的风险,直接影响货币制度和宏观经济的稳定。信用货币制度建立,在货币发展史上具有极其重要的意义,它极大地降低了市场交易的成本,提高了经济运行的效率。但与此同时,实体经济对货币供给的约束作用也越来越弱。货币供给超过实体经济需要将引发通货膨胀,而银行的连锁倒闭又会使货币量急剧减少,引发通货紧缩,从而将经济拖入萧条的境地。

随着现代科技的发展和金融创新的不断涌现,金融业务之间的界限被不断打破,金融领域的风险急剧增大,通过监管来保证金融业的稳健运行是非常必要的。

3. 投资者利益保护论

现实世界的常态是信息不对称。在信息不对称情况下,拥有信息优势的一方可能利用这一优势来损害信息劣势一方的利益。例如,证券机构的员工和外部投资者相比,具有明显的信息优势;银行和保险公司的经营管理者,就具有存款人和投保者更加了解之间所在金融机构的风险。由于金融机构比投资这拥有更多的信息,他们就有可能利用这一信息优势为自己牟取利益,而将风险或损失转嫁给投资者。因此,有必要对信息优势方(主要是金融机构)的行为加以规范和约束,以为投资者创造公平、公正的投资环境。

二、金融监管的作用

金融监管在社会经济生活中发挥着重要的作用,主要有以下四个方面:

(一)有利于保持货币制度和经济秩序的稳定

金融业经营活动的失败会导致全社会资金供应者和资金使用者的失败,破坏整个社会的信用链条,甚至会动摇货币制度,造成社会经济的混乱。

(二)有利于维护信用活动的良性运转

银行信用是现代市场经济社会中最主要的信用方式,其对经济的影响,既有促进社会资源合理配置,推动社会化大生产的积极面;也有通过信用的创造,刺激社会生产脱离社会需要,造成经济结构失衡的消极面。金融监管可以有效发挥银行信用的积极一面,抑制和预防其消极的一面。

(三)有利于中央银行贯彻执行货币政策

中央银行研究制定银行政策的前提是有可靠的信息数据,实施货币政策的基础是存在健全的金融微观运行机制。如果没有金融监管或监管不力,就不能保证中央银行获得真实的信息数据,就不能建立健全的金融微观运行机制,从而中央银行的货币政策就难以全面、有效地执行。

(四) 有利于防止金融风险的传播

金融风险有很强的传染性,因此,世界各国的金融监管当局都十分重视金融监管与管理,以防止金融风险的传播。

三、金融监管的目标

(一) 金融监管目标的界定

金融监管作为一项有组织的监督管理活动,有着特定的目标。金融监管目标是金融监管行为要取得的最终效果或达到的最终目的,是实现金融有效监管的前提和监管者采取行动的依据。金融监管的目标决定金融监管的理论和实务,所以,各国一般都是在相关法律中对此加以规定。金融监管的目标分为一般目标和具体目标。

金融监管的一般目标通常是,促成建立和维护一个稳定、高效的金融体系,保证金融机构和金融市场健康地发展,保护金融活动各方特别是存款人的利益,推动经济和金融发展。这是由金融机构的特殊性决定的。由于各国历史、经济、文化背景和发展情况的不同,金融监管目标在实践中也是不断发展的。

以 20 世纪 30 年代爆发的经济危机为界,此前,金融监管的目标主要是提供一个稳定和具有弹性的货币供给,并防止银行挤兑带来消极的影响。20 世纪 30 年代至 90 年代初,金融监管的目标主要是维持金融业的安全稳定和公平竞争,实现现代金融体系的安全和效率的辩证统一。由于大危机是和金融恐慌交织在一起的,大危机过后,各国把金融业的稳定作为发展经济、稳定社会的必要条件,对金融业实施了全面而严格的管制,其目的是维护公众对银行的信心,并使金融业通过公平竞争,维持其安全和稳定,防止金融体系的崩溃对宏观经济造成严重冲击。20 世纪 90 年代至今,金融监管的目标更加明确,由多元目标向单一目标过渡,在实现金融体系安全运行的基础上,强调保护存款人的利益。

(二) 我国金融监管的目标

从 1994 年 8 月中国人民银行颁布《金融机构管理规定》,到 2003 年 4 月中国银行业监督管理委员会成立,我国金融监管目标随着经济的发展和经济体制改革不断演变。

我国现阶段金融监管的一般目标可概括为:防范和化解金融风险,维护金融体系的稳定与安全,保护公平竞争和金融效率的提高,保证中国金融业的稳健运行和货币政策的有效实施。

我国现阶段金融监管的具体目标为:经营的安全性、竞争的公平性和政策的一致性。经营的安全性包括两个方面:①保护存款人和其他债权人的合法权益;②规范金融机构的行为,提高信贷资产质量。竞争的公平性是指通过中央银行的监管,创造一个平等合作、有序竞争的金融环境,鼓励金融机构在公平竞争的基础上,增强经营活力,提高经营效率和生存发展能力。政策的一致性是指通过监管,使金融机构的经营行为与中央银行的货币政策目标一致。

另外,不同监管领域还有其具体的目标,如:银行业监管目标、证券业监管目标、保险业监管目标等。

四、金融监管的基本原则

金融监管的原则是监管过程中监管者的行为准则。虽然各国金融监管的具体实践中遵循的原则互有差异,但一些是最基本的原则贯穿于各国金融监管的各个环节与整个过程。

(一)依法监管原则

依法监管原则是各国金融监管当局共同遵守的一项原则。金融监管只有依法进行,才能保持监管的权威性、严肃性、强制性和一贯性。依法监管原则的含义:①对金融机构进行监管,必须有法律、法规为依据;②金融机构对法律、法规所规定的监管要求必须接受,不能有例外;③金融监管当局实施监管必须依法行事。

(二)适度竞争原则

适度竞争原则是指金融监管当局通过科学的金融监管,形成和保护有利于金融业的适度竞争的竞争环境。在金融监管上,既要避免造成金融业高度垄断和排斥竞争,从而丧失金融业的效率和活力;又要防止出现过度竞争,从而危及金融业的安全和稳定。

(三)内部自律和外部强制相结合原则

内部自律和外部强制相结合原则是指金融监管当局的监管要与监管对象的自我约束相协调。因为外部强制监管再缜密严格,其作用也是相对的,如果监管对象不配合、不愿自我约束,而是设法逃避,外部强制监管也难以收到预期效果。反之,如果将全部希望寄托在金融机构的内部自律上,则可能出现一些不负责任的冒险经营和道德风险。要保证监管的及时有效,客观上需要"外控"和"内控"有机结合。

(四)安全稳定和经济效率相结合原则

安全稳定和经济效率相结合原则是指金融监管要把防范金融风险同提高金融效率两者结合起来。一方面,为达到金融监管目的所设置金融法规和各种指标体系都是着眼于金融业的安全稳健和防范风险。另一方面,社会经济发展要求金融业必须有相应的发展,这要求金融业讲求效率。因此,安全和效率就必须统一。

第二节　金融监管的内容、手段与方法

一、金融监管的一般内容

金融监管当局对金融业的监管包括对商业银行及非银行金融机构和金融市场的监管。金融监管的一般包括市场准入、业务经营和市场退出等内容。

(一)市场准入监管

市场准入监管是指金融监管当局对金融机构进入金融市场、经营金融产品、提供金融服务的资格进行审查和批准的过程。市场准入监管的最直接表现是金融机构开业登记、审批的管制。所有国家对金融机构的监管都是从市场准入开始的。市场准入监管是金融监管的首要环节,把好市场准入关不仅能保证金融机构的较好品质,而且能控制金融机构的数量,是保障金融机构稳健运行和金融体系安全的重要基础。

市场准入从金融机构角度看,就是金融机构会的许可证的过程。金融机构市场准入的基本条件包括三个方面,即机构准入、业务准入和高级管理人员准入。机构准入是指依据法定标准,批准金融机构法人或其分支机构的设立;业务准入是指按照审慎性标准,批准金融机构的业务范围和开办新的业务品种;高级管理人员的准入是指金融机构高级管理人员任职资格进行核准或认可。实行市场准入管制就是为了防止不合格的金融机构进入金融市场,保持进入市场主体的合规性。

(二)业务运营监管

金融机构经批准开业后,金融监管当局还要对金融机构的运作过程进行有效监管。业务运营监管是对金融机构的各项经营行为的监管。实践表明,金融风险大多发生在金融机构经营活动中,因此,金融机构经批准开业后,还要对其业务运营过程进行有效监管,以便更好地实现监管目标的要求。

业务运营监管一般包括:①业务经营的合规性。主要是督促金融机构严格遵守金融法律、法规以及各项金融规章制度,保证金融机构之间的适度竞争,维护稳定的金融秩序。②资本充足率。监管当局对金融机构的资本数额和构成,以及资本与资产之间的比例关系做出规定,以限制金融机构资产总量的扩张。③资产质量。资产质量是衡量金融机构经营状况的最重要依据,它在很大程度上直接影响金融机构的资本充足性和盈利性,因而是金融监管当局最重要的监管内容之一。④流动性。流动性一般是指金融机构能够支付到期债务的能力。流动性不足是导致金融机构发生危机的直接原因之一。各国金融监管当局对流动性同资本充足率一样重视。流动性监管包括本币流动性和外币流动性两部分。⑤业务范围。金融机构可经营哪些业务,不可以经营哪些业务一般是有限制的。例如一些国家就把银行业务与投资银行业务分开,并禁止商业银行认购股票。⑥盈利能力。金融机构的盈利是其生存和发展的关键。合理的盈利是增强金融机构抵御风险的能力、扩展业务规模的基础。⑦内部控制。完善的内部控制是规范金融机构经营行为、有效防范风险的关键,也是衡量金融机构经营管理水平高低的重要标志。

(三) 市场退出监管

市场退出监管是指监管当局对金融机构退出金融业、破产倒闭或合并(兼并)、变更等的管理。金融机构退出市场表明该金融机构已经停止经营金融业务,一个依法处理其债权债务,分配剩余财产,注销工商登记,取消金融机构的法人资格。

金融机构的市场退出按原因和方式可以分为两类:主动退出与被动退出。主动退出是指金融机构因分立、合并或者出现公司章程规定的事由需要解散,因此退出市场,其主要特点是主动地自行要求解散。被动退出是指金融机构由于法定的理由,如由法院宣布破产或因严重违规、资不抵债等原因而遭关闭,监管当局将金融机构依法关闭,取消其经营金融业务的资格,金融机构因此退出市场。

各国对金融机构市场退出的监管都通过法律予以明确,并且有很详细的技术性规定。包括三个方面:

1. 危机金融机构的拯救

对危机金融机构的救助包括:①重新注资。对于陷入暂时性流动性危机的金融机构,通过重新注入资金的办法,改善其资产负债结构,从而缓解其金融困境,帮助其渡过难关。②接管。接管是指当某一金融机构陷入危机之后,由危机金融机构申请或金融监管当局强制,将被接管机构的全部经营业务交给特定的"托管机构",由托管机构对被接管机构的经营管理和组织机构进行必要的调整和改组,使被接管人在接管期内,改善财务状况,渡过难关。例如,1995年中国人民银行接管中银信托,经过整顿之后,出售给广东发展银行。接管是以保护金融机构债权人利益,恢复金融机构的正常经营能力为目的的一种行政性挽救措施。金融机构被接管后,接管机构可以对其进行拍卖,或重新注入资金,或宣布破产清算等。③收购与合并。收购是指一家健康的金融机构以现金或股票交易的方式,收购危机金融机构的全部或大部分股权。合并是指一家健康的金融机构接收一家陷入困境的金融机构的全部资产与负债,形成一家新的金融机构。收购与合并是较受各国推崇的针对危机金融机构的处理方式。通过金融机构的收购或合并,首先,可以用较低的成本,稳定金融秩序,防止金融机构市场退出的负效应在整个金融体系蔓延。其次,危机金融机构长期形成的经具有较高无形价值的商誉、人力资本等得以保留。再次,有利于实现金融组织结构的调整,优化金融资产的全社会配置格局,提高经济的整体运行效率。④国有化。对于一些大型金融机构,如果其他救助方式因成本过高等原因而不可行,则可以将其收归国有,这称为国有化。国有化以国家的信用为担保,能够防止发生挤兑风潮。⑤债权人参与治理。为了更好地保护债权人的利益,减少金融机构破产倒闭带来的负面影响,债权人直接进入金融机构的董事会或者最高管理层参与企业治理,是一种较为有效的救助方式。债权人参与危机金融机构的治理,能够随时监测该金融机构的权益,促使危机金融机构改善管理,重新走上健康发展之路。⑥资产证券化。资产证券化指将一组流动性差的金融资产经过一定的组合,使之产生稳定的现金流收益,然后再转变为具有流动性且信用等级较高的债权型证券的技术和过程。资产证券化方式可以摆脱发行主体信用等级低的限制,提高不良资产的信用等级,快速处理金融机构的不良资产。⑦金融机构私有化或出售给。亚洲金融危机的主要受害国就是通过私有化或股权的国际化等方式对金融体系进行了全面改组。

2. 金融机构的市场退出

金融机构的市场退出包括:①金融机构解散。金融机构解散是指已经成立的金融机构,由于丧失继续经营的能力,经有关监管部门批准登记注册后,其法人资格被取消的法律行为。为保护债权人的利益,金融机构解散时必须在监管部门的监督下做好解散后的清算工作。②金融机构被关闭与撤销。这是金融机构市场退出的行政程序。③破产清算。破产清算的目的是对无偿还能力的金融机构实行管制,禁止挤兑。选择金融机构破产方式不仅会对危机金融机构本身和债权人利益产生损害,而且会对国民经济整体产生影响。如果破产清算的种种负面效应被广泛传播,公众和投资者对金融机构的信心与投资环境就会产生动摇并可能最终引发大面积金融危机。所以,破产清算作为金融机构市场退出方式的最后选择,是各国都竭力避免的。

3. 放宽对危机金融机构的监管标准

如果通过评估,金融监管部门认为陷入危机的大型金融机构经营管理稳健,人力资本雄厚,为了减少金融机构重组或倒闭带来的负面影响,可以考虑放松对危机金融机构的监管标准。但是,这一选择必须以完善的立法和监管为前提,并辅之以其他手段,否则,片面为挽救危机金融机构而放松监管标准和相关限制,则会导致金融机构的"道德风险"。例如美国在20世纪80年代初期采取的放松监管措施,不但没有救活储蓄和贷款行业协会,反而导致了它的彻底破产。

我国对金融机构的市场退出一般按接管、解散、撤销、破产等形式进行监管。近十年来,我国监管当局加强了对金融机构市场退出的监管,对于一些违法违规、资不抵债、问题极为严重的金融机构,进行了依法接管、关闭或破产处理,维护了金融体系的稳定。

二、金融监管的手段

目前金融监管使用的手段主要有以下几种:

(一) 法律手段

法律手段是指国家通过立法和执法,将金融市场运行中的各种行为纳入法制轨道,金融活动中的各种参与主体根据法律要求规范其行为。运用法律手段进行金融监管,具有强制力和约束性,各金融机构必须依法行事,否则将受到法律制裁。因此,各国金融监管当局无不大力使用法律手段,甚至一些不发达的发展中国家,也都积极完善立法,使金融监管有相当的力度。

(二) 技术手段

金融监管当局实施金融监管必须采用先进的技术手段,如运用电脑和先进的通信系统,实行全系统联网。这样监管当局不仅可以加快和提高收集、处理信息资料及客观评价监管对象的经营状况的速度和能力,而且可以扩大监管的覆盖面,提高监管频率,及时发现问题和隐患,快速反馈监控结果,降低金融业的不稳定性,防范金融风险。运用电脑进行监管,实际上是将金融监管的内容量化成各项监管指标,通过资料整理、分析和对比,最后通过监控指标的形式,反映金融业的业务经营活动状况,判断风险程度。

(三) 行政手段

行政手段是指金融监管当局采用计划、政策、制度、办法等进行直接的行政干预和管理。运用行政手段实施金融监管,具有见效快、针对性强的特点。特别是当金融机构的金融活动出现波动时,行政手段甚至是不可替代的。然而,行政手段只能是一种辅助性手段,特别是从监管的发展上看,各国都在实现非行政化,逐步放弃用行政命令的方式来管理金融业,而是更多地采用法律手段、经济手段。当然完全摒弃行政手段也是不现实的,即使在市场经济高度发展的国家,在特殊时期仍然需要利用它。

(四) 经济手段

经济手段是指金融监管当局以监管金融活动和金融机构为主要目的,采用间接调控方式影响金融活动和参与主体的行为。金融监管的经济手段在不同的金融领域是不同的。如在银行业监管中有最后贷款人手段和存款保险制度;在证券业监管中,信贷手段和税收政策等是重要的经济手段。

不同国家、不同时期的监管手段是不同的。例如市场经济体制健全的国家,主要采用法律手段;相反,市场经济体制不发达的国家,更多地使用行政手段。

三、金融监管的方法

金融监管的主要方法包括以下几种:

1. 事先检查筛选法

事先检查筛选法指金融机构建立之前的严格审查和注册登记。

2. 现场检查法

现场检查法指派出检查小组,到监管对象经营场所进行实地检查,主要检查资本充足情况、资产质量、内部管理、盈利状况以及清偿能力等。

3. 内外部稽核结合法

稽核是对经营活动开展审计与核对。目前采取外部稽核和内部稽核相结合,以及监管当局强制性稽核和社会非强制性稽核相结合的办法来进行金融监管。

4. 自我监管法

自我监管法指金融机构根据法律自我约束、自我管理,以实行金融监管目标的方法。

第三节 金融监管体制

一、金融监管的主体与客体

(一) 金融监管的主体

金融监管的主体为金融监管当局。金融监管当局是依法对金融业实施监督与管理的政府机构。不同的金融监管体制决定了不同的金融监管机构和组成。金融监管是政府行为,金融监管当局作为政府的组织机构体系的构成部分,具有权威性、独立性和公共性的特征。

金融监管当局的权威性是指金融监管机构作为一国(或地区)的最高金融监管权力机构,履行金融监管法律赋予的职责和权力,其监管决策对金融业相应经济活动或行为主体具有强制力和不可逆性,被监管对象必须认真执行。

金融监管当局的独立性是指金融监管机构依法对其监管地域内的所有金融活动实施监管,直接对中央政府或国家立法机构负责,其他任何组织、单位和个人都无权对金融监管当局的监管工作进行干预。

金融监管当局的公共性是指其履行的监管权力属于公共权力的范畴,金融监管机构是政府公共管理部门的一部分,它代表了社会公众的利益,并以维护金融稳定和国家的经济安全、促进经济社会发展为己任。

(二) 金融监管的客体

金融监管的客体即金融监管的对象,是专门从事金融业经营和投资经济活动的金融中介机构、工商企业、基金组织、投资机构和金融活动的关系人等。金融监管的对象从监管行业划分可分为银行业监管对象,证券、期货业监管对象和保险业监管对象。

银行业监管对象是从事商业银行业务的金融机构,包括商业银行、政策性银行、信用合作机构、专业储蓄机构、专业信贷机构、信托投资公司、财务公司及典当行等。如果其他非银行金融机构参与货币市场融资和交易活动,也将作为银行业特定的监管对象。

证券业监管对象是从事证券融资和交易活动的企业、机构、个人,期货业监管对象是从事期货投资交易活动的企业、机构、个人。提供证券和期货交易场所的组织机构也是重要的监管对象。

保险业监管对象是从事保险经营和投资保险的企业、机构和个人,主要包括保险公司、人寿保险基金等。

二、金融监管体制的类型

金融监管体制是指金融监管体系和基本制度的总称,包括金融监管当局的职责、权力分配的方式以及监管体系的组织结构。设立金融监管体制实质上就是解决由谁来监管、由什么机构来监管和按什么样的组织结构进行监管,相应地由谁来对监管效果负责和如何负责的问题。金融监管体制是金融业协调稳定发展的保障系统,其目的是通过建立一种较为完善的监管制度,实现外部监管管理下的内部有效自我约束,从而有效地防范金融风险。

由于各国历史文化传统、法律与政治体制、经济金融发展水平方面的差异,各国的金融监管体制也有所不同。根据监管主体及其业务范围的不同,金融监管体制大致可以划分为集权单一监管体制、分权多头监管体制和集权多头监管体制等三种类型:

1. 集权单一监管体制

集权单一监管体制是指由一家金融监管机构对金融业实施高度集中监管的体制。在历史上,这种监管模式较为普遍,其监管机构通常是各国的中央银行,也有另设独立监管机构的。例如英国就是以金融服务局替代英格兰银行,实施对银行业、证券业和投资基金等金融机构的监管。这种体制在发达国家和发展中国家都很普遍。目前实行集权单一监管体制的发达国家有英国、澳大利亚、瑞典等;实行这种体制的发展中国家有巴西、埃及、泰国、印度等。

集权单一监管体制的优点是:金融管理集中,金融法规统一,金融机构不容易钻监管的空子,有效克服其他模式中相互推卸责任的弊端;而且能为金融机构提供良好的社会服务。但这种体制容易使金融管理部门养成官僚作风,滋生腐败形象。

2. 分权多头监管体制

分权多头监管体制包含两层含义:一是分权,即中央和地方两极都对金融机构有监管权;二是多头管理,即根据从事金融业务的机构主体不同及其业务范围的不同,由不同的监管机构分别实施监管。其主要特征表现为,不仅不同的金融机构或金融业务由不同的监管机构来实施监管,而且中央和地方政府都有权对相应的金融机构实施监管。

一般来说,分权多头监管体制适用于地域辽阔、金融机构多而且情况差别大,或政治经济结构比较分散的国家,美国和加拿大是实行这一类型监管体制的代表。

分权多头监管体制的优点是:能较好地提高金融监管的效率,防止金融权力过分集中;能因地制宜地选择监管部门,有利于金融监管专业化,提高对金融业务服务的能力。这种模式的缺点主要是:管理机构交叉重叠容易造成重复检查和监管真空,影响金融机构业务活动的开展;金融法规不统一,容易使不法金融机构钻金融监管的空子,加剧金融领域的矛盾和混乱,降低货币政策与金融监管的效率。

3. 集权多头监管体制

集权多头监管体制的含义有两点:一是集权,即全国的金融监管权集中于中央政府,地方没有独立的监管权;二是多头,即对不同金融机构或金融业务的监管由不同的监管机构来实施。至于多头监管主体,有的是以财政部和中央银行为主,有的则另设机构。集权多头监管体制反映了国家权力集中的特性和权力制衡的需要。德国和法国就属于这种类型。我国当前的金融监管体制属于集权多头式。目前由中国银行业监督管理委员会(简称中国银监会)、中国证券监督管理委员会(简称中国证监会)和中国保险监督管理委员会(简称中国保监会)三方共同承担监管职责,但监管权高度集中于中央政府。

集权多头监管体制的优点是:有利于金融体系的集中统一和监管效率的提高。缺点是:各监管机构之间的协调性差,从整体上看,机构庞大,监管成本也较高。

实践中,金融监管体制类型的选择与金融业的经营模式有一定的关系。金融业的经营模式一般有两种,即分业经营和混业经营。分业经营指作为现代金融业三大主要业务的银行业、证券业、保险业分开经营,其核心业务各不相同,互不交叉,其机构分开设立,互不隶属,相互独立。混业经营指某一金融机构可以同时经营银行、证券、保险等金融业务,以促进金融机构之间的有效竞争,并充分利用金融资源,达到提高金融机构的创新能力和高效经营的目的。总体来说,世界上各国金融业的经营模式先后经历了混业、分业后又混业的历史变化。近年来随着金融全球化、自由化和金融创新的迅猛发展,金融机构开展混业经营已是一种不可逆转的趋势,混业经营对金融监管体制的选择提出了挑战。在混业经营条件下,多头管理的结构会带来许多问题,如对全能银行实行多头管理,不利于公平竞争,即从事相似的业务不能得到同样的管理待遇;同样银行经营保险业务和保险公司经营同样的业务受到的待遇是不平等的。既然业务已经结合起来管理,那么将银行、证券和保险的监管结合起来就顺理成章了。正如格林斯潘所说的那样:"监管必须与监管对象的结构相一致"。与金融业经营模式的发展变化相对应,现在越来越多的国家开始从多头监管体制向集中监管体制过渡。

三、我国金融监管体制

我国的金融监管体制经历了一个由集权单一监管体制向集权多头监管体制转变的过程。1984年以前,我国并没有现代意义上的金融监管。1984~1992年,中央银行行使金融监管职能的初始阶段,属于集中单一的金融监管体制。中国人民银行行使中央银行职能,并履行对银行、证券、保险、信托业的综合监管。

1993~1997年,我国从集权单一的监管体制走向集权多头监管体制(又称分业监管体制)。1992年,中国证券监管管理委员会成立,将证券业的监管职能从中国人民银行分离出去,中国人民银行主要负责对银行、保险、信托业的监管。1998年11月,中国保险监督管理委员会成立,专门行使对保险业的监管权,将原来由中国人民银行履行的对保险业的监督管理职能分离出来,中国人民银行主要负责对银行业、信托业的监管。至此,我国形成了中国人民银行、中国证券监督管理委员会和中国保险监督管理委员会分别对银行业、证券业和保险业的多头(分业)监管体制。2003年3月我国成立了中国银行业监督管理委员会,负责对商业银行、金融资产管理公司、信托公司以及其他存款类机构及其业务活动实施监督管理,中国人民银行将对银行业金融机构的监管职能转移到中国银行业监督管理委员会,同时保留了与执行中央银行职能有关的部分金融监管职能,继续实行对人民币、外汇流通的管理,继续实行对银行间同业拆借市场和银行间债券市场、银行间外汇市场、黄金市场等金融市场活动的监管。至此我国金融监管形成了由中国人民银行、中国银行业监督管理委员会、中国证券监督管理委员会和中国保险监督管理委员会等四个机构分别执行的结构,简称"一行三会"。

2007年1月19日召开的第三次全国金融工作会议,明确要继续完善金融业分业监管体制,加强金融监管的协调配合,要强化金融监管手段,健全金融法治,加强对跨境短期资本流动特别是投机资本的有效监控,继续深入整顿金融秩序。在实行"一行三会"联席会议的基础上,增加财政部、国家发展与改革委员会等相关部门的监管协调机制。

四、金融监管改革新趋势

2008年全面爆发的美国金融危机被认为是自20世纪30年代"大萧条"以来最严重的经济危机。纵观这场危机,美国政府及其金融监管机构对危机的产生和扩大负有不可推卸的责任。在金融危机的阴影弥漫之际,人们对美国现行金融监管体系的质疑愈演愈烈。面对外界对美国金融监管体系的批评与改革的呼声,奥巴马政府于2009年6月17日公布了名为《金融监管改革——新基础:重建金融监管》的改革方案。这一改革方案反映了美国政府对于其金融市场和金融监管体系的新认识,在一定程度上昭示了全球金融监管体系发展的理念与趋势,主要内容如下:

第一,强调"无盲区、无缝隙"的全面监管理念。此次改革方案清晰地体现出"无盲区、无缝隙"的全面监管理念。从金融市场看,原先主要注重场内市场监管,对场外市场关注不多,主要依靠行业自律。改革方案强调场内场外监管全覆盖,以弥补市场中存在的监管漏洞。从金融机构看,改革方案扩展了金融监管覆盖的机构范围,消灭监管中存在的死角。如要求所有对冲基金的管理人都要在证券交易委员会登记注册;要求所有参与场外市场交易的金融机构除满足规定的资本金外,其出售和持有金融衍生品的头寸也受到限制。从金融产品和服务看,改革方案强化了对资产支持证券和其他金融衍生产品的监管。改革后,所有金融衍生产品交易都要按规定保存记录并定期汇报。另外,所有的标准化金融衍生品产品及服务需在透明且接受监管的场所完成,并在监管之下进行集中清算。

第二,加强对具有"系统重要性"金融机构的监管。改革方案赋权美联储来监管规模较大、关联较深的以商业银行、投行业务为主的金融控股公司、大型保险公司等一切可能对金融稳定构成威胁的企业;并通过维持较高的资本充足率、限制高风险投资和过多地提高杠杆率等措施,维护金融市场的稳定。对于美联储来说,获得上述监管权力意味着其成为改革后美国金融监管体系中的系统性风险监管者,美联储可以系统风险监管为由,将其监管范围扩大到金融系统的任何角落,其作用和权威将得到极大加强。

第三,着力解决金融监管机构之间的协调与制衡问题。在金融混业经营发展趋势下,分业监管在高复杂、高关联的金融体系中难以有效实施,监管"重叠"与"缺位"并存问题严重。而强化金融监管机构之间的协调能力是解决问题的重要手段。改革方案提出应设立一个由财政部主管的,包括美国证监会、美国商品期货交易委员会、联邦住房金融管理局及其他银行监管机构组成的金融服务监督理事会,负责统一监管标准、协调监管冲突、处理监管争端、鉴别系统性风险并对其他监管机构进行风险提示。特别重要的是,该理事会有权从任何金融机构处获得所需信息,并要求其他监管机构对其提示风险做出反应。同时,为避免美联储监管权力过于膨胀,改革方案还赋予该理事会监督、指导美联储进行监管的权力,以此形成监管机构之间的制衡框架。该理事会有权甄别哪些金融机构可能产生系统性风险,而美联储也必须通过该理事会获得财政部的书面许可,方可行使其系统性风险监管者的职责。

第四,构建更为完善的投资者和消费者保护体系。针对美国现行的金融监管体系对消费者和投资者利益保护不足的问题,改革方案主要提出三方面内容:一是新成立一个独立的消费者金融保护机构,使消费者和投资者免遭金融系统中不公平、欺诈行为的损害,该机构将拥有与其他监管机构同样的权力,包括制定规则、从事检查、实施罚款等;二是从增强透明度、简单化、公平性和可得性四方面进行消费者保护改革;三是加强对投资者的保护,推动退休证券投资计划,鼓励储蓄。

第五,确立政府在危机处理中的核心地位。在此次金融危机中,由于缺乏法律授权,美国政府难以采取及时有效的措施维持金融体系的稳定。针对这一问题,改革方案提出应赋予政府应对金融危机所必需的政策工具,以避免政府为是否应救助困难企业或让其破产而左右为难。当系统性金融机构发出破产信号时,美国政府有权将其收归国有并对其分解拍卖,以避免重蹈雷曼兄弟倒闭的覆辙。具体来看,改革方案要求事先为大型金融机构的倒闭提供一套成形的解决方案,使政府可以自主决定如何处理危机、避免产生市场恐慌。同时,要求修改联邦紧急放贷条款,以增强美联储的危机反应能力。

此外,改革方案强调要提高国际监管标准并促进国际合作。为此,改革方案共提出了11项具体举措,一是敦促改进新资本协议的框架以适应更高的监管需要;二是加强国际协作改进对全球金融市场的监管;三是建议金融稳定委员会与国内监管部门一起加强对较活跃的国际金融机构的监管；四是改革全球危机防范与管理机制；五是加强金融稳定委员会的能力建设；六是加强全球范围内的审慎监管；七是拓宽监管范围；八是建议全球监管者完善补偿机制，鼓励微观主体长期投资并避免过度承担风险；九是加强全球范围内的反洗钱举措和对恐怖主义金融活动的监管；十是改进会计标准；十一是加强对评级机构的监管。通过以上措施，美国可以继续巩固其在全球金融政策协调中的领导作用，并增强其国内政策与 G20 共识间的一致性。

第四节 银行、证券与保险监管

一、银行业监管

（一）银行业监管的目标和主体

1. 银行监管目标

监管目标的确定是对商业银行进行监管的首要问题。由于各国的历史、经济、文化背景以及发展程度的差异，各国制定的监管目标也不完全一致。1997 年 9 月，巴赛尔银行监管委员会通过的《有效银行监管的核心原则》认为，监管的目标是保持金融体系的稳定和信心，以降低存款人和金融体系的风险。根据该原则，银行监管至少包括两大目标：一是保证银行的稳定经营和健康发展，维护金融秩序，确保公众对金融体系的信心。二是维护社会公众利益，尤其是存款人的利益。银行是一种通过吸收存款进行负债经营的高风险企业，一旦银行破产倒闭，存款人的利益必然受到损害。因此，加强监管，规范银行经营管理，是保护存款人利益的有效途径。

我国《银行业监督管理法》第 3 条规定："银行业监督管理的目标是促进银行业的合法、稳健运行，维护公众对银行业的信心。"可见，我国银行业监管的目标完全符合巴赛尔银行监管委员会《有效银行监管的核心原则》对监管目标的建议，是符合现代商业银行监管目标的。

2. 银行业监管主体

狭义来看，监管主体是指对银行业进行监管的官方机构。银行监管主体在各国的安排互不相同。2003 年之前，我国银行业的监管主体一直是中国人民银行。2003 年 4 月，中国银行业监督管理委员会成立，同年 12 月 27 日通过的《中华人民共和国银行业监督管理法》第 2 条明确规定：国务院银行业监督管理机构负责对全国银行业金融机构及其业务活动监督管理工作。至此,中国银行业监督管理委员会(简称中国银监会)接替中国人民银行成为银行业的官方监管机构。

(二) 银行业监管的内容

1. 市场准入监管

银行市场准入监管包括:①银行业市场准入的要求。一般来说,审批新的商业银行要着重考虑以下几个因素:执照的颁发、资本金的要求、对高级管理人员的要求、完善的公司治理结构和内部控制制度、银行业竞争状况和经济发展的需要。②商业银行设立和开业的程序。首先,根据审批权限提出设立申请;其次,初审同意后填写正式申请表,同时提交相关的文件和资料;再次,根据批准领取营业执照。最后,开业和公告。③商业银行经营范围的规定。《中华人民共和国商业银行法》规定了我国商业银行可以经营的业务范围。

2. 银行业务运营监管

银行日常审慎监管是指以安全和稳健为目标来监控银行经营业务的全过程。包括有:①资本充足率。资本充足率指资本对加权风险资产的比例。巴赛尔银行监管委员会规定,银行核心资本应不低于总资本的50%,附属资本不能超过核心资本。②呆账准备金。计提呆账准备金可以较好地显示银行的盈利能力。我国商业银行目前按照谨慎会计原则建立呆账准备金制度,提取普通呆账准备金,并根据贷款分类结果,提取专项呆账准备金。③贷款集中。对个别借款者的贷款过分集中经常是大多数银行倒闭的原因。我国要求商业银行对同一借款人的贷款余额与商业银行资本余额的比例不得超过10%,对最大10家客户发放的贷款总额不得超过银行资本净额的50%。④流动性。监管当局对银行流动性的管理政策有两种:一种是向银行发布衡量和管理流动性风险的指导方针;另一种是要求银行流动资产与存款或总资产的比例达到某一标准。⑤内部控制。银行内部控制包括对银行内部组织机构的控制、对资产和负债各项业务的控制、对表外交易的控制、对会计系统的控制、对授权授信和计算机系统的控制等。

3. 市场退出监管

银行市场退出监管包括:①问题银行的处理。处理问题银行的一般措施有:第一,贷款挽救。第二,担保。第三,并购。第四,设立过渡银行。第五,设立专门的问题银行处理机构。②纠正性监管。纠正性措施可分为两类:一类属建议性或参考性措施;另一类为带有一定强制性或监控性的措施。通过纠正性监管,使得银行能及时纠正经营中的问题,确保银行的稳健经营。③救助性监管。对问题金融机构采取的救助性措施有:调整决策层和管理层,实施资产和债务重组,进行外部注资,变现资产等。

(三) 商业银行监管方式

商业银行监管的方式一般分为现场检查和非现场检查。

1. 现场检查

现场检查是指监管人员直接深入到金融机构进行业务检查和风险判断分析。现场检查是对商业银行进行监管的重要方法。现场检查具有直观性、及时性、灵活性和深入性的特点。通过现场检查,有助于全面深入了解金融机构的经营和风险状况,核实和查清非现场检查中发现的问题,有助于对金融机构的风险作出客观全面的判断。

现场检查有全面检查和专项检查两种。前者一般是定期进行的,后者一般是对非现场检查中发现的问题所进行的专门检查,是不定期的。只要在非现场检查中发现问题,监管当局认为有必要进行现场检查的可以随时实施现场检查。

常规性的现场检查包括的主要内容有:资产质量检查、资本充足状况检查、流动性检查、市场风险检查、盈亏状况检查、管理与内控检查。

2. 非现场检查

非现场检查是指银行监管机构通过对银行报送的有关经营活动的报表、数据和资料进行整理分析,以此来确定商业银行经营状况、风险程度的一种监管方式。非现场检查有预警性、全面性、连续性和指导性四个特点,对现场检查有一定的指导意义。通过非现场检查,能够及时监测金融机构的经营和风险状况,有助于明确现场检查的对象和重点,从而有利于合理分配监管力量,提高监管的质量和效率。

非现场检查按检查内容分为合规性检查和风险性检查两种。前者指通过对银行财务报表和其他资料的分析,检查银行各项监管指标是否符合监管当局制定的审慎政策及有关规定。后者是通过对资料数据进行对比分析、趋势分析或者计量模型分析,评估银行的风险状况,预测银行的发展趋势。

二、证券监管

(一) 证券监管的目标与原则

证券监管是证券主管机构依法对证券的发行、交易等活动和对参与证券市场活动的主体实施监督管理的一系列活动的总和。证券监管主体是中国证券监督管理委员会,证券监管的对象是证券市场的参与者及其证券发行、上市和交易活动。

1. 证券监管的目标

证券监管的目标是:①保护投资者的合法权益。这是监管的首要目标。保护投资者的合法权益,并不是保证投资者都能从证券交易活动中获利,而是通过良好的法律环境,禁止各种妨碍投资者做出合理投资决策的违法行为,在投资者合法权益受到损害时提供适当救济的途径和措施,确保有一个公平进行交易的机会,维护投资者的信心。②确保市场的公平、高效和透明。证券监管应该确保投资者公平地利用市场基础设施和价格信息,促进公平的指令处理和可靠的价格形成过程,监管当局必须发现、阻止并处罚一切不公平交易行为。③降低系统性风险。证券市场是一个高风险的市场。有效的监管并不是要用立法来阻止金融机构承担风险,而是通过有效的管理发现过度的风险,努力化解一部分风险,减轻风险的破坏力。

2. 证券监管的原则

除遵循金融监管的基本原则外,证券市场监管的原则主要是"三公"原则,即"公开、公平、公正"原则。①公开原则。是指市场上所有交易活动以及那些能影响投资者利益的信息必须及时、全面地向公众披露,保证投资者及时、充分、全面、准确地了解各种信息。这是保护投资者利益、增强投资者信心的有效保障。自从1933年美国《证券法》正式确立了公开原则及信息披露制度以来,公开原则成为各国证券法的核心和灵魂。②公平原则。指通过有关法律的规章,保证每个投资者都享有平等的权利与地位,严格禁止内幕交易。在公平原则下,投资者无论规模大小或资金多少,都有权利按照同样的交易规则进行交易。公平原则要求监管机构按照相同的尺度规范其监管范围内的行为。③公正原则。公正原则要求证券监管机构及其工作人员依法监管,证券经营机构必须按照法律规则及规定的程序从事经营活动,防止各种欺诈行为。

(二) 证券监管的内容

1. 证券机构监管

证券经营机构是证券发行、交易活动的重要主体。对证券经营机构的监管主要有:

(1) 证券经营机构设立的监管。证券经营机构的设立条件,是登记制下进行登记的依据,也是特许制下主管机构审批的标准。我国在证券经营机构的设立上采取的是特许制,证券机构属特许经营行业。证券机构的设立条件包括:拥有足够的注册资本。如综合类证券公司的最低注册资本为人民币5亿元,管理人员和业务人员必须有证券从业资格;有固定的经营场所和合格的交易设施;有健全的管理制度。

(2) 证券从业人员的监管。证券公司从业人员从事证券业务必须取得相应的证券从业资格。中国证券监督管理委员会按规定对证券公司从业人员进行注册和日常监督管理。

(3) 对证券经营机构的日常监管和检查。

2. 证券交易监管

证券交易监管是对证券禁止行为的监督管理。证券禁止行为是指证券法律所禁止的证券市场主体以欺诈方式损害他人利益,破坏市场秩序的行为。证券禁止行为主要包括:内幕交易、操纵市场、欺诈客户、虚假陈述行为等内容。这些行为打击了投资者的利益,妨碍了证券市场的健康发展。因此必须对这些行为进行严格的监管。

3. 上市公司监管

为了提高上市公司运作效率和运作质量,充分保护投资者利益,对上市公司的监管主要集中在两个方面,一是建立完善的上市公司信息披露制度,对其信息披露进行监管;二是加强对上市公司治理结构的监管。在我国,对上市公司的监管重点是信息披露制度。首先是证券发行与上市前必须完成必要的信息披露。其次是上市公司要定期报告公司财务状况和经营情况等相关信息。再次是要求证券交易所应当及时公布交易行情,为组织公平的交易提供信息保障。上市公司信息披露的原则是真实性、及时性、准确性、完整性、易得性和易解性。

三、保险监管

(一)保险监管的目标

保险监管是指国家对保险企业、保险经营活动及保险市场的监督与管理。保险业具有公共性和社会性,保险交易存在信息不对称和不完全性以及保险业发展存在的市场失灵等特点,如果保险经营管理不善,不仅会给被保险人带来损失,而且对整个社会政治、经济生活的稳定都会有极大影响。因此任何国家都对保险业加强监管。并力求达到以下目标:

(1) 保证保险人的偿付能力,维护被保险人的利益。保证保险人具有足够的偿付能力,维护被保险人的利益是保险业监管的基本目标,更是保险监管的核心。许多监管措施都是为了实行这一目标而制定的。

(2) 优化市场机制,维护保险当事人之间的公平合理关系,形成保险市场的合理有序竞争。在保险经营中有三类关系需要平衡,一是保险企业与投保人之间的关系要公平合理,即保险费与保险人提供的保障相适应;二是投保人之间的关系要公平合理,即保费率分类要合理适当;三是保险企业之间的关系要公平合理,即在同等条件下公平竞争。

(3) 防止保险欺诈,保证保险业的健康发展。无论是投保方的欺诈,还是保险方的欺诈或保险中介人的欺诈,都对经济社会稳定产生危害,各国都把防止保险市场中的欺诈作为保险监管的目标。

(二)保险监管的方式

保险监管的方式归纳起来主要有以下三种：

1. 公示方式

公示方式又称公告主义，是指国家对保险业的实体不加以任何直接管制，而仅要求保险企业按照法律规定定期将资产负债、营业结果以及其他有关事项予以公布。至于保险企业的经营优劣情况由被保险人及社会公众自行评价。保险企业的组织、保险合同格式的设计、资本金的运用等有保险企业自主决定，国家不作干预，这是国家对保险业最为宽松的监管方式，保险业可以在自由经营中获得充分发展。但随着保险业的发展，竞争日趋激烈，国家对保险业的监管不断加强，这种方式已不合时宜。

2. 规范方式

规范方式又称准则主义、形式监督主义，是指由国家制定一系列有关保险经营的法律、法规，要求保险业共同遵守的管理。在这种方式下，国家对保险经营的最低资本金的要求和运用、资产负债表的审查、违规行为的处罚等都有明确的规定。这种方式较公示方式是一种进步，但它仅注重保险经营形式上的合法性，而对那些形式上合法而实质上违规的行为难以监管，不能很好实现国家的保险监管目标。

3. 实体方式

实体方式又称批准主义、许可主义，是指国家制定完善的保险管理规则，保险监管机构依法对保险业进行全面的有效监管。保险组织的设立，必须获得政府的批准，领取经营许可证。政府从保险企业设立到日常经营以及破产清算等环节都有较高的权威和灵活处理的权力，使保险业在社会上的信誉得以有效提高，社会公众的利益得到有效的保护。因此这种方式逐渐取代其他方式成为保险监管的主要方式。我国也采用这种监管方式。

(三)保险监管的内容

1. 保险企业监管

保险企业监管是保险监管的重点，对保险企业监管的具体内容因经济体制、保险业发展状况以及社会背景不同而不同，这里仅介绍两个方面的内容：

(1) 保险机构监管。保险机构的设立必须经保险监管部门批准，取得经营保险业务的许可证，并在工商行政管理部门登记注册，取得营业执照。保险企业开办业务必须有一定数量的资本金，同时按照注册资本总额的一定比例（我国是 20%）提取资本金，存于监管部门指定的银行作为保证金。保险企业的从业人员包括高级管理人员都必须具有相应的任职资格，以保证公司从业人员良好的素质。政府还对保险企业的市场退出依法进行监管。

(2) 保险业务监管。保险业务分为财产保险、人寿保险、意外伤害保险和健康保险四大类。按照《保险法》的规定,保险公司的业务范围由金融监管部门核定。保险公司只能在被核定的业务范围内从事保险经营活动。目前我国保险企业除自身的保险业务外,自2004年起,保险公司被允许直接进入股票市场,2006年10月,保险公司被允许参股商业银行。可见,我国保险公司的业务范围正在突破分业经营的框架,向混业经营方向迈进。

2. 保险中介人监管

保险中介人监管指政府对保险代理人、保险经纪人、保险公估人的监管。对这三类中介人的监管具有很多共性内容,包括资格监管、执业监管和财务监管。下面以我国保险经纪人监管为例。

(1) 资格监管。保险经纪机构的设立应经中国保监会批准,并采取法律规定的组织形式。我国设立的保险经纪公司必须具备《保险经纪机构管理规定》第10条规定的注册资本、公司章程、人员任职资格、组织机构和管理制度、场所等条件。

(2) 执业监管。执业监管包括保险经纪公司的业务范围和经营活动的监管。其中业务范围必须符合《保险经纪机构管理规定》第83条的规定;经营活动必须符合《保险经纪机构管理规定》第82、84、85、86、95、96等条款的规定。

(3) 财务监管。财务监管包括保险经纪人的收入来源监管和财务报告制度监管。财务监管要求保险经纪人的财务活动必须符合《保险法》和《保险经纪机构管理规定》的规定,这是保险监管的重要依据。

本章主要名词

金融监管　市场准入监管　市场退出监管　金融监管体制　证券监管　保险监管

复习思考题

1. 简述金融监管的必要性。
2. 简述金融监管的基本原则。
3. 简述金融监管的基本内容。
4. 简述金融监管体制的类型及其优缺点。
5. 简述现场检查和非现场检查。
6. 简述金融监管改革新趋势。

第十四章 国际金融

内容提要与学习要求

本章主要包括外汇与汇率、国际收支、汇率制度与外汇管制三部分内容。通过学习,要求在掌握外汇、汇率、国际收支、汇率制度、外汇管制等基本概念和理论的基础上,能够灵活运用所学知识分析影响汇率变动的因素以及汇率变动对国民经济正反两方面的影响;了解我国国际收支平衡表的构成和调节国际收支平衡的手段;全面掌握现行人民币汇率制度的内容及特点以及我国现行的外汇管理体制。

第一节 外汇与汇率

一、外汇

(一) 外汇的含义

外汇是国际汇兑的简称,它有动态和静态的两种含义。动态的外汇是指将一种货币兑换成另一种货币,借此清偿国际间债权、债务关系的活动。静态的外汇则是指以外国货币表示的、为各国普遍接受的、可用于国际间结算的支付手段,如外国货币、外币有价证券、外币支付凭证等,这是当前各国普遍使用的外汇含义。

2008年8月国务院发布了修订后的《中华人民共和国外汇管理条例》,条例中将外汇定义为"以外币表示的可以用作国际清偿的支付手段和资产",包括:①外币现钞,包括纸币、铸币;②外币支付凭证或者支付工具,包括票据、银行存款凭证、银行卡等;③外币有价证券,包括债券、股票等;④特别提款权(SDR);⑤其他外汇资产。

按照能否自由兑换和自由向其他国家进行支付,外汇可划分为自由外汇和记账外汇。自由外汇是指无需发行国批准,可以随时动用,将其自由兑换成其他货币,或者可以向第三国办理支付的外汇。如美元、欧元、日元等,它们是世界各国普遍接受的主要支付手段。人们通常所说的外汇就是指自由外汇。记账外汇又称协定外汇或清算外汇,它只用于签订了双边或多边支付协定的两国或多国之间贸易往来的支付。当一笔进出口业务完成时,有关国家的银行根据协定规定分别记账,在一定期限内再集中用自由兑换货币或商品冲销彼此的债权、债务,这种贸易称为记账外汇贸易。记账外汇贸易下的进出口商各自向本国办理结算的银行收付本国货币。记账外汇贸易下所得外汇只是记账外汇,不能自由运用。

国际货币与外汇是既相互联系又相互区别的概念。国际货币是指被广泛用于国际间计价、支付、结算、储备的货币。历史上黄金是通行的国际货币,后来国别货币开始充当国际货币。能够充当国际货币的国别货币一方面要具有充分的自由兑换性,另一方面在国际间要具有普遍接受性。因此,作为国际货币的外汇一定是自由外汇,但自由外汇却不一定能充当国际货币。目前,国际上有五十多种自由外汇,但成为国际货币的只有美元、欧元等少数几种。同时,本国货币及其所表示的各种信用工具和有价证券都不能算作外汇,但本国货币却可以充当国际货币。因此,国际货币不一定是外汇,同样,外汇也不一定就是国际货币。例如,美元对于美国来讲不属于外汇,但却是国际货币,新加坡元对其他国家来说是自由外汇,却不是国际货币。

(二) 外汇的供给与需求

外汇同其他商品一样,在市场上也有供给和需求两个方面。从经济学意义上讲,外汇的供给表示在一定的价格(即汇率)水平下,市场上所能提供的外汇总量。外汇的需求表示在一定的价格水平下,市场上所需要的外汇总量。

由于外汇供求来源于国际收支,市场上的外汇供给和需求与国际经贸活动密切相关。如果国内企业出口货物、对外提供劳务、借入外债、吸收外国来华直接投资、境外发行股票融资、外国人来华旅游等,则构成国内的外汇供给;如果用于进口货物、出国旅游和留学、支付专利和技术费用、偿还外债、对外投资建厂和购买境外股票债券等,就形成国内外汇需求。

境内不涉及跨境资金转移的外汇资产供求变化也会影响国内外汇市场供求关系。例如,在允许境内居民个人和企业持有外汇的国家,企业和个人可能由于本国货币利率低于外币利率,希望增持境内外汇资产,从而表现为买入外汇的动机增强,卖出外汇的意愿减弱。

(三) 外汇的作用

由于外汇是一种国际间清偿债务的支付手段,所以它和黄金一样,在国际经济交往中发挥着重要作用。

1. 有利于国际间债权债务关系的清偿

由于世界各国货币制度不同,一国货币不能在其他国家流通和使用,除非借助国际间的黄金运送,否则国际间的债权债务关系难以得到清偿。但是世界黄金储量十分有限,开采困难,又不便于长距离携带,且运输成本高,所以它很难适应日益发展的国际经济交往的需要。而外汇能克服这些弊端,能够在较短的时间内使国际间的债权债务关系得以清偿。

2. 有利于促进国际贸易的发展

以外汇作为国际贸易清算的工具可以节省运输现金的各种费用,避免风险和资金占用,加快资金流通速度,有利于促进国际贸易的发展。

3. 有利于调节国际间的资金供求,促进国际资本流动

由于世界各国资源条件和经济发展水平的不同,各国的资金余缺状况往往也存在着很大差异。这就在客观上产生了国际资金调剂的必要性,而外汇的使用,则使国际资金的调剂成为可能。因为只有借助各种外币支付工具和有价证券,国际投资和其他形式的资本转移才能顺利实现。

4. 能够反映一国的国际经济地位

外汇是一国国际储备最重要的组成部分,外汇收入及其储备的增加,对于提高本币价值、稳定外汇汇率、增加一国经济实力和提高国际经济地位均具有重要意义。

二、汇率

(一)汇率及其标价方法

汇率又称汇价或外汇行市,它指用一国货币所表示的另一国货币的价格,或一国货币折算成另一国货币的比率。

汇率有直接标价法和间接标价法两种表示方法。直接标价法是指以一定单位的外币为标准折算成若干单位本币的标价方法。间接标价法则是以一定单位的本币为标准折算成若干单位外币的标价方法。世界上除了美国、英国等少数国家采用间接标价法外,绝大多数国家都采用直接标价法,我国人民币汇率就是采用直接标价法。

20世纪60年代欧洲货币市场迅速发展起来,国际金融市场外汇交易量猛增。为了便于国际间进行外汇交易,银行间的报价都以美元为标准来表示各国货币的价格,这就是美元标价法。

汇率的变化会造成货币的升值或贬值。如果单位本币能兑换到比过去更多的外汇时,我们称本币对外币升值,相反则称贬值。

(二) 汇率的种类

1. 按照确定汇率的方式不同,可分为基准汇率和套算汇率

由于外国货币种类繁多,一国货币当局要制定出本国货币与每一种外国货币之间的汇率,就会十分麻烦。特别是在一些货币不可自由兑换、外汇市场不开放的国家,由于国内外市场之间供求没有完全接轨,必然会存在一定差价。如果由官方制定本国货币对每一种外国货币的汇率,就很可能给套汇活动以可乘之机。因此,通常只选定一种在本国对外经济交往中最常使用的主要外国货币作为关键货币,制定出本国货币与它之间的汇率,即基准汇率。然后,再根据国际市场上该关键货币与其他货币之间的汇率,套算出本币对其他货币的汇率,这就是套算汇率,又称交叉汇率。

2. 从银行买卖外汇的角度划分,可分为买入汇率与卖出汇率

买入汇率,又称买入价,是银行买入外汇时所使用的汇率;卖出汇率也称卖出价,是指银行卖出外汇时所使用的汇率。买入汇率与卖出汇率的平均数称为中间汇率,又称中间价。广播报刊在报道汇率时,所用的就是中间汇率。此外,外汇银行挂牌标价时还另注明现钞价,即银行买卖外币现钞的价格。由于银行在收兑外币现钞时,不仅要承担将外币现钞运往发行国的运费、保险费,而且银行还损失了利息收入,故银行买入外币现钞的价格要低于现汇价。

3. 按国际汇兑方式划分,可分为电汇汇率、信汇汇率、票汇汇率

电汇汇率是经营外汇业务的银行在卖出外汇时用电话、电传、电报等电信工具通知国外付款所使用的外汇汇率。由于电汇所需时间很短,银行不能利用汇款资金,且须付电报费用,所以电汇汇率最高。但电汇调拨资金速度快,利于加快国际资金周转,且能较好地避免国际贸易中外汇汇率波动带来的风险。外汇市场上公布的汇率一般多为电汇汇率,它成为外汇市场上的基准汇率,其他汇率的制定均以此为基础。信汇汇率是指银行在卖出外汇时,以信函方式,通知国外分支行或代理机构付款时所采用的汇率。由于邮寄外汇买卖凭证等需要较长时间,在此期限内,银行可占用客户的资金,故需在信汇汇率中扣除邮程期间的利息,所以信汇汇率比电汇汇率低。票汇汇率,是指银行在买卖外币汇票、支票或其他票据时所使用的汇率。

4. 按照外汇买卖交割的时间不同,可分为即期汇率和远期汇率

即期汇率是指在买卖双方成交后的当日或两个营业日内进行外汇交割时所采用的汇率。远期汇率则是指买卖双方签订远期外汇买卖合同,设定将来办理外汇买卖时所采用的汇率。由于受多种因素的影响,远期汇率与即期汇率一般很少一致。当远期汇率高于即期汇率,其差价称升水;远期汇率低于即期汇率,其差价称贴水。远期汇率等于即期汇率称为平价。

5. 按外汇管理的宽严程度划分,可分为官方汇率和市场汇率

官方汇率是指一国货币管理当局制定并颁布的汇率;市场汇率是指在外汇市场上自由买卖外汇的汇率,其汇率的高低主要由外汇市场上外汇的供求状况决定。

(三) 影响汇率变动的因素

各国货币的汇率在一定范围内波动受各国货币所代表的实际价值的制约。从市场变化来看,主要受制于外汇供求的影响。具体来说,在纸币流通条件下,决定和影响两国货币之间比价的主要因素有以下几个方面:

1. 国际收支状况

当一国国际收支逆差时,意味着外汇市场上外汇供不应求,本币供大于求,结果外国货币汇率上升,本币汇率下跌;反之,一国国际收支顺差,则外汇市场外汇供大于求,本币供不应求,结果外国货币汇率下跌,本币汇率上升。而严格地讲,其他因素对汇率走势的影响都是通过影响国际收支平衡、外汇市场供求来体现的。

2. 通货膨胀的状况

通货膨胀是指纸币发行量超过商品流通所需货币量而引起货币贬值、物价上涨的现象。在国内外市场融为一体的情况下,一国较高的通货膨胀率会削弱本国商品在国际市场的竞争能力,减少出口,同时提高外国商品在本国市场的竞争能力,增加进口。这会引起本国国际收支状况恶化,导致外汇需求大于供给,促使本国货币在外汇市场上贬值。同时,如果一国通货膨胀率较高,人们会预期该国货币的汇率趋于疲软,继而在外汇市场上抛出手中持有的该国货币,造成该国货币汇率进一步下跌。

3. 国内外利率水平的差异

各国利率水平的高低差异可直接影响国际间资本,特别是短期资本的流动,对汇率的变动有一定调节作用。一国利率提高,能刺激外资流入,造成对该国货币需求的增加,由此改善该国国际资本账户的收支,促使本国货币汇率上升。反之,利率下降,则会导致外国资本和本国资金流出,资本账户收支恶化,汇率可能下跌。

4. 经济增长的速度

一国经济增长的快慢对汇率的影响是多方面的。一方面,一国经济增长率高,意味着该国国民收入增加,社会需求增加,可能导致进口扩张,从而扩大外汇需求,推动本国货币贬值。另一方面,一国经济增长率提高,往往意味着生产率的提高和生产成本的降低,由此提高本国产品的国际竞争能力,刺激出口,增加外汇供给,引起本币汇率升值。并且,经济增长势头看好,意味着投资回报较好,由此会刺激外国资本流入,促使资本账户收支顺差,造成本币汇率升值。因此,总体上来说,高经济增长在短期内会不利于本币在外汇市场的行市,但从长期来看却支持着本币汇率走强。

5. 货币当局的干预

各国货币行政当局为维护经济稳定,避免汇率变动对国内经济产生不良影响,往往通过在外汇市场上进行外汇买卖或其他一些干预市场的活动,把汇率的波动控制在一定范围内。各种形式的外汇干预会造成汇率短期内的升降变化,但不能从根本上改变汇率的长期走势。

6. 市场预期心理

随着金融全球化的发展,市场预期心理因素对汇率的变化起着相当大的作用。由于人们对某个国家国际收支状况,通货膨胀和利率前景看好,就会引起该国货币在市场上被购进,造成本币兑外币的汇率上升;反之,如果预期前景不佳,则汇率就会下跌。这种心理预期又伴随着各种投机因素。某种谣言、某领导人的讲话都会引起投机活动,造成外汇市场的剧烈动荡,造成汇率的大起大落。

当然,还有许多其他因素会影响汇率变动,如各国的宏观经济政策、政治局势和社会状况以及自然灾害和市场投机活动等,但这些因素都是通过以上各种因素对汇率发生作用的。总之,汇率的波动是各种因素综合作用的结果,对于汇率变化及其走势,应当全盘考虑,综合判断。

(四)汇率变动的经济影响

汇率的变动受一系列经济因素的影响,同时,汇率的变动又会影响经济的运行。

1. 汇率变动影响一国的贸易和非贸易外汇收支

在进出口贸易方面,当一国货币对外贬值时,出口商所换回的外汇可以在国内兑换更多的本国货币,而进口商则需要支付更多的本国货币兑换进口所需的外汇,因此,一国货币对外贬值会刺激出口,抑制进口。反之,若一国货币对外升值,不利于出口,有利于进口,但升幅太大则会导致该国贸易收支的恶化。在旅游、劳务等非贸易收支方面,本币贬值会使外币的购买力相对提高,从而增加对外国旅游者的吸引力,增加非贸易外汇收入;反之,本币升值则会使非贸易外汇收入降低。

2. 汇率变动影响一国的外资和外债

在外资、外债方面,本币贬值会造成国内资产对外贬值,有利于外商投资,但会使现有外商投资存量资产遭受汇兑损失,增加国内企业外债偿付负担;反之,本币升值则会使现有外商投资存量资产增值,减轻国内企业外债负担,但会影响本国进一步吸引外商投资。

3. 汇率变动对于国内物价水平和经济增长等也产生一定的调节作用

在物价水平方面,当本币升值时,国内物价将会下降。这是因为,本币升值一方面会导致以本币表示的进口商品价格下降,进而带动国内同类商品价格以及用进口原料在本国生产的产品价格的下降;另一方面也会导致以外币表示的本国出口商品价格上升,出口难度加大,部分出口商品会转为内销,国内同类产品供给增加,促使国内物价水平降低。相反,本币贬值则会推动国内物价上涨。在经济增长方面,当一国货币对外贬值时,其贸易收支得到改善,出口增加,此时若该国还存在闲置的生产资源,则其国内生产就会扩大,带动国内经济增长,实现充分就业;反之,若一国货币对外升值,则有可能引起国内生产紧缩。

第二节 国际收支

一、国际收支的概念

国际收支是指在一定时期内一个国家或地区与其他国家或地区之间进行的全部经济交易的系统记录。国际收支具有三个特点:第一,国际收支具有系统性。国际收支不仅包括了对外贸易状况,而且包括了对外投资状况,是贸易和投资以及其他国际经济交往的总和。国际收支既包括了用外汇收付的经济交易,也包括了以实物、技术形式进行的经济交易。第二,国际收支具有明显的期限性。一般国际收支反映了某一段时间内对外经济交易状况。一段时间可以是一年、半年或者一个季度,甚至一个月。国际收支的期限性表明,一个国家经济处于不同时期时其国际收支状况可能出现明显的差异。第三,国际收支记录的是一个国家的居民和非居民之间所有的经济交易。国际收支中的居民和我们日常生活中理解的居民概念不一样。日常生活中的居民通常指的是居住在一个国家(或地区)的个人,但是国际收支中的居民指的是:①一国(或地区)的政府机关、团体、部队及其派驻境外的外交、商务、军事等官方机构;②在一国(或地区)依法设立的从事经营的企业、事业单位(含外商投资的企业和单位)及驻在该国(或地区)的境外机构(不含国际组织和驻在该国或该地区的境外的外交、商务、军事等官方机构);③在一国(或地区)居留一年以上(含一年)的个人(包括本国人和外国人),在该国留学、求医人员和驻在该国的境外官方机构中的外籍工作人员及其家属除外;④在境外居留不到一年的本国(或地区)人,在境外留学、就医人员,外派驻外官方机构的工作人员及其家属。对于一个国家来说,除了居民,其他的机构、个人、企业等均称为非居民。

由于国际收支具有国际交往的性质,为了保证国际收支状况的国际可比性以及历史可比性,国际货币基金组织制订了《国际收支手册》,指导成员国采用统一的定义和标准来编制和发布本国的国际收支状况。

二、国际收支平衡表

国际收支平衡表是一种统计报表。它系统记载了在特定时期一国或地区（系指一个经济实体）与世界其他地方的各项经济交易。它表示的是一种经济流量的概念，它是根据会计上的复式簿记的原理编制的，也就是说每一笔国际经济交易，都应在国际收支平衡表的借方和贷方同时反映。例如货物出口，贷记国际收支平衡表中货物，同时出口收汇时，企业结汇收入进入我国外汇储备，则在外汇储备项目的借方记录一笔。两次记录科目不同，借贷不同，但是金额相同。国际收支中每个项目的贷方减去借方，就是国际收支每个项目的差额。当贷方大于借方时，表明该项目出现了顺差，反之则是逆差。下面以我国的国际收支平衡表为例说明其构成。

我国的国际收支平衡表的主要项目内容为经常项目、资本和金融项目、储备资产变动以及净误差与遗漏项目等。

（一）经常项目

经常项目主要反映我国与其他经济体在货物进出口、服务的提供与引进以及经常性转移等涉外经济活动中形成的实际资源的转移情况，分为货物贸易、服务贸易、收益以及经常转移四个子项。

货物贸易是构成经常项目的一个重要项目，包括通过我国海关进出口的所有货物以及一些虽然不经过海关，但是属于我国和其他国家或者地区之间经济交往的货物交易（包括我国飞机、船只在境外港口购买的燃料、物料，我国远洋渔船向其他国家出售其所捕获的海产，我国向周边国家或者地区等运送的电力、天然气以及用水等）。

服务贸易是经常项目的第二项内容，它涉及的项目比较繁杂，包括运输、旅游、建筑承包、通信、金融、保险、计算机、信息、专利使用、版权、广告中介、专业技术服务、文化和娱乐等形式多样的商业服务以及一部分政府服务。

收益项目是经常项目的第三项内容，它包括职工报酬和投资收益项目。职工报酬指的是在我国居住不满一年的个人从我国取得的合法收入，和我国个人在外国居住不满一年从外国获得的个人收入。投资收益与金融项目直接相关，指的是和投资、资本流动相关的利息、股息、利润以及红利等收支。

经常转移是经常项目的第四个项目，又称为单方转移，指的是不以获取收入或者支出为目的的单方面交易行为，例如捐赠、赔偿等。

（二）资本和金融项目

资本项目记录的是资本性质的转移和非生产性非金融性资产的获得或者出

让。资本性质的转移包括生产设备的无偿转移、我国在外居住超过一年的个人汇入、我国的投资款、我国国内居民或机构汇出的投资款以及单方面债务减免等。非生产性非金融性资产的获得或出让指的是专利、版权、商标等资产的一次性买断或者卖断。

金融项目记录的是我国对外资产和负债的所有权变动的所有交易,按债权债务分为资产、负债,按投资方式分为直接投资、证券投资和其他投资三项。

直接投资包括外商来华投资和我国对外投资,是金融项目最重要的项目之一。构成直接投资的投资行为必须具备三个要素:直接投资者、直接投资企业以及直接投资者对于直接投资企业的控制权。和一般投资行为不同的是,直接投资者对于直接投资企业有长期的、持久的利益。直接投资包括企业建立之时的原始投资,也包括直接投资者和直接投资企业以及其他关联企业之间的所有交易。直接投资的关键是控制权。为了保证判断标准的可操作性,国际组织,包括经济合作与发展组织、国际货币基金组织以及联合国贸易发展会议确定,如果一个企业持有其他国家某一企业10%以上的股权或者控制权,就认定前者是直接投资者,后者是直接投资企业。我国把超过25%股权的投资视为外商来华直接投资。

证券投资指的是一个国家企业、个人、团体等对其他国家和地区所发行的有价证券进行投资的行为。有价证券的范围包括各类公司股票、债券、国债、票据、期货、期权等。例如,我国政府、企业在境外发行的债券,我国个人或者机构购买的美国国债以及其他有价证券等。

其他投资指的是直接投资、证券投资以外的其他投资,主要包括进出口贸易融资、贷款、现金、存款以及金融性租赁等项目。

(三)储备资产变动

储备资产指的是由中央银行持有的、可以随时直接使用的金融资产。在一个国家出现对外支付困难时,中央银行可以动用储备资产进行支付。同时,储备资产也可以作为政策性工具,在不同的经济环境中发挥不同的调控作用。

按照国际货币基金组织的统计口径,一国的储备资产由以下四个部分组成:黄金储备,外汇储备,普通提款权(指国际货币基金组织会员国向基金认缴份额25%的黄金和可兑换货币部分,基金组织为支付其他会员国的借款而使用的会员国货币净额,基金组织从会员国的借款),特别提款权(是国际货币基金组织创造的储备资产,用于会员国和基金组织之间,以及会员国之间的支付)。其中外汇储备是储备资产中最重要的项目。

(四)净误差与遗漏项目

从理论上讲,国际收支的记录原则是复式记账,借贷双方应该总和一致,总差额为零。但是在实践中，由于不可能完全跟踪每一项经济交易，国际收支平衡表中各个子项目的统计数据有时可能来源不一，时间不同，因此总的借方和贷方之间总是存在一定的差额。为此，国际收支平衡表设立了一个单独的项目，即净误差与遗漏，作为平衡项目。当贷方大于借方时，就将差额列入该项目的借方；当借方大于贷方时，就将差额列入该项目的贷方，以达到国际收支表的平衡。如表14-1所示。

表14-1　2011年中国国际收支平衡表（简表）　　单位：亿美元

项　目	差　额	贷　方	借　方
一、经常项目	2 017	22 868	20 851
A. 货物和服务	1 883	20 867	18 983
B. 收益	−119	1 446	1 565
C. 经常转移	−253	556	303
二、资本和金融项目	2 211	13 982	17 772
A. 资本项目	54	56	2
B. 金融项目	2 156	13 926	11 770
三、储备资产	−3 878	10	3 888
四、净误差与遗漏	−350	0	305

资料来源：国家外汇管理局网站2011年《中国国际收支报告》。

三、国际收支失衡及调节

（一）国际收支失衡及其原因

1. 国际收支均衡与失衡的涵义

国际收支平衡表中的国际收支永远是平衡的，但这只是满足编制要求的账面平衡。在现实经济生活中，国际收支想要做到收入与支出相等是非常困难的，这是由国际收支平衡表中的各项交易的性质不同所决定的。根据交易的性质不同，国际收支交易可分为自主性交易和调节性交易。

自主性交易是指交易当事人自主地为某项动机而进行的交易，如经常项目中的各项交易。自主性交易是已经发生了的交易，并已列入到了收支表中。调节性交易是指在自主性交易出现缺口或盈余时进行的弥补性交易，如官方储备资产。调节性交易处于从属地位，它只是对其他交易活动的一种反应，本身并无任何动机。

国际收支均衡就是指自主性交易的借贷双方相等，不需要调节性交易来弥补。

相反,如果自主性交易出现顺差或逆差,需要调节性交易加以弥补,则说明国际收支是失衡的。

2. 国际收支失衡的原因

(1) 由于经济周期引起国际收支失衡。每个国家的经济都具有周期性。一般来说,一个周期通常包括经济繁荣、经济衰退、经济萧条以及经济复苏四个阶段。四个阶段中经济特点具有显著差别。每个阶段经济发展对于国际收支都会发生影响,阶段不同,影响不同,因此国际收支也会出现周期性失衡。

(2) 由于经济结构失衡引起国际收支失衡。也就是说生产结构、出口结构和经济结构不相适应时,国际收支出现的失衡。例如,一些国家如果长期依赖传统出口产品,一旦国际环境发生变化,国外对于传统出口产品的需求饱和,这个国家就会因为出口商品结构的过分单一化,导致贸易收支不平衡,从而导致国际收支失衡。

(3) 由于货币性失衡引发国际收支失衡。一国(或地区)出现通货膨胀或者通货紧缩,物价水平就会上涨或者下降从而影响本国进出口,引发国际收支失衡。当物价上涨时,出口产品的生产成本上升,如果汇率不作调整,出口产品的价格竞争力将会下降,导致出口减少,贸易顺差减少,甚至出现贸易逆差,进而导致国际收支的失衡。

(4) 由于国民收入的变化引起国际收支失衡。当一国(或地区)经济增长率高于其他国家(或地区)时,人均收入越高,进口增长越快,进口生产资料增加,个人对消费资料的需求也会增加,由于国内需求大,出口相应减少,形成贸易逆差,导致国际收支的失衡。

(二) 国际收支调节

当出现国际收支失衡时,需要对国际收支进行一定的调节。针对不同类型的国际收支失衡,国际收支调节的手段也有所不同。例如,如果属于由于经济周期引起的国际收支失衡,从动态角度看,周期性的顺差或者逆差可以互相抵消,自求平衡。这个时候就不一定进行调节。如果属于货币性失衡引起的国际收支失衡,就需要采取调整汇率的办法对货币升值或者贬值,来消除货币对内价值和对外价值之间的差别。如果是结构性的失衡,就需要采取调整经济结构的方式。如果是收入性的失衡引起国际收支失衡,则需要提高规模经济效益和加快技术进步,降低出口成本,增强本国商品的竞争力,促进国际收支平衡。需要提出的是,国际收支失衡往往是由多方面因素造成的,因此,解决失衡时,各种手段需要协调配合。此外,在对国际收支进行调节时,还需要考虑国内经济的承受力。国内经济平衡和国际收支平衡有时候会出现矛盾,因此必须通盘综合考虑。

国际收支调节的手段主要包括财政手段、金融手段、直接管制、动用外汇储备以及其他手段等。

1. 财政手段

采取出口退税、免税、进口征税、对进出口企业发放财政补贴等方式,鼓励出口,限制进口,减少贸易逆差或者提高贸易顺差。对资本输出或输入征收平衡税,以限制资本流动。

2. 金融手段

通过调整利率和汇率来调节国际收支。①当国家出现国际收支逆差时,提高本国货币利率,这样有利于吸引外国投资,外资流入会弥补逆差。反之,当国际收支出现持续顺差时,降低本国利率,促进本国对外投资发展,这样本国国际收支顺差就会相应减少。②当国家出现国际收支顺差时,一般本币会被迫升值,结果会导致出口减少或者进口增加。如果出现国际收支逆差,一般会采取贬值的措施,以鼓励出口,抑制进口,从而降低贸易赤字,改善国际收支状况。

3. 直接管制

直接管制包括贸易管制和外汇管制。上述调节手段主要是依赖市场机制发挥作用,一般需要的时间较长,难以在短期内奏效,为了在短期内迅速有效地调节国际收支,一些国家往往会采取一些直接管制的手段。例如采取进口许可证制度和进口配额制度,限制或者禁止进口某些货物,以达到降低贸易逆差的目的。又如对外汇实施管制,对于外汇收支进行审批,限制资本流动。1997年东南亚金融危机时期,马来西亚所采取的外汇管理就属于直接管制手段。这些措施可能会在短期内奏效,但是往往会与国际规则抵触,遭到其他有关国家的反对和报复。

4. 动用外汇储备

国际收支失衡时还可以动用外汇储备予以调节。当出现国际收支顺差时,中央银行在外汇市场买入外汇减轻汇率升值压力,外汇储备增加。当出现国际收支逆差时,中央银行动用外汇储备,在外汇市场抛售外汇,平衡外汇供求,稳定汇率。动用外汇储备调节国际收支,可以使国际收支失衡对国内经济和金融的影响得到缓解。但是这种缓冲手段不能解决长期性国际收支持续失衡问题,特别是在发生货币信心危机,出现大规模资金外流时,更难以奏效。

5. 加强国际经济合作

以上调节国际收支失衡的手段是单就一个国家(或地区)来说的。然而各国的国际收支是联系在一起的,一国的逆差往往是另一国的顺差。为了缓解各国国际收支之间的矛盾,需要加强国际合作。20世纪90年代中后期,从东南亚金融风暴,到拉美的金融危机,再到俄罗斯的金融危机,不少国家都出现了严重的国际收支失衡,在此情况下,国际货币基金组织以及其他国家就通过向上述国家发放贷款的方式,帮助这些国家应付短期内的国际收支失衡。

第三节　汇率制度与外汇管理

一、汇率制度类型及优劣

(一)国际汇率制度安排

目前,世界上对汇率制度的安排主要有三大类:一是固定汇率制度,二是管理浮动汇率制度,三是自由浮动汇率制度。

固定汇率制是货币行政当局将本国货币同他国货币的汇率基本固定,波动幅度限制在较小的范围之内。管理浮动汇率制是货币行政当局通过各种措施和手段干预市场,使汇率向有利于本国的方向浮动,或维持在对本国有利的水平上。自由浮动汇率制是指货币行政当局对外汇市场很少干预,汇率由外汇市场的供求状况自发决定。

新兴市场国家和地区金融危机频频爆发,特别是 1997 年亚洲金融危机的发生,引起了国际社会对汇率制度安排问题的高度重视。国际货币基金组织(IMF)作为国际汇兑事务的主要监管机构,近年来加强了对成员国汇率制度安排的监督和磋商。IMF 在 1997 年和 1999 年分别对基于官方宣称的汇率制度分类方法进行了修正,于 2005 年又作了较小的调整,内容如下:

(1) 无独立法定货币的汇率安排(41 个成员)。主要有美元化汇率安排和货币联盟汇率安排。它是指不发行自己的货币,而是使用他国货币作为本国惟一法定货币,如巴拿马将美元作为法定货币并可以在巴拿马境内自由流通;或者一个货币联盟中,各成员国使用共同的法定货币,如欧元区统一使用欧元。

(2) 货币局安排汇率(7 个成员)。货币局制度,是指将其货币的汇率牢牢钉住另一种货币,例如美元或欧元。货币局制度保证钞票和硬币能以某一固定的汇率完全兑换成被钉住的货币。由于有此保证,货币局制度不能发行超过与其外汇储备等值的钞票和硬币。因此,货币局制度的运作是被动和机械化的。这种制度可防止政府通过印钞票来为其活动融资,能避免因此产生的通货膨胀。它有两项基本原则:一是本国货币汇率钉住一种作为基准的外国货币;二是所发行的货币保证完全以外汇储备作为后盾。

(3) 其他传统的固定钉住安排(42 个成员)。即指将其货币以一固定的汇率钉住某一外国货币或外国货币篮子,汇率波动围绕着中心汇率,上下浮动不超过

1%,一旦超过1%,政府就有义务进行干预,使其控制在1%范围内。如马来西亚。

(4) 水平带内钉住汇率(5个成员)。汇率保持在官方规定的一定区域内波动,波动幅度超过1%。一般是通过货币当局间歇性的一系列较小的贬值来进行汇率调整。如冰岛。

(5) 爬行钉住汇率(5个成员)。爬行钉住汇率制是指对货币平价进行较小的、经常性的调整,扭转一国的国际收支失衡,是将汇率钉住某种平价,但根据一组选定的指标频繁地、小幅度地调整所钉住平价的一种汇率安排。汇率的调整尽可能地接近连续。巴西、阿根廷、智利等国家使用该制度。

(6) 爬行带内浮动汇率(1个成员)。即指货币汇率保持在围绕中心汇率的波动区间内,但该中心汇率以固定的、事先宣布的值,或根据多指标不时地进行调整。如波兰。

(7) 不事先公布干预方式的管理浮动制(52个成员)。即指货币当局在外汇市场进行积极干预以影响汇率,但不事先承诺或宣布汇率的轨迹。如新加坡。

(8) 独立浮动汇率(34个成员)。即指货币汇率由市场决定,货币当局偶尔进行干预,这种干预旨在缓和汇率的波动,防止不适当的波动,而不是设定汇率的水平。如美国、日本。

在以上各种类型中(1)~(3)类属于通常所说的固定汇率制度,(4)~(7)类属于管理浮动汇率制度,第(8)类是自由浮动汇率制度。

(二) 各种汇率制度的优劣

浮动汇率制度比较适合国际经济形势比较动荡的环境,可以发挥汇率杠杆对国际收支的自动调节作用,减少国际经济状况变化和外国经济政策的影响,降低国际游资冲击的风险。其特点是发挥市场修正市场的作用,让市场参与者自己承担风险。但是,汇率的频繁、剧烈波动所带来的不确定性,也会给本国经济发展带来不利影响。而且,在当今世界中,完全自由浮动的汇率制度也是不存在的。如美国政府就经常通过发表市场谈话的形式,"说高"或"说低"美元,以服务于美国的经济利益。

固定汇率制度避免了汇率频繁的剧烈波动,给市场提供了一个明确的价格信号,稳定了预期。固定汇率有利于降低国际市场的交易成本,减弱汇率浮动所带来的风险,有利于对外贸易结算和资本的正常流动。在国际金融史中,有两个以固定汇率为基础的国际货币体系的时期,那时国际贸易、投资以及世界经济的增长都较快。如1870年至1913年的国际金本位货币体系时期以及1948年至1973年的布雷顿森林体系时期。固定汇率制度的特点是发挥政府主导市场的作用,由政府来承担市场变化的风险。但是,市场参与者丧失了风险意识和抵抗风险的能力,并容易诱导短期资本大量流入。在资本大量流入时,往往迫使货币行政当局对货币实行升值或贬值。

介于固定汇率和浮动汇率之间的有管理的浮动汇率制度则兼顾了固定汇率和浮动汇率的优点,汇率由市场供求关系生成,基本上能够克服固定汇率制度的缺陷,使本国保持相对独立的宏观经济政策。同时,当汇率严重偏离经济基本面,给本国带来的不确定性和交易成本上升时,该制度又保留了政府对市场缺陷及时进行纠正的权利,避免了汇率波动过大对实质经济造成损害。但是,这种汇率制度既要固定,又要浮动,在操作中有一定难度。

总之,在国际上既没有适用于所有国家的单一的汇率制度,也没有对各国任何时期都适用的一成不变的汇率制度。各国汇率安排应该随着国际国内经济环境的变化,选择适当的时机进行调整。

二、人民币汇率制度

(一) 1994年的人民币汇率制度安排

1994年以前,我国先后经历了固定汇率制度和双轨汇率制度。1994年汇率并轨以后,我国开始实行以市场供求为基础的、单一的、有管理的浮动汇率制度。企业和个人按规定向银行买卖外汇,银行进入银行间外汇市场进行交易,形成市场汇率。中央银行设定一定的汇率浮动范围,并通过调控市场保持人民币汇率稳定。

1994年1月1日实行人民币官方汇率与外汇调剂价并轨,人民币官方汇率由1993年12月31日的5.80元人民币/美元下浮至1994年1月1日的8.70元人民币/美元。这一新的制度有以下几个特点:①市场汇率。汇率制度将人民币汇率形成的基础放到了市场上,中国人民银行根据银行间市场交易情况公布汇率,外汇指定银行可以在一定浮动范围内制定挂牌汇率,对客户办理结售汇业务。中国人民银行则通过外汇公开市场操作吞吐外汇、平抑供求,以稳定汇率。②单一汇率。境内所有本外币的交易均使用一种汇率,取消了过去的官方汇率供汇和上缴。由于汇率是在全国统一的银行间外汇市场运作中形成的,消除了过去外汇调剂市场条块分割、地区差价,因而全国使用的基准汇率是统一的。虽然各家外汇指定银行都可以根据基准汇率自行制定挂牌汇率,但中国人民银行通过对挂牌汇率浮动幅度的限制和外汇公开市场操作,使各家银行的挂牌汇率基本保持了一致。因此,银行间市场和结售汇市场这两个层次的市场中生成和执行的汇率,全国都是基本一致的。③浮动汇率。1988年我国放开外汇调剂市场汇率,实行官方汇率与调剂市场汇率并存的汇率制度,调剂市场汇率随着外汇市场的供求状况浮动。这为1994年人民币汇率制度改革,实行有管理的浮动汇率制度准备了条件。④有管理的汇率。

中国人民银行通过规定银行挂牌汇率浮动幅度,进入银行间外汇市场吞吐外汇等办法,对汇率波动进行调控,以维护相对稳定的金融环境,支持国民经济的健康发展。

(二) 现行的人民币汇率制度安排

现行的人民币汇率制度是在1994年人民币汇率制度安排的基础上逐步建立发展起来的。1994年的外汇管理体制改革建立了现行人民币汇率制度的基本框架,初步奠定了市场对外汇资源配置的基础性地位。

1997年以前,人民币汇率稳中有升,海内外对人民币的信心不断增强。但此后由于亚洲金融危机爆发,为防止亚洲周边国家和地区货币轮番贬值使危机深化,中国作为一个负责任的大国,主动大幅度收窄了人民币汇率浮动区间,形成了基本上钉住美元的固定汇率制度。此后,随着亚洲金融危机的影响逐步减弱以及中国加入世界贸易组织(WTO),我国经济持续平稳较快发展,经济体制改革不断深化,金融领域改革取得了新的进展,外汇管制进一步放宽,外汇市场建设的深度和广度不断拓展,为完善人民币汇率形成机制创造了条件。

自2005年7月21日起,我国开始实行以市场供求为基础,参考一篮子货币进行调节,有管理的浮动汇率制度。人民币汇率不再钉住单一美元,而是按照我国对外经济发展的实际情况,选择若干种主要货币,赋予相应的权重,组成一个货币篮子。同时,根据国内外经济金融形势,以市场供求为基础,参考一篮子货币计算人民币多边汇率指数的变化,对人民币汇率进行管理和调节,维护人民币汇率在合理均衡水平上的基本稳定。参考一篮子货币表明外币之间的汇率变化会影响人民币汇率,但参考并不等于钉住,它还需要将市场供求关系作为另一重要依据,据此形成有管理的浮动汇率。根据对汇率合理均衡水平的测算,人民币对美元即日升值2%,美元对人民币交易价格调整为1美元兑8.11元人民币。自2007年5月21日起,中国人民银行决定扩大银行间即期外汇市场人民币兑美元汇率浮动幅度,人民币兑美元交易价浮动幅度由0.3%扩大至0.5%,使人民币汇率形成机制更富弹性。

2008年美国次贷危机不断恶化,9月爆发华尔街金融海啸。为减少美国金融危机的冲击,人民币汇率再次钉住美元,2008年下半年以后一直保持着6.8元人民币/美元的汇率水平,结果使中国的汇率政策承受了很大的国际压力。2009年底,随着美国逐步走出金融危机的阴影,欧美开始频频对人民币施加升值压力。2010年3月15日,美国国会130名议员联署,要求奥巴马政府将中国列为操控货币的国家。紧接着"人民币升值先锋"舒默时隔5年之后再次抛出"舒默议案",启动立法程序,威胁对中国采取惩罚性关税措施。中国政府坚持"按照主动性、可控性和渐进性的原则,完善人民币汇率形成机制,保持人民币汇率在合理均衡水平上的基本稳定"。2010年6月19日,中国人民银行宣布重启人民币汇率制度改革,增强人民币汇率弹性。人民币汇率不再紧钉美元,而是重归参考一篮子货币进行调节。

三、外汇管理及我国的外汇管理制度

(一)外汇管理的概述

外汇管理又称外汇管制,是一国政府利用各种法令、规定和措施,对居民外汇买卖的数量和价格加以控制,以平衡国际收支,维持汇率,保持适量的外汇资金。

外汇管制的基本手段有两类:外汇价格管制和外汇数量管制。外汇价格管制包括实行本币定值过高和采用复汇率制。前者指管理当局有意识地实行本币定值过高;后者指管理当局人为规定两个或两个以上的汇率,不同的汇率适用于不同类别的交易项目。外汇数量管制是指对外汇数量统筹统配,包括外汇配给控制和外汇结汇控制。配给控制是指外汇当局主要根据用汇方向的优先等级,对有限的外汇资金在各种用汇方向之间进行分配。其控制办法主要是进口许可证和申请批汇制。结汇控制是指外汇当局强制外汇收入者(主要是出口商)将所获外汇按官价向指定银行全部或部分出售。

实行外汇管制对于短期内缓和国际收支困难,维持汇率稳定往往见效很快,对抑制物价上升,促进产业结构改善也能起到一定的作用。对发展中国家来说,外汇管制措施几乎是必不可少的。但是外汇管制也存在着一些弊端,主要表现在:①本币的过高定值并实施人为支撑,必然形成外汇黑市,扰乱外汇市场,导致资源配置扭曲;②无助于外汇失衡的消除和国际收支问题的根本解决,除非配套采取其他改善经济结构的政策措施;③加大行政费用,助长官僚主义和贿赂之风。

外汇管制始于第一次世界大战期间。国际货币基金组织成立后,敦促各会员国取消外汇管制,恢复货币的可兑换性。20世纪60年代以后,主要工业国家先后取消本国的外汇管制。发展中国家仍实行严格程度不一的外汇管制,但也加快了取消的步伐。

(二)1994年建立的外汇管理体制

我国市场经济条件下的外汇管理体制是在1994年外汇管理体制改革的基础上逐步建立起来的。对外汇的监管框架是"严格区分资本项目和经常项目,逐步放松对经常项目的审批,对资本项目下的结售汇仍实行严格管理"。主要体现在进出口收付汇核销系统、资本项目事先审批制、对银行的结售汇和外汇业务执法监督、外汇(债)统计(监测)系统和国际收支统计申报监管系统等五个方面。下面分别从经常项目和资本项目的角度分析我国当时的外汇管理。

1. 经常项目下的外汇管理

经常项目指的是国际收支中经常发生的交易项目,包括贸易收支、劳务及服务收支、经常转移等。我国习惯上将后两者称为非贸易收支。

(1) 外汇收入结汇制

境内所有企事业单位、机关和社会团体的各类外汇收入必须及时调回境内。属于下列范围内的外汇收入,均须按银行挂牌汇率,全部结售给外汇指定银行:①出口或转口货物及其他交易行为取得的外汇;②交通、运输、邮电、旅游、保险等行业提供服务和政府机构往来取得的外汇;③银行经营外汇业务应上缴的外汇净收入,境外劳务承包和境外投资应调回境内的外汇利润;④外汇管理部门规定的其他应结售的外汇。

下列范围内的外汇收入,允许在外汇指定银行开立现汇账户:①境外法人或自然人作为投资汇入的外汇;②境外借款和发行债券、股票取得的外汇;③劳务承包公司境外工程合同期内调入境内的工程往来款项;④经批准具有特定用途的捐赠外汇;⑤外国驻华使领馆、国际组织及其他境外法人驻华机构的外汇;⑥个人所有的外汇。允许开立现汇账户范围以外的现汇存款,在实行结汇制后,可继续保留原有现汇账户,只许支用,不许存入,用完为止。账户内余额允许用于经常项目支付、偿还外汇债务或向银行结售。

(2) 银行售汇制

对于经常项目下的外汇支付,国内单位(包括外商投资企业)可以凭真实有效的单据向指定的银行以市场汇率购买外汇,或从它们的外汇账户支付。这些单据是:①实行配额或进口控制的货物进口,持有关部门颁发的配额、许可证或进口证明以及相应的进口合同;②实行自动登记制的货物进口,持登记证明和相应的进口合同;③除上述两项以外,其他符合国家进口管理规定的货物进口,持进口合同和境外金融机构的支付通知书;④非贸易项下的经营性支付,持支付协议或合同和境外金融、非金融机构的支付通知书。非经营性支付购汇或购提现钞,按财务和外汇管理有关规定办理。对向境外投资、贷款、捐赠的汇出,实行审批制度。对于预付款、佣金等超过限额的部分,只要符合外汇管理局的规定,也可以向银行购买外汇。

(3) 居民因私用汇、外汇进出境、外币计价结算管理

个人用汇可以凭有效的单据直接向银行购买(在特定的限额内)。对于超过限额的部分,个人只要证明超额部分确属必要,也可以向银行购买。个人携带外汇进出境,应当向海关办理申报手续,携带外汇出境,超过规定限额的,应当向海关出具有效凭证。个人移居境外以后,其境内资产产生的收益可以持规定的证明材料和有效凭证向外汇指定银行购汇、汇出或者携带出境。居住在境内的中国公民持有

外币支付凭证、外币有价证券等形式的外汇资产,未经外汇管理机关批准,不得携带或者邮寄出境。

(4) 外国驻华机构及人员的外汇管制

外国驻华机构和来华人员的合法人民币收入,需要汇出境外的,可以持有关证明材料和凭证到外汇指定银行兑付。①外国驻华使、领馆的合法收入,如签证费等收入,凭有关凭证和证明,可直接到中国银行办理兑换。②国际组织机构、民间机构、企业代表机构以及外国航空公司在我境内的机票代售点等,有人民币收入的,须在当地外汇指定银行开立人民币专户,凭有关凭证和证明文件从该人民币账户中兑付。③应聘在我国境内工作的外籍专家、学者以及工程技术人员、企业职工等的工资收入和其他合法收入,亦可按规定兑付成外汇。

2. 资本项目下的外汇管理

通常所说的资本项目下的外汇管理是指对国际收支平衡表中资本和金融账户及其相关的项目所进行的外汇管理。根据国际货币基金组织《国际收支手册》(第五版)的分类,资本和金融项目交易,指的是资本项目项下的资本转移、非生产非金融资产交易以及其他所有引起经济体对外资产和负债发生变化的金融项目。这里,资本转移是指涉及固定资产所有权的变更及债权债务的减免等导致交易一方或双方资产存量发生变化的转移项目,主要包括固定资产转移、债务减免、移民转移和投资捐赠等。非生产非金融资产交易是指非生产性有形资产(土地和地下资产)和无形资产(专利、版权、商标和经销权等)的收买与放弃。

中国资本项目外汇管理主要采取两种形式:一是对跨境资本交易行为本身进行管制,主要由国家规划部门(如国家改革与发展委员会)和行业主管部门(如中国人民银行、证监会、商务部)负责实施;二是在汇兑环节对跨境资本交易进行管制,由国家外汇管理局负责实施。

(1) 资本项目交易环节

对金融市场准入的限制包括:允许外国投资者在境内购买B股和中国境内机构在境外上市的证券,限制居民到境外出售、发行、购买资本和货币市场工具,不允许境外外国投资者在境内出售、发行股票、证券及货币市场工具,不允许外国投资者直接购买A股和其他人民币债券以及货币市场工具。

对外借贷款(包括对外担保)的限制包括:允许外商投资企业自行筹借长短期外债;境内其他机构对外借款有限制,如首先要取得借款主体资格,然后是要有借款指标,并要经外汇管理部门的金融条件审批;境内金融机构经批准后才可以遵照外汇资产负债比例管理规定对外放贷;一般情况下,境内工商企业不可以对外放贷,但可以经批准提供对外担保。

对直接投资(包括不动产投资)的限制包括:对外商在华直接投资限制不多,主要是产业政策上的指导;境内机构对外直接投资有一定限制,如国有企业对外直接投资要经有关部门审批等。

(2) 资本项目汇兑环节

允许境内机构开立外汇账户保留资本项目下的外汇收入,国家不强制要求其结汇。如外商投资企业可以申请开立外汇账户,用于其资本金的收支。

对于境内机构在境内进行资本项目下本外币转换,目前我国实行实需交易原则,境内机构只要提供真实的交易背景或需求后,汇兑基本没有限制,可以申请结汇,也可以申请购汇。例如,境内机构借用外债后需要转换为人民币使用,只要其提供真实交易背景,其结汇是允许的。境内机构偿还外债需要购汇,我国的法规同样允许。当然,借用外债后要进行登记,这是外债还本付息的前提条件。

尽管整体上我国属于资本项目严格管制的国家,但也应看到,我国已有相当部分的资本项目事实上已经不存在管制。没有开放的主要有两个方面:一是中国企业直接向外举债和把人民币兑换成外汇进行对外投资,二是外币投向中国本币证券市场。

(三) 我国外汇管理体制的改革与完善

2001年底,我国加入了世界贸易组织,推动了我国外汇管理体制的进一步改革。这一阶段我国外汇管理体制改革做出了以下思路调整:一是转变长期以来形成的外汇流入越多越好的观念,加强对外汇流入的监测与管理;二是转变外汇流出越少越好的观念,逐步建立正常的、合理的、可控的流出机制;三是进一步树立市场机制观念,用符合市场经济运行规律的方法和手段实现外汇管理的目标。

1. 进一步改进了经常项目外汇管理

一是进一步改革外汇账户限额管理。2006年,将过去按不同业务分别设定不同比例的外汇账户限额,统一调整为按上年度经常项目外汇收入的80%与经常项目外汇支出的50%之和确定;2007年8月,取消了经常项目外汇账户限额管理,境内机构可根据自身经营需要,自行保留其经常项目外汇收入,以此为标志,我国自1994年沿袭13年的强制结汇制度,被意愿结汇制度所取代。二是加强和改进对经常项目外汇收支进行真实性审核,严格监控多收汇企业的货物贸易外汇收支行为。三是进一步简化了进出口核销管理,加大了贸易便利化程度。自2012年8月1日起,取消出口收汇核销单,企业不再办理出口收汇核销手续,对企业的贸易外汇管理方式由现场逐笔核销改变为非现场总量核查。

2. 完善并适度放松了资本项目外汇管制

首先,有选择、分步骤地开放证券投资,拓宽资金流出流入渠道。2002年我国推出了合格境外机构投资者(QFII)制度,允许合格境外投资机构投资于境内证券市场上包括股票、债券和基金等人民币标价的金融工具；2007年6月推出合格境内机构投资者境外证券投资制度（QDII）。其次,陆续出台了一系列放松资本流出的管制措施。如简化境内机构境外直接投资的各种手续,放宽购汇限制,放宽境内金融机构境外证券投资和代客理财等限制,实施"走出去"战略,成立国家投资公司,实行境内个人对外证券投资试点等。第三,对短期资本流动,尤其是"热钱"投机活动进行抑制。如加强外资对房地产业投资的审批和监管、大幅度核减中外资银行和非银行金融机构的短期外债余额指标等。

3. 进一步完善外汇市场运行管理

在市场主体方面,银行间外汇市场会员扩大到非银行金融机构和大型非金融企业。对外汇指定银行结售汇周转头寸的涵盖范围扩展为外汇指定银行持有的因人民币与外币间交易而形成的外汇头寸,并实行结售汇头寸综合管理。交易方式由竞价方式增加到竞价方式和询价方式并用。此外,通过以下方面的改革,外汇市场效率得以提高：降低交易手续费,引入做市商制度,改变标准交割时间,与国际接轨,延长交易时间,采用远期交易/掉期交易主协议的做法、统一内外资银行远期结售汇业务准入标准和结售汇限额核定标准、远期结售汇定价由一价变为多价。

本章主要名词

直接标价法　间接标价法　美元标价法　汇率　国际收支　外汇管理　固定汇率制　管理浮动汇率制　自由浮动汇率制

复习思考题

1. 什么是外汇？其基本形式有哪些？
2. 简述外汇的作用。
3. 什么是直接标价法和间接标价法？人民币汇率采用的是何种标价法？
4. 影响汇率变化的因素有哪些？汇率下浮对一国经济会产生怎样的影响？
5. 什么是国际收支？简述国际收支平衡表的构成项目及其内涵。
6. 国际收支失衡类型有哪些？如何对国际收支失衡加以调节？
7. 国际上汇率制度安排有哪些类型？并阐述其优缺点。
8. 试述市场经济条件下人民币汇率制度的历史与现状。
9. 什么是外汇管理？试述我国的外汇管理体制。

第十五章 财政金融与宏观调控

内容提要与学习要求

本章在介绍国民经济运行框架与政府宏观调控体系的基础上,阐述了财政与金融调控在宏观调控中的主导地位。财政调控与金融调控主要依赖于财政政策和货币政策。由于财政政策和货币政策在宏观调控中的功能差异,决定了财政政策和货币政策必须在调节范围、手段及侧重面上协调配合。通过本章学习,要求了解宏观经济运行框架与政府的宏观调控体系,掌握财政调控与货币调控的主要手段、机制,财政政策与货币政策的类型、特点以及相互配合发挥作用的效应。

第一节 国民经济运行与宏观调控

一、国民经济运行框架

现代国民经济体系是一个开放的循环运行系统,图15-1是对国民经济运行的高度抽象和概括。在国民经济运行的宏观框架中,参与经济活动的主体被分为三大部门:厂商、家庭和政府。厂商部门是指从家庭获得要素,并提供私人产品给家庭部门的所有企业的集合体;家庭部门是指给厂商提供要素,并从厂商部门获得私人产品的无数家庭的集合体;而作为公共部门的政府则以弥补市场机制缺陷的宏观经济调控者的身份干预经济活动,履行经济管理职能。不管是企业、个人还是政府的经济活动,都借助市场来实现各自的利益和目的。这些市场主要包括劳动力(要素)市场、产品市场、金融市场和国际市场,每种市场都有不同的功能。现代市场经济就是靠市场这只无形的手和政府这只有形的手共同作用,确保国民经济能够在动态的平衡中有序、高效地运行。

二、国民经济宏观调控体系

(一) 宏观调控的含义与必要性

宏观调控是指政府从国民经济全局利益出发，对客观经济运行过程进行自觉的调节与控制，以避免和克服经济运行过程中的自发性和盲目性，保证宏观经济运行目标的有效实现。

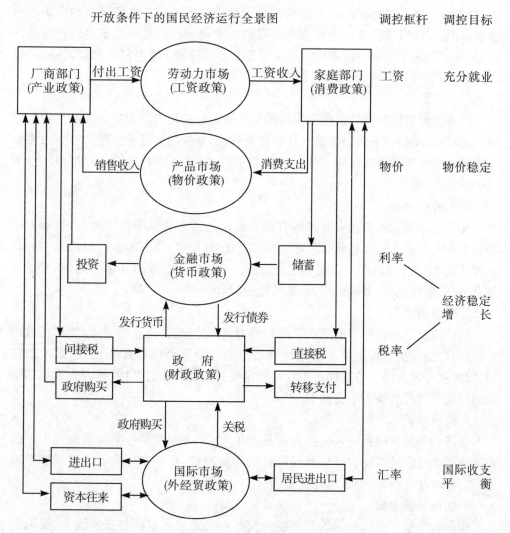

图 15-1　国民经济运行与政府宏观调控体系图示

尽管市场机制在经济运行中发挥着资源配置的基础性作用,但市场机制的有效运作,需要一些宏观的、社会性的条件来保障,这些条件市场本身难以创造,必须由政府来提供。政府对市场有效运作的作用具体表现在:建立健全各种市场规则,反对不正当竞争和各种破坏市场秩序的行为,通过法律来保护经济主体的产权;通过宏观经济政策适时调节社会供求总量和结构,熨平经济周期,为市场调节创造正常的宏观环境;在出现公共产品、垄断、外部性和分配不公等市场失灵时,政府通过法律、行政和经济等手段来弥补市场的缺陷;在市场调节和宏观目标发生矛盾时,通过财政、金融等经济手段和直接的行政干预等措施来校正市场调节的后果。这也显示出,现代市场经济的运行离不开政府的宏观调控。政府为了实现宏观经济目标,就必须运用经济手段和法律手段以及必要的行政手段对经济加以调控。

(二) 宏观调控的目标

实施宏观调控的目的就在于维持国民经济运行的均衡。宏观调控的目标并非单一的目标,而是一个目标体系。从总体上看,宏观调控的目标是保持社会总需求与总供给的总量平衡和结构平衡。从局部来看,宏观调控的目标主要集中在以下四个方面:

1. 充分就业

充分就业是指非自愿失业者都有机会以自己愿意的报酬参加生产,劳动力市场处于均衡状态。但充分就业并不意味着失业率为零,西方国家一般认为将失业率维持在 4%～5% 就算是实现了充分就业。引起失业的原因是多重的,如劳动力需求不足、结构失调、摩擦性原因、季节性原因等。

2. 物价稳定

物价稳定是指保持物价总水平在短期内没有明显的、剧烈的波动,物价指数相对稳定,产品市场呈现出均衡稳定的状态。通常消费价格指数(CPI)涨幅控制在 3% 以内就可视为物价基本稳定。物价稳定成为宏观调控的目标,是因为通货膨胀或通货紧缩对经济均有不良影响。

3. 经济增长

经济增长是指国民收入的扩大或总产出增长,即一国在一定时期内所生产的商品和劳务总量的增加。经济要保持持续均衡增长,在平抑和消除经济周期波动的同时,实现国民经济的长期稳定发展。

4. 国际收支平衡

国际收支平衡是指一国的对外经济交易中经常项目差额与资本流出、流入差额之和为零的状态。国际收支对现代开放型的经济国家至关重要,国际收支状况不仅反映了一国的对外经济交往情况,而且还反映了该国经济的稳定程度。当一国国际收支处于失衡状态时,就必然会对国内经济形成冲击,从而影响该国国内就业和物价水平以及经济增长。

(三)宏观调控的手段

国家宏观调控手段通常由经济手段、法律手段、行政手段和规划手段构成。

1. 经济手段

经济手段是国家通过调整不同经济主体的物质利益关系来引导和调节经济运行的各种措施。其实质是利用价值形式来衡量、影响各经济主体的经济利益,从而调整规范各利益主体的经济行为,使之符合社会经济运行的总体目标。主要包括工资、价格、税率、利率、汇率等经济杠杆,以及产业政策、收入分配政策、消费政策、物价政策、货币政策、财政政策、外经贸政策等。

2. 法律手段

法律手段是国家通过立法和司法来调节社会经济活动的强制性手段,包括一系列法律、法令、条例和规章等。法律手段通过对经济活动的参与者规定活动的基本框架和行为准则,为正常的生产经营活动提供无差别的保护和有序的外部条件,纠正和惩罚各种违法违纪行为。它是宏观经济调控的重要保证,与其他手段相比,具有很强的权威性、强制性、规范性和稳定性。

3. 行政手段

行政手段是国家经济管理机关凭借政权力量,通过行政命令、制度、工作条例及行政程序直接对经济运行加以调控的手段。市场经济条件下,行政手段调控范围大大缩小,仅在特定环境、一定范围内加以运用。

4. 规划手段

规划手段是国家经济决策的主要体现,是国家规划部门通过规定经济发展的方向、目标与速度,确定重大比例关系,调整经济结构以及收入的分配来影响宏观经济运行的手段。在市场经济条件下,规划目标主要是借助经济政策和经济杠杆来影响各经济主体的行为加以实现的。

三、财政金融调控在宏观调控体系中的主导地位

作为宏观调控的手段,财政金融调控在国民经济宏观调控体系中占主导地位,这是由以下几方面因素决定的:

(一)经济手段在宏观调控体系中占主导地位

在市场经济条件下,社会经济发展运行的诸多方面都是通过利益机制影响经济主体的行为,使经济手段成为国家宏观经济调控的主要手段。虽然法律手段具

有很强的权威性,但在根本上也只是为了保障经济手段的更好实施。尽管行政手段的恰当运用对于实施宏观经济调控仍是必要的,但行政手段的行使只能局限于一些特定的领域和特殊的情况,政府过多的行政干预只会阻碍社会经济的正常发展。至于具有指导性的规划手段,其对经济的调控又多是借助于经济手段来完成的。所以,发展社会主义市场经济,国家对国民经济运行的宏观调控必须主要仰仗经济手段。

(二)财政与金融在宏观调控诸经济手段中占主导地位

财政与金融制约和影响着其他经济手段调控功能的发挥。财政作为国民收入分配的总枢纽,银行作为社会资金周转运动的中枢,在影响各经济主体物质利益、诱导各经济主体经济行为方面起着决定性作用。国家可通过对利率的调节,影响货币流量,求得社会供求总量平衡;通过运用税收杠杆,对经济总量平衡和结构调整起重要的制约作用。

(三)财政金融手段在调控中兼具经济、法律、行政、规划的调节功能

从法律手段看,预算法、税法、投资法、银行法、保险法、证券法等财政金融法规都是国家法律的重要组成部分。在市场经济环境下,这些法律法规对于规范、引导和约束各经济主体的经济行为,维持经济秩序,协调处理国家、企业、个人三方利益关系,无疑比其他经济手段更具效力。在经济运行严重失调时,行政手段能迅速扭转和控制局势,但行政手段又常常借助于重要的经济管理部门(如财政部与中央银行)来制定下达有关财政与金融方面的方针、政策、规章、制度与条例等,以促进国民经济又好又快地发展。从规划手段看,国民经济和社会发展规划的编制与执行,对于引导社会资金流向、促进经济结构调整、平衡财政收支起着重要作用。

第二节 财政调控

一、财政的地位和作用

现代意义的财政,就是公共财政,它是以国家为主体,通过政府税收、预算等活动,用于履行政府职能和满足社会公共需要的经济活动。

财政在整个国民经济运行中具有重要地位。因为全社会的最终需求有不同性质的两类:一类是食品、衣物等个人消费品以及企业生产经营所需要的生产资料,通称私人物品或服务;另一类是行政管理、国家安全、环保等公共物品或服务。由于私人物品或服务的获得具有排他性和竞争性,其交易活动要求双方利益边界清

楚,通过市场实现;而公共物品或服务的需要和消费是公共的和集合的,市场对这些物品的提供是失效的,只能由政府通过财政的物质支撑加以满足。因此,市场经济条件下,市场和政府有着内在的联系和明确的分工。市场对资源配置起基础性作用,但它不是满足人们需要的惟一系统;另一个保证社会经济正常运行的系统是政府。政府主要通过财政,以有别于市场的方式来满足市场不能或不宜提供的各类需要,弥补市场缺陷,实现公平与效率兼顾的目标。

财政发挥着市场不可替代的关键作用。其主要作用有:一是为国家履行职能提供经济基础,并为国家通过直接配置公共资源来间接引导全社会资源的市场配置创造前提条件;二是财政政策与货币政策、收入政策、产业政策等一起构成国家宏观调控的重要政策手段;三是财政具有再分配功能,是国家调节收入分配的重要工具。

二、财政调控的手段

从财政的功能来看,财政调控的范围很广,既有总量调控,又有结构调整;既包括对财政收入的组织,又包括对财政支出的规范。随着改革的逐步深化,财政调控方式也日臻完善,直接调控、间接调控和法律规范相结合的调控格局基本形成,国民经济运行逐步走上规范化、法制化和市场化与必要的行政管理相结合的稳步发展轨道。财政调控的手段主要有:国家预算、税收、财政支出和国债等。

(一) 国家预算

国家预算是财政政策的主要手段。作为年度财政收支计划的国家预算的编制审批过程,就是财政参与宏观经济决策、贯彻社会经济发展目标的过程。国家预算一经法定程序批准,预算的收支数字和目标就反映着国家的施政方针和社会经济政策,制约着政府的活动范围和方向。国家预算从三个方面发挥对宏观经济的调节作用。

1. 通过预算收支规模调节社会总供给与总需求的平衡关系

由于财政收支的过程实质上是把一部分社会产品集中到国家手中再分配出去的过程,因而预算总支出的规模增减变化及其平衡状况,必然直接、间接地影响各经济主体的经济利益关系,影响社会总需求与总供给的平衡关系。

2. 通过预算支出结构的变动来调节国民经济结构

这种调节作用是通过财政支出项目间原有存量的增减变动和财政支出项目间支出增量的不同变动幅度来实现的,并且预算支出结构的调整变动相对于其他经济政策手段来说,对经济结构的调节作用更直接、迅速。

3. 通过预算工具本身的设计与编制方式影响财政政策效应,进而影响国民经济活动

预算形式是采取单式预算制度还是复式预算制度,预算支出采取什么样的科学分类,预算平衡采取什么样的平衡方式和计算口径等都会影响财政政策效应,影响国民经济活动。

(二) 税收

税收是国家为实现其职能需要,凭借其政治权力,按照预定标准,无偿地取得的一种强制性的财政收入,也是国家进行宏观调控的工具之一。其调节作用的实现形式主要是确定税率、分配税负以及税收优惠和惩罚。

税收收入是财政收入的主要来源,税率是衡量财力集中与分散程度的重要指标。税率高,政府集中掌握的财力或动员资源的能力就高,反之则低。而政府动员资源能力如何,对于宏观经济运行影响较大。一般说来,提高税率,意味着政府部门收入增加,民间部门收入下降,民间经济相应收缩。税负分配有两个层次:一方面由政府部门通过税种和税率选择来实现,另一方面由市场通过税负转嫁来体现。

税收对经济的调节作用主要有:一是影响社会总供求。这种影响因税种不同而不同。流转税的征税效应侧重于总供给,提高流转税率可以限制供给;反之会增加供给。所得税的征税效应侧重于总需求。政府可以根据税收的自动稳定器作用,制定增减税措施,减缓经济波动。二是通过调整税率影响产业结构,限制或促进某些产业发展。三是通过征收累进所得税和社会保险税等有效调节收入分配,维护社会稳定,实现社会公平。

(三) 财政支出

财政支出是政府为履行其职能,将由其集中掌握的社会资源(或资金)按照一定的原则进行分配,用于满足各种社会公共需要的过程,是宏观经济调控工具之一。财政支出主要包括政府投资和财政补贴两方面内容。

政府投资是指财政用于资本项目的建设支出,它最终将形成各种类型的固定资产。在市场经济条件下,政府投资的对象主要指那些具有自然垄断特征、外部效应明显、产业关联程度高、具有示范和诱导作用的基础性产业、公共设施以及新兴的高科技主导产业。政府投资能力与投资方向对经济结构的调整起关键性作用。考虑到国民经济基础产业的"瓶颈"制约现状,政府投资所产生的经济效应,就不仅仅局限于自身的投资收益,作为一种诱发性投资,它可将"基础瓶颈"制约所压抑的民间部门的生产潜力释放出来,并使国民收入的创造达到一个较高的水平,这就是政府投资在"基础瓶颈"条件下产生的"乘数效应"。

转移性支出又称财政补贴,是财政配合价格政策、工资政策等调节生产与消费、稳定经济与社会生活的一个重要政策手段。其调节作用可由生产补贴和消费补贴分别体现出来:①财政对消费补贴的效应主要是影响需求,同时某些定向性消费补贴,对需求结构也有一定的调节作用。②财政对生产补贴的效应主要是影响供给,促进国家重点扶持的行业和产品的发展,从而增加产品的供给并改善供给的结构。应当注意,适当运用财政补贴,无疑对经济的发展和稳定有积极作用,但如果补贴过多过滥,不仅会使财政背上一个沉重的包袱,而且会影响社会供求关系,不能保证宏观经济目标的实现。

(四)国债

国债是中央政府通过中央财政,按照信用原则,以债务人身份在国内外发行债券或向外国政府和银行借款所形成的债务。国债以国家信誉为担保,比其他信用形式可靠和稳定,因而又称其为"金边债券"。国债政策是国家根据宏观经济发展要求,通过制定相关政策对国债发行、流通等过程实施有效管理,实现对宏观经济有效调控的目的。国债产生的主要动因是弥补财政赤字。但随着社会经济的不断发展、信用制度的日臻完善,国债政策已经成为一项较为成熟的财政政策工具,在平衡财政收支、调节经济运行和影响货币政策等方面发挥着日益重要的作用。

1. 国债的平衡和收入效应

国债发行集中部分社会暂时闲置资金,意味着政府集中支配财力的增加,其实质是国家对地区生产总值(GDP)的再分配,反映国家对社会资源的重新配置。当年度财政出现赤字时,用发行国债方式,即债务融资方法予以弥补,可以平衡财政收支,调剂国库资金周转,保持财政正常运转,这也就是政府平衡社会总供求关系的过程。由于国债资金使用在前,债务偿还在后,主要依靠未来增加税收方式偿还,而国债持有人有权到期收回本息,由此产生了国债持有人与一般纳税人之间收入转移问题,以及国债收入和负担的"代际"(即不同代人之间的国债负担)问题,形成国债的收入效应。

2. 国债对宏观经济运行的导向效应

这种导向作用是通过调整债务融资规模、改变债务资金投入方向实现的。国债资金投入方向的调整,反映政府对社会经济结构的政策取向不同。国债资金用于建设性支出,可以改变积累与消费的比例关系,特别是用于公共事业性支出,会直接形成社会有效需求。在经济过热或通货膨胀时,通过发行国债回笼货币资金,可以减少对市场的冲击,抑制通货膨胀;在经济出现紧缩趋势或社会有效需求不足时,适量增发国债,可以加大政府投资力度,带动民间投资,促进经济增长。

3. 国债的货币效应和挤出效应

通过国债政策选择,引导货币供求变动,可以调节民间投资或消费。如增发国债,可以使部分"潜在货币"变为流通中货币,带动社会总需求的扩大,增加即期投资和消费;如果处理不当,有可能对民间投资形成某种的"挤出效应"。

此外,中央银行通过买卖国债的公开市场业务操作,吞吐基础货币,调节货币供应量,为货币政策服务,国债又成为连接财政和货币两大政策手段的桥梁。

三、财政政策

在市场经济体制下财政政策和货币政策的作用既有区别,又密不可分。与货币政策相比,财政政策以体现政府意志为基本特征,在经济结构调整中具有比较优势。

(一)财政政策的内涵及构成要素

财政政策通常指一国政府根据经济发展的要求,为达到一定的目标而制定的指导财政工作的基本方针、准则和措施。财政政策贯穿于财政工作全过程,由税收、支出、预算和国债等具体政策构成完整的政策体系,是国家经济政策的重要组成部分。

财政政策构成要素一般包括政策目标、政策主体和政策工具三方面。

1. 财政政策目标

财政政策目标是财政政策实施所要达到的期望值。财政政策目标是多元的,而非单一的,它构成财政政策的核心内容。现代财政政策的基本目标一般包括整个宏观经济调控的目标体系,如充分就业、物价稳定、经济增长、公平分配等。受社会、政治、经济、文化等因素的制约和影响,在不同国家、同一国家的不同发展阶段,目标选择及其侧重点不尽相同。

2. 财政政策主体

财政政策主体就是财政政策的制定者和执行者。政策主体的行为是否规范,对政策功能的发挥和政策效应的大小具有重要影响。

3. 财政政策工具

财政政策工具是财政政策主体所选择的用以达到政策目标的手段和方法。主要包括税收、公债、公共支出、财政贴息等。

(二)财政政策功能

1. 导向功能

通过财政政策的选择,调整物质利益,进而对企业和个人以及国民经济的发展方向发挥引导作用。财政政策的导向作用主要有直接导向和间接导向两种形式,前者是对调节对象直接发挥作用,后者是对调节对象间接产生影响。

2. 协调功能

协调功能是指财政对社会经济发展过程中地区间、行业间、部门间、阶层间出现的利益关系失衡状态的制约和调节能力。财政政策的协调功能，首先源于财政本身的调节职能，通过财政收支活动，改变 GDP（地区生产总值）分配格局，调整社会分配关系。其次，全面性、配套性的财政政策体系为财政协调功能的实现提供了可能性。税收、预算、国债和支出等各项具体财政政策的相互配合和补充，可以从不同侧面协调人们的物质利益关系，发挥政策的整体效应。

3. 控制功能

政府通过调节经济主体的经济行为，实现对宏观经济的有效控制。如对个人所得实行超额累进税，防止收入分配的两极分化。

4. 稳定功能

政府通过调节总支出水平，使货币支出大体等同于产出，实现国民经济的稳定发展。财政的稳定功能主要体现为熨平经济周期。一方面通过财政的内在稳定功能自动发挥作用，一方面通过主动调整财政政策实现。

（三）财政政策的种类

按照政策功能不同，财政政策可分为扩张性财政政策、紧缩性财政政策和中性财政政策。

1. 扩张性财政政策

扩张性财政政策也称为膨胀性财政政策、宽松或积极的财政政策。它是指通过财政分配活动来增加和刺激社会总需求，通常用于总需求过度萎缩时期。实行扩张性的财政政策主要是通过减税、增支进而扩大财政赤字的方式增加和刺激社会总需求，所以，扩张性财政政策也称赤字财政政策。当经济衰退、失业增加、资源闲置、需求不足、经济不能正常运行与发展时，政府可以采取增加支出、减少税收等措施以扩大需求，减少失业，使供需不平的差距缩小以至消失。增加支出包括扩大政府购买、增加对公共工程的投资、增加转移支付等，这不仅可以增加政府本身的需求，而且还会带来工资和利润的增加，刺激私人的消费和投资需求。减少税收的措施主要包括提高起征点、减少税种、降低税率等，如此可增加私人的购买力需求，刺激私人的投资需求，进而扩大社会总需求。但当供求关系大体相等时扩张性财政政策容易导致需求过旺而供给相对不足；当供不应求时，实行扩张性财政政策会导致供求差距进一步扩大。

2. 紧缩性财政政策

紧缩性财政政策也称为盈余性财政政策、紧的财政政策，是指主要通过增税、减支进而压缩赤字或增加盈余的财政分配方式减少和抑制总需求。其典型的做法是增加税收、压缩政府开支。紧缩性财政政策适用于经济发展过热、总需求膨胀情况下,此时资源利用比较充分,供给不足制约经济的正常运行与发展。这时财政实行盈余预算可以抑制政府开支规模,从而抑制总需求,因为财政有盈余则意味着政府部分购买力没有实现,需求总量下降。而要实现盈余预算必须从增收和节支两个方面同时入手。一方面通过增加税种、提高税率、降低或取消起征点等,减少私人的投资和消费需求;另一方面通过减少政府购买、压缩政府对公共工程的投资、减少转移支付等抑制政府公共需求。之所以增收与节支同时并举,是为了防止增收又增支而抵消了增收压缩需求的效应,增收和节支并举也是为了防止节支的同时减收而不利于抑制私人需求。但在总供求大抵平衡时,实行压缩总需求的财政政策会导致需求不足,供给过剩;当总需求不足时,紧缩性财政政策会使供求差距进一步扩大,不平衡现象更严重。

需要说明的是,扩张性财政政策的减税和增支,尤其是减税往往也会带来供给过多,从而进一步拉大供求缺口;紧缩性财政政策的增税和减支措施也会有减少供给的作用,从而在抑制需求的同时也会抑制供给。为了避免这种对供求关系的矛盾影响,主要可通过选择具体的政策手段来达到调控的目的。

3. 中性财政政策

中性财政政策也称为平衡性财政政策,指财政的分配活动对社会总需求的影响保持中性,既不产生扩张效应,也不产生紧缩效应。这是在总供求大体相等时采取的财政政策。要求财政支出安排必须以收定支、量力而行,既不允许财政有大量节余,也不允许有大量赤字。

(四)财政政策的作用机制

1. 自动稳定器

现代财政制度有其内在的自动稳定作用。自动稳定器是指:当有关的财政税收和支出政策以法律的形式确立后,它无须借助外力就能自动在一定程度上稳定和调节经济,产生调控效果,实现财政政策的目标。这种自动稳定性主要表现在:①税收的自动稳定性。税收的稳定性缘于经济活动和收入水平对税率反映的敏锐性。在预算平衡和税率不变、而经济活动出现不景气时,国民生产总额相应减少,税收收入自动下降,如果这时政府的预算支出保持不变,预算自然会产生赤字,这种赤字会自动产生一种力量,以抑制国民生产的继续下降。②财政支出的自动稳定性。在经济处于低谷时,会有一批失业者向政府申领失业救济金,财政支出会自动增加,以抑制社会总需求下降更多;反之,在经济繁荣时,就业较为充分,财政救济性支出会相应减少或停止,以抑制总需求过旺。

2. 相机抉择的财政政策

财政政策的相机抉择作用机制是指某些财政政策本身没有自动稳定性,需要借助外力才能对经济产生调节作用。这种政策一般是政府根据当时的经济形势相机采取的财政措施,是一种政府利用国家财力有意识地干预经济运行,以消除通货膨胀或通货紧缩的行为,主要包括汲水政策和补偿政策两种形式。汲水政策是在经济低迷时,由政府安排一定的财政投资刺激经济景气的办法。补偿政策又称周期性平衡财政政策,是指财政的平衡不以财政年度而以经济周期为目标,用繁荣时期的财政盈余补偿衰退时期的财政赤字,减少经济的周期性波动。

第三节 金融调控

一、金融的地位和作用

金融是指资金的融通,一般说是与货币流通和银行信用有关的一切活动。"金融是现代经济的核心",这一精辟的论述深刻地揭示了金融在现代经济生活中的重要地位。

金融在现代经济中的作用主要表现在以下四个方面:

1. 发挥信用中介作用,为生产经营和建设筹集和提供资金

通过吸收存款和发放贷款,将零星、分散、闲置的资金集中起来,变成稳定、集结、长期的资金来源,再通过借贷、投资等方式投入到需要资金的部门和企业,或通过承销企业或政府债券的方式直接筹资,调剂资金余缺。

2. 承担资金收付结算职能,使社会再生产得以顺利进行

通过资金收付和转账结算,促使企业内部的产、供、销连成一体,并沟通生产、分配、交换、消费等各个环节,为社会再生产顺利进行创造必要条件。

3. 反映经济运行信息,为经济决策提供重要依据

通过各类金融指标综合反映企业、产业和整个国民经济运行的情况,以便对经济运行进行更有效的监测,对经济发展趋势做出更准确的判断,为制定宏观调控政策提供依据。

4. 调控宏观经济运行,促进国民经济持续快速健康发展

通过准备金、公开市场业务、再贴现、再贷款、利率、汇率等手段,调控货币供应总量,使社会总需求与社会总供给保持基本平衡,并与财政贴息等手段相结合,引导资金流向和资源配置,促进经济结构优化。

在我国,随着市场经济的发展和金融资产社会化程度日益提高,金融在国民经济中的地位和作用也越来越重要。

二、金融调控与货币政策

金融调控是指国家运用各种金融工具对国民经济进行调控,以达到规范金融秩序、保持币值稳定、实现经济发展目标的方针和策略的总称。在市场经济条件下,经济运行始终与货币流通和资金运动紧密结合在一起,货币关系和信用关系覆盖整个社会,货币流通状况、货币供应与信用总量增长速度以及结构比例分布,对各项经济活动和整体经济运行具有决定性影响。因此,金融调控在国家宏观调控体系中占有十分重要的地位,调控范围涉及宏观经济的各个方面,并通过金融机构的信用活动和金融市场的运行对微观经济行为产生重要的影响。

金融调控可以有多种手段,还包括必要的行政手段。其中,中央银行的货币政策手段在金融调控中起着最重要的作用。

(一)货币政策的种类

货币政策是国家为实现宏观调控的目标所采取的调节和控制货币供应量的金融政策。按货币政策对社会总需求的影响,可将其分为以下三种不同的类型:扩张性货币政策、紧缩性货币政策、均衡性货币政策。在不同时期,不同经济条件下,政府选择不同的货币政策可对宏观经济运行发挥不同的作用。

1. 扩张性货币政策

扩张性货币政策也称为膨胀性货币政策、宽松的货币政策。在总需求不足,失业率上升,经济增长乏力甚至出现经济衰退时,中央银行应采取扩张性货币政策。其主要内容是放松银根,扩张信用,增加贷款投放,从而使货币供应量大幅度地快速增长,满足经济发展对货币的超常需要。其功能主要在于刺激社会总需求的增长,而这一功能在不同的经济状况下有不同的调节效应。当社会总需求严重不足时,扩张性货币政策的实施有助于刺激有效需求的增加,从而利于供求平衡。而当总需求增长过快过猛,并已明显超过总供给时,扩张性货币政策往往带来供求差距的进一步扩大。在结构性需求膨胀的情况下,实施扩张性货币政策可在一定程度上减弱总需求膨胀的压力,有利于促进供求趋于平衡。在社会总供求大体平衡时,扩张性货币政策会刺激总需求的膨胀,破坏现有的平衡关系。

2. 紧缩性货币政策

紧缩性货币政策也称为紧的货币政策。当社会总需求大于总供给,经济增长过热,形成通货膨胀压力时,中央银行应采取紧缩性货币政策。紧缩性货币政策主要内容是抽紧银根,收缩通货,使货币供应量小于货币的实际需要量。其功能主要在于抑制总需求过快增长的势头,通过减少流通中货币量的办法,来缓解总需求膨胀的压力。紧缩性货币政策的这一功能在不同经济状况下其调节效应亦不同。在总需求膨胀情况下,实行紧缩性货币政策会减少货币供应量,从而有效地抑制总需求的过度增长,利于供求平衡;当供给过大,需求不足时,紧缩性货币政策的实施会使货币供应量越发不足,从而使总需求更小,造成总需求的极度疲软,最终对生产也会带来破坏作用;在总供求大体平衡情况下,紧缩性货币政策会使货币供应量偏小,使总需求的正常增长被抑制,原有的平衡被打破,最终会造成经济的停滞和资源的极大浪费。

3. 均衡性货币政策

均衡性货币政策也称为中性货币政策。当社会总供给与总需求处于平衡状态时,货币供应量大体等于货币需要量,即货币供应量增长率与经济增长率保持大体一致,以使社会需求与总产出之间保持一种对等的关系。因此,均衡性货币政策着眼于经济的稳定,对总供求的平衡状态不施加影响,而是力图在总供求之间保持平衡,是一种稳定的货币政策。

根据不同时期经济运行状况和社会总供求的对比关系,可采取不同的货币政策,以更好地发挥货币政策积极的调控作用。但货币政策对经济的调节作用有其局限性,其作用的大小受许多因素的制约。在经济萧条时期,私人资本投资不振,尽管中央银行采取货币扩张政策,但商业银行出于自身利益的考虑,不愿承担投资风险,信贷规模仍难以扩大,从而难以实现扩张性货币政策的目的。而在经济高涨时期,尽管中央银行采取紧缩性货币政策,但对商业银行约束作用不大,商业银行仍扩大贷款投放,使得信贷规模更加扩张,市场货币供应量无法减少,难以实现紧缩货币的目的。同样,中央银行的公开市场业务需要有关市场主体的配合才能奏效。因此,政府在运用货币政策调节经济运行时,必须考虑到各种政策手段运用的特点、效用、范围、力度的差别,从而针对不同的经济形势,采用不同的政策措施,并将各种政策手段配套运用,以期收到理想效果。

(二)货币政策工具

货币政策工具是指中央银行为调控货币政策中介目标进而实现货币政策最终目标所采用的具体政策手段。其中用于调节货币供应总量的,称为一般性货币政策工具;用于有选择地调节某些特殊领域的信用行为的,称为选择性货币政策工具。

1. 一般性货币政策工具

一般性货币政策工具包括法定存款准备金、再贴现和公开市场业务,它是西方国家中央银行经常采用的三大政策工具,故常常被称为"三大法宝"。

(1)法定存款准备金是限制金融机构信贷扩张、保证客户提取存款和资金清算需要而准备的资金。金融机构按规定向中央银行缴纳的存款准备金占其存款总额的比例就是法定存款准备金率。中央银行提高准备金率，金融机构就要增加向中央银行缴纳的准备金，从而减少贷款的发放量，全社会货币供应量也就会相应下降；反之，中央银行降低准备金率，金融机构就可以减少向中央银行缴存的准备金，从而增加贷款的发放量，全社会货币供应量也就会相应增加。由于法定存款准备金率可以通过货币乘数效应影响整个商业银行体系创造派生存款的能力，故中央银行通过调节法定存款准备金率来调节货币供应量，力度大、见效快，但对经济体系易产生负面影响，因而被形象地称为"西药"。

(2) 再贴现是指商业银行用持有的未到期票据向中央银行融资。再贴现政策通常包括两方面内容：一是再贴现率的调整，二是向中央银行申请再贴现资格的规定。前者在一定程度上反映中央银行的政策意向，有一种告示效应。如贴现率升高，意味着国家判断市场过热，有紧缩意向。反之，则意味着有扩张意向。这对短期市场利率常起导向作用，并通过影响商业银行的资金成本和超额准备金来影响商业银行的融资决策。后者通过对要求再贴现的票据种类和申请机构加以区别，可以起到抑制或扶持的作用，以改变资金流向，促进结构调整。

(3) 公开市场业务是指中央银行在金融市场上买进或卖出有价证券，以此来调节市场货币供应量的政策行为。当中央银行判断社会上资金过多时，便卖出证券(主要是政府债券)，以收回一部分资金；相反，当中央银行认为需要放松银根时，便买进债券，直接增加金融机构的可用资金。与法定存款准备金和再贴现相比，公开市场操作具有明显的优越性，一是中央银行可以完全掌握这项业务的主动权；二是中央银行可以根据金融市场的变化，进行经常性和持续性操作；三是由于公开市场业务的规模和方向可以灵活安排，中央银行可以运用它对货币供应量进行微调，而不致产生强烈震动。由于公开市场操作调节货币供应量的效果来得缓慢，且对经济体不会产生负面影响，为此，人们形象地把这一货币政策工具称为"中药"。

2. 选择性货币政策工具

选择性货币政策工具按调控方式的不同，又可以分为直接信用控制和间接信用指导两大类。

(1) 直接信用控制指以行政命令或其他方式，直接对金融机构尤其是商业银行的信用活动进行控制。其具体手段包括规定利率限额、信用配额、信用条件、商业银行流动性比率和直接干预等。此外，对优惠利率的规定、对进口保证金的规定也是中央银行常常采用的直接信用控制工具。

(2) 间接信用指导指中央银行通过道义劝告、窗口指导等办法来间接影响商业银行等金融机构行为的做法。尽管道义劝告与窗口指导不具有法律或行政的强制性约束力，但由于中央银行的政策目标与商业银行的长期经营发展总体上是一致的，故有时也能起到相当大的作用。

(三) 货币政策目标

1. 货币政策的最终目标

货币政策的最终目标是中央银行制定和实施货币政策所期望达到的最终目的,是货币政策制定者的最高行为准则。一般而言,货币政策的最终目标要体现整个宏观经济调控的目标,即保持经济总量平衡,促进经济结构优化,引导国民经济持续、快速、健康发展。但基于金融活动的特殊性,即它是与实际的物质资料生产经营密切联系而又相对独立的货币资金流通和信用融资活动,货币政策的最终目标又不直接等同于宏观经济调控的目标。货币政策应当是单一目标还是多目标,许多国家的经济理论界和实际经济管理部门都曾有过争议。《中国人民银行法》对我国货币政策的目标规定为:保持币值稳定,并以此促进经济发展。这种表述的含义是,货币政策要把稳定货币作为首要的、直接的最终目标,但并不是单纯地、孤立地考虑货币稳定问题,也不能脱离货币稳定来追求其他宏观经济目标,需要通过稳定货币来促进整个宏观调控最终目标的实现。

2. 货币政策的中介目标

货币政策中介目标是中央银行为实现货币政策最终目标而选择作为调节对象的目标。由于货币政策的最终目标难以直接操作、计量和控制,因而必须借助于一些可操作、可计量、可监控的中介目标,才能实现最终目标。为了确保货币政策的最终目标能够实现,中央银行所选择的中介目标,必须具有可控性、可测性、相关性、抗干扰性和适应性。在市场经济条件下作为货币政策中介目标的指标通常有货币供应量、通货膨胀率、利率等。

我国于1996年正式确定 M_1 为货币政策中介目标、M_0 和 M_2 为观测目标。货币供应量是指在某个时点上全社会承担流通手段和支付手段职能的货币总量,即全社会总的购买力。按照流动性的不同,我国目前将货币供应量分为三个层次:流通中现金 M_0、狭义货币供应量 M_1 和广义货币供应量 M_2。其中,M_0 与消费价格水平变动密切相关,是最活跃的货币;M_1 是反映企业资金松紧的重要货币指标,流动性仅次于 M_0;M_2 的流动性最弱,但反映社会总需求的变化,在宏观调控中也具有重要意义。

三、货币政策传导机制与运作

(一) 货币政策的传导机制与时滞

中央银行运用货币政策工具影响中介目标进而实现最终目标,需要经过三个基本传导环节:一是从中央银行到商业银行等金融机构和金融市场。中央银行的货币政策工具操作,首先影响的是商业银行等金融机构的准备金、融资成本、信用能力和行为以及金融市场上货币供给与需求的状况。二是从商业银行等金融机构和金融市场到企业、居民等非金融部门的各类经济行为主体。商业银行等金融机构根据中央银行的政策操作调整自己的行为,从而对企业和居民的消费、储蓄和投资等产生影响。三是从非金融部门经济行为主体到各种宏观经济变量,包括总支出量、总产出量、价格总水平、就业率等。

货币政策从制订到经过如上三个基本传导环节而实现最终目标,通常需要一段时间,这段时间即货币政策时滞。其中,中央银行从认识到调整货币政策的必要性,到采取实际行动所经过的时间,为内部时滞;从中央银行采取行动,到对政策目标产生影响所经过的时间,为外部时滞。内部时滞的长短取决于货币当局对经济形势发展变化的预见能力、制定政策的效率和行动的决心。外部时滞的长短则主要由客观的经济和金融条件决定,金融市场的效率对其具有关键性的影响。此外,不同的货币政策工具所需要的政策时滞也不同。由于货币政策时滞对货币政策效应具有重大影响,故中央银行在制定货币政策和选择政策工具时必须考虑这一因素。

(二) 货币政策的运作

为了实现金融调控目标,中央银行的货币政策运作,需要注意以下几方面的问题:

1. 准确分析与判断经济运行状况,确定货币政策调控方向

当市场上商品销售不畅、经济运行困难、资金短缺、设备闲置、社会总需求小于总供给时,中央银行应该采取扩大货币供应的办法增加总需求;当市场上物价上涨、过度繁荣、秩序混乱、通货膨胀明显、社会总需求大于总供给时,中央银行就应该采取紧缩货币供应的办法以减少总需求。

2. 灵活调节货币政策中介目标,适当把握货币政策的松紧力度

目前我国比较现实的选择,是将季度或年度货币供应增长率控制在适当的指标区间内。如果实现了这一目标,则表明货币政策松紧适度;未达到这一目标,则适当放松一点;超过了这一目标,则适当收紧一点。

3. 依据货币政策的实施基础和调控需要,选择有效的政策工具

就我国实际而言,目前一方面应努力创造条件,进一步规范和发展国债市场与票据市场,以便更好地发挥公开市场业务和再贴现政策工具的作用;另一方面又必须从实际出发,在金融市场尚未充分发育成熟之时,重视中央银行再贷款和利率政策在调节货币供应量中的作用。由于法定存款准备金的调整对信贷总量具有乘数效应,不宜经常使用,只有当金融运行偏离调控目标较远时方可使用。

4. 加强金融运行监测与预测,及时修正和完善货币政策

通过严密监测政策的传导过程,及时搜集各种信息和统计数据,并对其进行整理、分析和研究,一方面检验当前的政策是否达到预期目标,或测算出与预期目标的偏离度,以便对正在实施的货币政策做出必要的修正;另一方面预测未来的经济、金融发展态势,为确定下一个政策措施提供科学依据。

第四节 财政政策与货币政策的配合

社会主义市场经济的建立与发展需要政府充分运用手中掌握的经济、法律、行政、规划等手段,对社会经济运行进行引导与调控,以克服市场的弱点与不足。在政府进行宏观调控所制定的经济政策中,财政政策和货币政策居于主导地位,两者的协调配合、共同作用,成为现代市场经济国家调控经济的必然选择。

一、财政政策与货币政策相互配合的必要性

财政政策和货币政策是国民经济宏观调控的两大重要工具。财政政策主要通过财政收支、财政补贴、财政赤字、国债等手段对经济进行调节。货币政策则主要通过货币发行、利率、再贷款及公开市场业务对经济进行调节。两种政策虽然都能对社会总需求与总供给进行调节,但在调节中的作用又是不同的和不可互相替代的。财政政策和货币政策的不同特点决定了两者相互配合的必要性。

财政政策与货币政策的功能差异,主要表现在以下几个方面:

(一)政策目标的侧重点不同

货币政策主要调节总量,财政政策主要调节结构。财政政策调控的重点主要在于结构,表现在通过财政投资规模和结构贯彻国家的产业政策,调整产业结构,并通过本身投资的规模和结构、财政补贴、税收优惠等手段调节全社会投资的规模和结构,从而达到调节经济结构的效果。而货币政策调节结构的功能较弱,货币政策调节的侧重点在于总量,因为总需求实现的载体是货币,而货币供给都是通过银行体系的资产业务,其中主要是贷款活动创造出来的,即使是财政支出,包括财政投资对总需求的影响也是通过银行发出的货币供给实现的,因而货币政策是总需求扩张与紧缩的总闸口。

(二)政策的时滞性不同

财政政策认识时滞短而决策时滞长,各种政策的出台需要经过立法程序,相比

之下,货币政策决策比较灵活、及时;但财政政策的实效性明显优于货币政策,财政政策只要能使政府扩大或紧缩支出,便可以较快地对社会供求产生影响,而货币政策无论是通过扩张货币供给量、降低利率来刺激有效需求的增长,还是通过紧缩货币供给量、提高利率来抑制有效需求的增长,都需要有一个较长的时间差。

(三)政策调节的方式和途径不同

财政政策可以由政府通过直接控制和调节来实现,如要控制总需求,可通过提高税率,增加财政收入,压缩财政支出,特别是基本建设支出等措施,可立见成效;而要刺激需求,则可通过减税,扩大国债发行规模,增加固定资产投资等手段较快实现政策目标。货币政策首先是中央银行运用各种调节手段,调节存款准备金和对商业银行贷款数量,以影响商业银行的行为,如控制总需求,就调高商业银行对中央银行的法定存款准备金率及再贴现率;反之,则调低法定存款准备金率和再贴现率。商业银行对中央银行行为做出反应,相应调整对企业和居民的贷款规模,企业和居民再对商业银行的行为做出反应,相应调整投资和消费支出,影响社会需求,从而实现政策目标。

总之,财政政策与货币政策在宏观调控中的功能差异,要求财政政策和货币政策必须在调节范围、手段及侧重面上协调配合,尽可能避免各行其是,减少政策间的摩擦和力量内耗,增强彼此之间的互动性,同时,在政策的选择和使用上应相机而行,注意两大政策各自的特点和调节优势,确保宏观调控目标的顺利实现。

二、财政政策与货币政策配合的方式

根据不同时期国民经济运行的状况及财政政策和货币政策的特点,财政政策与货币政策的配合运用也有不同的方式。两者的组合方式主要有:

(一)扩张性财政政策与扩张性货币政策的配合

这种政策组合又称为"双松"的政策配合。该政策组合有利于刺激经济的发展。当需求不足时,通过财政的减税让利、扩大支出,银行扩大货币供应量、降低法定准备率、降低利率,都可以有效地刺激投资需求增长,从而扩大就业,带来经济的增长。1997亚洲金融危机爆发以及2008年美国金融危机爆发后,我国宏观经济调控政策就是采用这种"双松"组合。但"双松"的政策会招致通货膨胀,破坏经济的稳定与供求的平衡,也只有在总需求严重不足时才可偶一为之。

(二)紧缩性财政政策与紧缩性货币政策的配合

这种政策组合又称为又称为"双紧"的政策配合。在经济过热,需求膨胀时,可实行这种政策组合。紧缩性财政政策主要是通过增加税收、削减政府支出、减少补贴等来抑制消费与投资,从而抑制总需求;紧缩性货币政策可通过提高利率和法定准备率、减少贷款规模来抑制需求。1993~1996年我国治理国内严重的通货膨胀采取的就是"双紧"政策组合。"双紧"政策的实施虽能有效地遏制需求,但也只有在总需求严重超过总供给时才能使用,否则长期实施"双紧"政策,也会招致需求萎缩,抑制经济发展。

（三）中性财政政策与中性货币政策的配合

两种中性政策配合的宏观经济环境是,总供给与总需求大体平衡,物价基本稳定,就业比较充分,国民经济产业结构比较合理,此时财政收支平衡,货币供应量、贷款的增长幅度也与地区生产总值(GDP)的增长和国民经济的发展基本一致。这种情况下,财政政策、货币政策的任务就是对经济运行的某些方面进行"微调",这种"微调"既不会影响到财政、信贷本身的平衡,也不会对总供求的平衡关系产生大的影响,而这正是宏观经济运行最理想的状况,也是财政、货币政策调控追求的终极目标。

（四）扩张性财政政策与紧缩性货币政策的配合

这种配合也称为"松紧"搭配的政策组合方式。松的财政政策利于加大政府对社会总需求的调控和引导,紧的货币政策对于抑制市场需求的扩张能起积极作用。因为财政政策侧重于结构调控,所以通常在供求总量矛盾不太大,而经济结构失调,市场机制又难以发挥调节作用的情况下使用这种政策组合。这样有利于在保持经济的适度增长和避免通货膨胀的情况下,合理调整产业结构。2011年我国在面对通货膨胀的压力和加大经济结构调整的形势下,采用的就是这种政策组合,以期实现宏观调控的目标。

（五）紧缩性财政政策与扩张性货币政策的配合

这是另一种"松紧"搭配的政策组合方式。紧的财政政策可抑制政府需求、防止经济过热,松的货币政策则刺激市场需求、保持经济适度增长。这种政策组合通常是在减少政府干预,更多地运用市场机制促进经济发展的情况下来采用。这样用在控制通货膨胀的同时,保持适度的经济增长。但如果货币政策过松,也有可能出现轻度通货膨胀。1992~2000年美国克林顿执政期间采用这种政策组合,不仅使政府财政由接手时的赤字转为卸任时的盈余,而且还创出了美国经济超过连续100个月正增长的奇迹。

无论是"双松"政策或"双紧"政策,都是在经济总量严重失衡状态下采取的调控措施。这样的政策组合调控的力度比较大,往往会带来经济的大起大落,影响经济的稳健发展。而采用"松紧"搭配的政策组合方式对宏观经济调节的适用性比较广,对经济运行中出现的各种情况都可以加以调控。所以在世界各国,这也是运用得较多的组合方式。正确运用"松紧"搭配的政策组合,关键在于把握好谁松谁紧的问题,确定谁松谁紧的基本依据在于宏观经济的目标和财政与货币政策的不同特点。不同的经济目标需要不同的调节手段,需要不同的政策组合。

三、近年来我国财政政策与货币政策配合的实践

2007年美国爆发次贷危机并最终引发了2008年9月的华尔街金融海啸,对我国经济产生了很大冲击,经济走势波诡云谲、急转直下(图15-2),我国宏观调控政策重点取向经历了一系列变化,由2008年年初的"两防"(防过热、防通胀),到7月份的"一保一防"(保增长、防通胀),再到11月份的"一保"(保增长),为了稳定应对金融危机取得的经济复苏成果,保增长的主基调一直延续到2010年年初。随着经济的稳定复苏,金融危机非常规经济刺激政策所隐藏的不利影响显现,如投资过热、信贷量过大等,2010年以来"调结构"重要性得到了提升。2010年下半年,随着前期过量流动性效应的积累以及外围大宗商品价格上涨压力的增加,我国通胀风险在三、四季度逐步显现(图15-3),"防通胀""控物价"成为2011年宏观调控的政策重点。随着调控政策的显现,2011年7月消费价格指数(CPI)到达最高点106.5,随后持续下降,到2012年10月CPI涨幅已控制在2%以内(图15-3)。

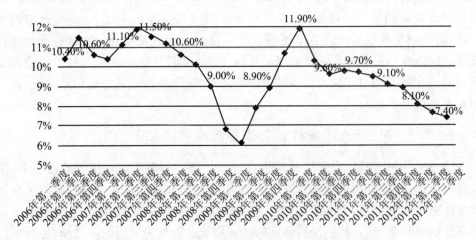

图15-2 2006～2012年我国GDP增速季度走势图

资料来源:搜狐财经网。

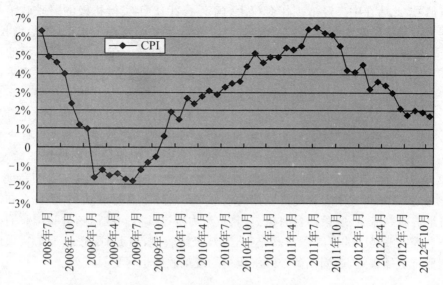

图 15-3　2008 年 7 月至 2012 年 10 月我国 CPI 月度走势图

资料来源：新浪财经 http://finance.sina.com.cn/mac/#price-0-0-32-2。

　　围绕宏观调控目标重点的变化,2008 年以来,我国的宏观经济调控的政策发生了四次变化：一是 2007 年面临经济过热、物价高涨的形势,年底提出 2008 年"防过热、防通胀"的政策目标,在此背景下我国采取了紧缩的货币政策与适度的财政政策配合进行调控。二是 2008 年下半年受美国金融危机的严重冲击,GDP 增速直线下滑,CPI 快速回落,中央政府提出"保增长、保民生、保稳定"的政策目标,并迅速启动"四万亿"一揽子计划,通过大规模的政府投入,大范围的产业调整和振兴,大力度的科技支撑和大幅度地提高社会保障水平等一系列举措,遏制住了中国经济迅速下滑的势头。与此同时,中国人民银行密切配合,五次降息,五次调低法定存款准备金率,商业银行加大信贷投放力度,2009 年全年放贷近 9.7 万亿元。在"双松"的财政与货币政策配合作用下,中国经济在全球性的经济衰退中率先回升,成为带动世界经济复苏的主导力量。三是 2010 年下半年,CPI 月度增长持续超过 3%,通货膨胀日趋严重,并在 11 月份超过 5%,宏观调控的重点目标由"保增长"转向了"控通胀"。在此背景下,2010 年 10 月至 2011 年 7 月,中国人民银行银行紧缩货币政策,连续九次提高法定存款准备金率,使之创出 21.5% 的历史新高点；同时,央行还连续五次加息,紧缩信贷,大量回收过剩的流动性。2011 年宏观调控的政策的基调是紧缩的货币政策与积极的财政政策组合。四是 2011 年下半年,受欧债危机持续发酵的影响,加之前期紧缩货币政策的叠加效应,中国经济增长和物价水平双双回落。为避免货币政策的滞后效应与多种因素叠加对下一阶段实体经济产生大的影响,10 月国务院明确释放出宏观调控适时适度"预调微调"的政策信号，此后在中央经济工作会议上，确定了2012年实行积极的财政政策与稳健的货币政策的宏观政策基调。进入2012年后又强调要稳中求进，把稳增长、控物价、调结构、惠民生、抓改革、促和谐更好地结合起来。在经济持续下滑的情况下，5月份中央明确提出要把"把稳增长放在更加重要的位置"，为此，国家采取了支持实体经济、扶持小微企业、激发民间投资活力、稳投资、结构性减税等一系列措施。货币政策再次微调放松，在2011年12月和2012年2月两次调低法定存款准备金率1个百分点的基础上，2012年5月再次调低法定存款准备金率0.5个百分点，6月和7月两次分别降低利率0.25个百分点，以确保稳增长目标能够实现。2012年9月后，前期宏观调控的政策效果开始显现，中国经济回暖势头日趋明显。

总之，近年来我国宏观经济调控的政策实践总体上看是成功的，但也存在着对经济形势研判滞后、政策出台时机欠当、政策力度过猛等问题。随着我国政府宏观经济调控实践经验的不断积累和丰富，宏观经济管理部门对财政政策与货币政策的驾驭将更加成熟，逆周期调控经济运行的政策效果也将更具成效。

本章主要名词

宏观调控　充分就业　国际收支平衡　自动稳定器　财政政策　货币政策

复习思考题

1. 试述政府宏观调控的目标和手段。
2. 简述财政政策工具和货币政策工具及其功能。
3. 为什么说财政和金融调控在宏观调控中发挥着主导作用？
4. 我国货币政策的最终目标和中介目标各是什么？
5. 简述货币政策的传导机制与时滞。
6. 简述财政政策的作用机制。
7. 财政政策与货币政策的配合方式有哪些？为什么要进行两者间的配合？

参 考 文 献

[1] 黄达. 金融学[M]. 2版. 北京:中国人民大学出版社,2010.
[2] 祁敬宇. 金融监管学[M]. 西安:西安交通大学出版社,2007.
[3] 郑煜. 财政与金融[M]. 2版. 北京:清华大学出版社,2010.
[4] 范从来,姜宁,王宇伟. 货币银行学[M]. 南京:南京大学出版社,2006.
[5] 阮宜胜. 税收学原理[M]. 北京:中国税务出版社,2007.
[6] 王国星. 财政与金融[M]. 3版. 北京:中国财政经济出版社,2010.
[7] 吴艳华,任丽萍. 财政与金融[M]. 北京:清华大学出版社,2010.
[8] 楼继伟. 中国公共财政[M]. 北京:中国财政经济出版社,2009.
[9] 朱青,庄毓敏. 财政金融学教程[M]. 北京:中国人民大学出版社,2007.
[10] 企业所得税立法起草小组. 企业所得税实施条例释义及适用指南[M]. 北京:中国财政经济出版社,2007.
[11] 周小川. 中国金融业的历史性变革[J]. 中国金融,2010(2).
[12] 谢旭人. 坚定不移深化财税体制改革[J]. 求是,2010(4).
[13] 财政部. 中部地区扩大增值税抵扣范围暂行办法[N]. 中国税务报,2007-07-01.
[14] 中华人民共和国国民经济和社会发展"十二五"规划纲要. http://news.xinhuanet.com/politics/2011-03/16/c_121193916.htm.
[15] 中国社会科学院金融研究所课题组. 美英引领金融监管改革新趋势[N]. 中国证券报,2009-09-22.
[16] 张莹. 税收理论与实务[M]. 北京:中国人民大学出版社,2012.
[17] 潘理权. 国际金融理论与实践[M]. 北京:中央党校出版社,2010.
[18] 罗红. 财税理论与实践[M]. 合肥:安徽人民出版社,2009.
[19] 吕报林,翟利艳. 财政与金融[M]. 北京:科学出版社,2011.
[20] 李百旭. 财政与金融[M]. 北京:国防工业出版社,2007.
[21] 安福仁. 税收理论与政策研究[M]. 北京:中国财政经济出版社,2006.
[22] 孙瑞标.《中华人民共和国企业所得税法》操作解答[M]. 北京:中国商业出版社,2007.
[23] 周叶芹. 财政与金融[M]. 北京:机械工业出版社,2011.
[24] 单惟婷. 财政与税收[M]. 3版. 北京:中国金融出版社,2009.
[25] 申长平. 公共财政学概论[M]. 北京:中国财政经济出版社,2010.
[26] 哈维·S·罗森. 财政学[M]. 北京:中国人民大学出版社,2000.
[27] 刘子操,刘波. 保险概论[M]. 5版. 北京:中国金融出版社,2012.
[28] 王斌,刘亚娟,谢群. 财政与金融[M]. 北京:经济科学出版社,2011.
[29] 朱耀明,宗刚. 财政与金融[M]. 5版. 北京:高等教育出版社,2010.
[30] 孟丽珍,李星华. 财政与金融[M]. 3版. 大连:东北财经大学出版社,2008.